Lou Andreas-Salomé

Série Biografias **L&PM** POCKET:

Albert Einstein – Laurent Seksik
Andy Warhol – Mériam Korichi
Átila – Éric Deschodt / Prêmio "Coup de coeur en poche" 2006 (França)
Balzac – François Taillandier
Baudelaire – Jean-Baptiste Baronian
Beethoven – Bernard Fauconnier
Billie Holiday – Sylvia Fol
Buda – Sophie Royer
Cézanne – Bernard Fauconnier / Prêmio de biografia da cidade de Hossegor 2007 (França)
Che Guevara – Alain Foix
Dostoiévski – Virgil Tanase
Freud – René Major e Chantal Talagrand
Gandhi – Christine Jordis / Prêmio do livro de história da cidade de Courbevoie 2008 (França)
Jesus – Christiane Rancé
Jimi Hendrix – Franck Médioni
Júlio César – Joël Schmidt
Kafka – Gérard-Georges Lemaire
Kerouac – Yves Buin
Leonardo da Vinci – Sophie Chauveau
Lou Andreas-Salomé – Dorian Astor
Luís XVI – Bernard Vincent
Marilyn Monroe – Anne Plantagenet
Martin Luther King – Alain Foix
Michelangelo – Nadine Sautel
Modigliani – Christian Parisot
Napoleão Bonaparte – Pascale Fautrier
Nietzsche – Dorian Astor
Oscar Wilde – Daniel Salvatore Schiffer
Pasolini – René de Ceccatty
Picasso – Gilles Plazy
Rimbaud – Jean-Baptiste Baronian
Shakespeare – Claude Mourthé
Van Gogh – David Haziot / Prêmio da Academia Francesa 2008
Virginia Woolf – Alexandra Lemasson

Dorian Astor

Lou Andreas-Salomé

Tradução de JULIA DA ROSA SIMÕES

www.lpm.com.br

Coleção **L&PM** POCKET, vol. 1196
Série Biografias/29

Texto de acordo com a nova ortografia.
Título original: *Lou Andreas-Salomé*

Primeira edição na Coleção **L&PM** POCKET: dezembro de 2015
Esta reimpressão: fevereiro de 2018

Tradução: Julia da Rosa Simões
Capa e projeto gráfico: Editora Gallimard
Ilustrações da capa: Lou Andreas-Salomé (antes de 1907), Atelier Elvira, München (acima). Trecho do capítulo de *Ecce Homo*, de Friedrich Nietzsche, sobre *Assim falou Zaratustra*.
Preparação: Gustavo de Azambuja Feix
Revisão final: L&PM Editores

CIP-Brasil. Catalogação na publicação
Sindicato Nacional dos Editores de Livros, RJ

A878L

Astor, Dorian
 Lou Andreas-Salomé / Dorian Astor; tradução Julia da Rosa Simões. – 1. ed. – Porto Alegre, RS: L&PM, 2018.
 320 p. ; 18 cm. (Coleção L&PM POCKET, v. 1196)

 Tradução de: *Lou Andreas-Salomé*
 ISBN 978.85.254.3245-2

 1. Andreas-Salomé, Lou, 1861-1937. 2. Escritoras russas - Biografia. I. Título. II. Série

15-21439	CDD: 928.3
	CDU: 929:012

© Éditions Gallimard 2008

Todos os direitos desta edição reservados a L&PM Editores
Rua Comendador Coruja, 314, loja 9 – Floresta – 90220-180
Porto Alegre – RS – Brasil / Fone: 51.3225.5777 – Fax: 51.3221.5380

Pedidos & Depto. comercial: vendas@lpm.com.br
Fale conosco: info@lpm.com.br
www.lpm.com.br

Impresso no Brasil
Verão de 2018

Sumário

O problema da infância em seus primórdios (1861-1878) / 7
"Segundo nascimento" (1878-1880) / 23
O círculo de Malwida (1880-1882) / 40
A trindade (1882) / 64
Amizade estelar (*intermezzo* lírico) / 91
Os laços indissolúveis do casamento (1883-1890) / 102
"Lou se torna um pouco mulher" (1890-1897) / 121
"Você é meu dia de festa" (1897-1903) / 151
Loufried (1903-1911) / 180
"Porque os homens brigam e as mulheres dão graças" (1911-1914) / 206
A arte da síntese (1914-1926) / 233
A velhice e a eternidade (1926-1937) / 263

ANEXOS

  Cronologia / 295
  Referências / 299
  Notas / 305
  Sobre o autor / 319

O problema da infância em seus primórdios (1861-1878)

> *Toda criança encerra o segredo de um "passado" dissimulado, mais inconfessável do que tudo o que tentamos esquecer ou que nos esforçamos em negar de nós mesmos mais tarde.*[1]*

Se existe uma coisa que Nietzsche e Freud afirmaram numa só voz, é que o esquecimento, como a memória, é uma atividade: a "faculdade de inibição ativa" de que fala *A genealogia da moral*, ou o "contrainvestimento" energético que constitui o recalque para Freud. Basta que Lou Andreas-Salomé comece a escrever, ao fim de sua vida, um "Esboço de algumas recordações de vida" para que a inibição inconsciente trabalhe em harmonia com a censura consciente. Suas memórias, que em francês costumam ser intituladas *Ma vie***, são um olhar retrospectivo, indicado pelo título póstumo atribuído por Ernst Pfeiffer***: *Lebensrückblick*, literalmente um "olhar para trás sobre a vida". O olhar de Lou Andreas-Salomé é, muitas vezes, impenetrável, conforme atestado por suas fotografias: olhar seletivo e eletivo, que seria inútil tentar decifrar por completo no que tem de definitivamente cifrado. Ela aprende com Nietzsche a avançar mascarada:

---

* As notas bibliográficas foram reunidas ao fim do livro, p. 305. (N.E.)

** Em português, as memórias de Lou Andreas-Salomé foram publicadas sob o título *Minha vida*, pela Editora Brasiliense, em 1985. (N.T.)

*** Ernst Pfeiffer, amigo dos últimos anos de Lou Andreas-Salomé e seu executor testamentário, publicou as memórias de Salomé sob o título *Lebensrückblick*. A tradução francesa, pela PUF, foi publicada em 1977 sob o título *Ma vie*. Lou, no entanto, intitulou seu manuscrito *Grundriss einiger Lebense-rinnerungen* (*Esboço de algumas recordações de vida*). (N.A.)

"Todo espírito profundo precisa de uma máscara; eu diria mais: uma máscara se forma incessantemente em torno de todo espírito profundo, pois cada uma de suas palavras, cada um de seus atos, cada uma de suas manifestações é o objeto contínuo de uma interpretação falsa, isto é, *plana*".[2]

Quando Lou Andreas-Salomé inicia a redação de suas memórias, em 1931, está com setenta anos; atrás de si, uma vida intensa e completamente dedicada à aventura do espírito. Aos vinte anos, é iniciada à filosofia árida e fascinante de Nietzsche, que espera dela muito mais do que ela pode dar, mas que lhe passa todas as armas do espírito livre: a observação psicológica como diagnóstico e o instinto filosófico como saúde. Aos trinta anos, o amor que a liga a Rainer Maria Rilke lhe revela um dos universos poéticos mais intensos de seu tempo, mas também os abismos do desassossego da alma e da criação. Aos quarenta anos, descobre, graças à psicanálise, uma *terra incognita* e segue Freud, o "conquistador" do Inconsciente, com coragem em sua odisseia. Para Lou Andreas-Salomé, evocar as lembranças de sua infância é condensar toda uma vida num prodigioso gesto de síntese, onde esses três encontros decisivos, mas também vários outros, dominam seus pensamentos e lhe são, ao mesmo tempo, subordinados. Para ela, a infância é, portanto, uma máscara para uma visão mais ampla, que dá início à visão da vida e seu poder essencialmente primordial. Nietzsche, Rilke e Freud tiveram em comum com ela uma mesma convicção, uma intuição profunda e inalienável: a atualidade viva do primordial. Desde a primeira página de *Minha vida*, Lou Andreas-Salomé afirma uma equivalência radical:

> Este é o problema da primeira infância. É também o de toda a *primitiva humanidade*, pois nela continua a manifestar-se um sentimento de dependência do universo, ao lado das experiências da crescente conscientização: como uma poderosa lenda de participação inalienável à onipotência.

A infância é considerada na teia de um *problema vital*, no sentido estritamente filosófico que Nietzsche reivindicava: inventar "a vida como enigma, como problema do conhecimento".[3] Essa é a única genealogia válida.

Louise von Salomé nasce em São Petersburgo, em 12 de fevereiro de 1861. Será chamada, à russa, de Liola ou Lolia. Seu pai tem 53 anos: Gustav von Salomé é um alemão dos Países Bálticos, de origem provençal e huguenote. Proveniente de uma família de comerciantes, ele teria, segundo a filha, ascendido à nobreza russa (de 14º grau, o último) com intervenção do czar por ter-se distinguido durante a repressão do levante polonês de 1830. Na verdade, Gustav von Salomé deve seu enobrecimento apenas à antiguidade rotineira de seus leais serviços à administração, onde exerceu altos cargos. Mesmo assim, a memorialista atribui à ascendência francesa do pai uma nobreza jamais provada. Em contrapartida, em 1936, quando o regime nazista exigir contas raciais a Lou Andreas-Salomé, no registro dos "escritores do Reich", ela negará com firmeza que os Salomé provençais tenham sido judeus convertidos no século XVI. Como lenda suplementar, a reputação de Gustav von Salomé na cidade é tal que o chamam de general, apesar de ele ser coronel. Sua esposa será quase sempre chamada de "a generala", até mesmo pela filha. Louise Wilm tem 38 anos quando do nascimento de Liola; de convicção luterana, nascera em São Petersburgo de pais alemães de origem dinamarquesa, que precisaram abandonar o comércio hamburguês quando da partida dos franceses em 1813.* A casa dos Salomé, localizada em frente ao Palácio de Inverno, residência imperial que se tornará o museu Hermitage, gozava de prestígio.

---

* As tropas francesas de Napoleão Bonaparte ocupavam desde 1806 a cidade de Hamburgo, que mais tarde seria incorporada ao Império Francês. Em 1813, os russos tomam a cidade, que depois do Congresso de Viena faria parte da Confederação Germânica. (N.T.)

"Eu adorava as sapatilhas, que usava desde meus cursos de dança, porque elas deslizavam pelo assoalho do grande salão como se fosse sobre o gelo. Os outros cômodos, enormes, de tetos altos como uma igreja, também me atraíam bastante. O apartamento de serviço da Morskaia estava situado numa ala do edifício do Estado-Maior geral, à beira do canal de Moika, e esses salões em que se podia deslizar estavam ligados às minhas alegrias cotidianas: revejo-me, sobretudo, evoluindo nesse movimento, era como estar só".[4]

Mas Liola estava longe de estar sozinha: a vida dos Salomé é mundana, suas relações são admiráveis e sua infância se desenrola "cercada por uniformes de oficiais". Por outro lado, a menina cresce no seio de uma família em que reina como criança mimada. Entre os cinco irmãos, dois haviam morrido com pouca idade. O mais velho, Alexandre (Sacha), parece um segundo pai, bom e enérgico, inteligente e engraçado, animado por "uma profunda *necessidade* de felicidade causada pelo medo de sofrer demais". Sua morte, aos 62 anos, em 1915, dará a Lou Andreas-Salomé a desagradável sensação de estar sozinha no mundo. O segundo, Robert (Roba), se distingue por seus dons artísticos e por sua sensibilidade: é "o mais elegante dançarino de mazurcas de nossos bailes de inverno" e gostaria de ter sido soldado como seu pai, mas este fará dele um engenheiro. Eugène (Genia), o terceiro filho, também é vítima do patriarcado tradicional: será médico-pediatra, contra sua vontade. É sem dúvida com Genia que Liola desenvolve a relação mais lúdica: ela não hesita em atirar-lhe uma xícara de leite quente no rosto porque ele se recusa a satisfazer-lhe um capricho ou em fantasiá-lo de menina para um baile na casa deles. Adulto, despertará nas mulheres "as mais loucas paixões", e nunca casará. Morrerá aos quarenta anos, de tuberculose, e somente muito mais tarde sua irmã entenderá que "o charme que emanava dele tinha algo de demoníaco". Aliás, só retrospectivamente ela entenderá a importância primordial de seus irmãos para seu desenvolvimento: "Só o passar dos anos e a distância é que amadureceram meu julgamento e ensinaram-me a apreciá-los em seus valores humanos".[5] O mundo dos homens será abordado à luz desse laço fraterno, que servirá de modelo. "O sentimento de estar ligada aos homens por laços fraternos foi tão evidente para mim no círculo familiar, por eu ser a caçula e a única mulher, que se irradiou a todos os homens do mundo: em qualquer época, sempre me pareceu que um irmão se escondia em cada um dos homens que eu conhecia." A confissão tem dois lados: revela não apenas uma chave para a compreensão da relação complexa de Lou Andreas-Salomé com amigos e amantes, mas também revela que o reconhecimento tardio do valor de seus irmãos precisou se alimentar da experiência dos homens que viriam depois. É pelo valor dos amigos e dos amantes que ela pôde deduzir – mais uma vez retrospectivamente – o dos irmãos: "Jamais conheci homens cuja integridade, virilidade ou bondade não revivessem em mim a imagem de meus irmãos".

Gustav e Louise von Salomé parecem formar um casal harmonioso. Sem dúvida ao preço de uma divisão de papéis enraizada no patriarcado da burguesia. O pai sempre demonstra bastante respeito e cortesia para com a esposa, é muito atencioso, mas suas decisões são irrevogáveis, e às vezes ele tem acessos de violência por conta de um temperamento irascível.

"Meus pais entendiam-se mesmo sem palavras, a despeito das grandes diferenças entre eles (excetuada a igual força de seus temperamentos e a mesma fé); numa harmonia inabalável, mantinham-se na mais profunda fidelidade amorosa. O essencial era também, sem dúvida, que ambos tinham em conta, de forma absolutamente involuntária, o quanto vale, ao longo da vida, suprir as próprias deficiências: talvez menos no sentido moral do que no desejo de não ficar prisioneiro de si mesmo. (O atributo que de maneira mais completa lhes faltava era o orgulho e a pusilanimidade que lhe é inerente.) Para um caráter como o da minha mãe, isso provavelmente equivalia a transferir, sem maiores cerimônias, sua natureza independente e ativa para a condição de esposa e mãe, dignidade que, afinal, o Senhor havia conferido à mulher."[6]

Lou Andreas-Salomé tem diante dos olhos um modelo matrimonial cujos traços aparecem em vários de seus escritos de ficção. O personagem mais impressionante, nesse aspecto, é o de Anneliese, quinta-essência da mãe e da esposa em *A casa*, romance escrito em 1904. A figura de Anneliese representa o esforço considerável de expressar uma admiração contraditória, um ideal sempre combatido: fazer o amor triunfar através da submissão voluntária da esposa ao marido, e nisso encontrar uma soberania propriamente feminina – o obscuro desejo que Anneliese postula no âmago de toda mulher: "a insensata atração pela subordinação".[7]

Fica evidente, por outro lado, que Lou Andreas-Salomé não hesita em apresentar uma imagem idealizada de seu pai: ela gosta de imaginá-lo notabilizado por altos feitos militares, e se demora com complacência em condecorações e testemunhos da amizade do czar. Além disso, estabelece com ele uma cumplicidade da qual a mãe se encontra excluída: "Em minha primeiríssima infância, meu pai e eu estivemos ligados por uma ternura secreta, e me lembro vagamente que a dissimulávamos quando Mushka se juntava a nós, pois ela não gostava muito de manifestações de afeto". E a memorialista relata uma recordação de sua meninice: num verão em que lhe permitiram acompanhar a mãe, que ia de carro se banhar, a menina, empoleirada na pequena janela da cabine, ao ver a mãe banhando-se, exclama suplicante: "Ah, Mushka querida, afogue-se, por favor!". Mushka lhe explica que aquilo significaria morrer;

"*Nitschewó!*", responde a menininha gritando com todas as suas forças, em russo, sem se desconcertar – "Não faz mal!". A manobra é clara: trata-se, para Lou Andreas-Salomé, sessenta anos mais tarde, de ilustrar retrospectivamente a presença evidente do complexo de Édipo, cujo princípio aprendera com seu mestre Freud. No entanto, o que é normal, ela acrescenta toda uma série de expressões de resistência a esse sentimento primordial: falando do pai, evoca "a pessoa mais querida, apesar de eu não ter nenhuma consciência de preferi-lo à minha mãe", e acaba dizendo: "Mas, no fundo do meu coração, eu não fazia nenhuma diferença entre meu pai e minha mãe". Hesitamos entre a necessidade teórica, para a psicanalista experiente, de insistir no caráter *inconsciente* da estrutura edipiana, e a confissão velada de não ter passado pelo Édipo como uma experiência verdadeiramente vivida.

O fato é que, apesar dos repetidos elogios de Lou Andreas-Salomé ao pai, o texto de *Minha vida* concede, como que sem querer, mais destaque à figura da mãe, menos idealizada, mais em sintonia com o desenvolvimento real da jovem. Primeiro, simplesmente porque ela, morta em 1913 aos noventa anos, vive muito mais do que o pai, morto em 1879. A vida compartilhada e uma maior proximidade da lembrança no momento da redação das memórias, no início dos anos 30, são mais fortes. Mas sem dúvida porque a relação também foi mais conflituosa. Influenciada pelo convívio com o pastor Iken, que administra a paróquia de São Pedro nos anos 1850, Louise von Salomé insuflou ao "moralismo empedernido da Igreja evangélica de São Petersburgo" um espírito pietista penetrante; a incredulidade da filha, suas atividades intelectuais, sua repugnância pelo casamento e suas uniões livres, ou seja, os ventos de liberdade e independência que soprarão sobre sua vida, foram constantes motivos de reprovação por parte de Louise von Salomé. Lou Andreas-Salomé só compreendeu muito mais tarde o que a conduta de sua vida deve ter representado aos preconceitos da mãe:

> Somente após meu casamento [em 1887], durante uma longa visita de minha mãe à nossa casa, é que chegamos a conversar sobre tudo isso. Fiquei surpresa e, olhando sua cabeça branca, pensei com uma emoção desusada e afortunadamente sentimental: "Não foi por minha causa que ela encaneceu?" [...] De fato, isso revelava uma das mais fortes contradições entre o modo de minha mãe e o meu: ela agia a todo tempo impulsionada pelo senso do dever a cumprir e pela necessidade do sacrifício, seu traço, em certo sentido, heroico.[8]

Por mais que Lou Andreas-Salomé enfatize o "modo de minha mãe e o meu", ela admite, mais adiante, que os conflitos internos nunca foram, nela mesma, predominantes, e é difícil distinguir em sua vida qualquer tipo de heroísmo de sacrifício. A mãe, como inúmeros personagens maternos de Lou Andreas-Salomé, personifica uma imagem da feminilidade e da maternidade sonhada mas nunca aceita, uma bondade infinita na aceitação da submissão matrimonial, do dever materno, das regras da sociedade e da fé. Sem dúvida a escritora esteve em conflito com esta imagem sacrificial da mulher, mas tudo indica que tal imagem, aliás objetivada em *A casa* ou *Uma longa dissipação*, foi menos um conflito *interno* do que a expressão de uma singularidade *externa* ao modelo. É nesse sentido que se deve entender o profundo reconhecimento de Lou Andreas-Salomé para com seus pais e o enternecimento diante da mãe encanecida; evocando essa capacidade de gratidão, ela conclui: "E eis aí, sem dúvida, a razão pela qual era necessário que eu fosse uma filha, e não um filho, apesar de toda minha aparência combativa".[9] A ideia de que a identidade singular é "um *presente*, e não uma aquisição" revela, em certo sentido, a vitória do modelo parental: descobrir-se não na revolta, mas na pura aceitação de si.

Portanto, era fatal que a infância de Liola, de fato muito cercada de pessoas, tenha sido vivida como "uma solidão cheia de fantasmas.[10] É um traço constante dela a necessidade de criar um isolamento no meio de toda aquela sociabilidade. Em 1904, escreve em seu diário:

> Estar sozinha, viver interiormente para si, era para mim uma necessidade tão imperativa quanto o contato e o calor humano. Ambas necessidades muito fortes e apaixonadas, mas separadas e sujeitas à mudança e à alternância, e é justamente isso o que parece infidelidade e inconstância. Eu não poderia, como fazem quase todos aqueles que conheço de perto, misturar as duas e considerar semelhante mistura como extremamente benéfica: por exemplo, não mais dormir sozinha, precisar sempre falar, estar em contato com todos, e, por outro lado, gostar de viajar sozinha, saborear na solidão o que é belo e interessante. No primeiro caso, seria capaz de quebrar pratos na cabeça de todo mundo; no segundo, de chorar com uma tristeza de morrer. Experimentei as duas com extrema intensidade: o homem amado deveria aceitar a solidão, o calor humano se volatilizar para se tornar a mais glacial satisfação de si.

O agente infantil dessa satisfação de si, primeiro fantasma ou personagem de ficção, foi o próprio Deus. Ao mesmo tempo pai e mãe, ou ainda avô, isto é, para além ou aquém da autoridade parental, Deus é o melhor aliado do narcisismo da garotinha. Liola adora presentes: prefere inclusive a forma pura ao conteúdo (um dia ela se recusa a abrir o embrulho trazido por seu pai, consciente de que o conteúdo real jamais se equivaleria ao conteúdo sonhado); ora, Deus é o grande instituidor de presentes, apesar de estar fora do sistema de recompensas:

"Tampouco os presentes do Deus-Grande-Pai necessitavam de visibilidade para mim, justamente porque eram imensuráveis em valor e abundância e me estavam absolutamente assegurados e, de forma particular, *incondicionalmente* garantidos: não estavam ligados, como os outros presentes, ao bom comportamento, por exemplo. Pois os das mesas de aniversário lá brilhavam, na verdade, porque se fora bom, ou porque esperavam que se fosse. Mas eu era, com frequência, uma criança "má", e por isso tive que travar doloroso contato com uma varinha de bétula, coisa que nunca deixei de denunciar ostensivamente ao Bom Deus. Nisso ele dava provas de ser totalmente da mesma opinião, e até me parecia irritar-se tanto que eu, às vezes, quando me encontrava de ânimo generoso (o que, de modo algum, era frequente), procurava persuadi-lo, com benevolência, a deixar meus pais utilizarem a tal varinha".[11]

A hora sem Deus, narrativa ficcional de 1922 que retoma e reconta essas lembranças, esboçará com bastante clareza o caráter erótico dessa aliança narcisista:

> Ele o sabia, mas Ele o via, Ele que vê o que está escondido; com Seus olhos onipresentes, para os quais a coberta da cama não era um obstáculo; Úrsula não precisava nem se virar; era como se seu pequeno traseiro avermelhado Lhe saltasse aos olhos. Ela se sentia como que levantada acima dos travesseiros sob o olhar bondoso de Deus; tornada como que transparente – mas também excepcionalmente bela, revestida de um esplendor que parecia dissipar toda vergonha da menor parte de seu corpo, lhe permitindo assim ser honrada e amada, como o era apenas pelos lábios de seu pai com um grande beijo na boca.[12]

Sem dúvida essa "solidão povoada de fantasmas" deveria ser compreendida ao pé da letra, considerada na construção de uma cenografia masturbatória. Deus também é companheiro de jogos romanescos: Liola exerce ao lado dele seus futuros talentos de narradora, povoando seus diálogos com histórias inventadas, retrabalhadas a partir de pequenos acontecimentos reais insignificantes. Quando ela se arrisca a esse exercício com seus amigos, é rapidamente chamada de mentirosa; apenas o Bom Deus manifesta, mais uma vez, uma paciente benevolência.

"Deus se manifestava como Deus sobretudo porque não apenas satisfazia meus desejos, mas porque não satisfazia o dos meus pais em relação a mim: ele se manifestava como meu Deus particular que pertencia somente a mim devido ao fato de ser um deus da oposição – aliando-se com a criança perante todos os adultos com suas noções e interesses estranhos e suas paixões pela pedagogia".[13]

Deus constitui, assim, a instância de uma relação primordial consigo mesma, e nem um pouco uma experiência da alteridade. O "Deus da oposição" é o momento de uma dialética; é aquele que deve morrer, aquele que deve ser superado no movimento da maturação, de uma afirmação de si que é conquistada de maneira autônoma. Lou Andreas-Salomé conta duas vezes uma lembrança de infância, em *Minha vida* e em *A hora sem Deus*, que ilustra "a maneira brutal com que essa relação fantasiosa um pouco frágil chegou ao fim", lembrança que só lhe "voltou à memória em todos os seus detalhes muito tempo depois, em idade avançada": numa manhã de inverno, o criado encarregado de levar ovos para a casa de campo dos Salomé conta a Liola que, ao chegar, mandara embora um casal que pedia abrigo, em pé no frio e na neve diante da porta. Um pouco depois, a menina volta à carga e lhe pergunta o que poderia ter acontecido com aquele homem e com aquela mulher num clima tão rigoroso. O criado lhe explica então que acabaram desaparecendo, deixando no chão apenas os botões pretos de seus casacos e lágrimas congeladas. Menos do que a piedade, é antes a possibilidade de o tempo poder corromper os seres a ponto de fazê-los desaparecer por completo que incita Liola a pedir contas a Deus sobre essa história e, recusando-se a explicar que eram apenas bonecos de neve, Deus se fecha num silêncio culpado. Foi o seu fim, sua imagem na cortina que escondia um "pavor indizível" se rasga. Partindo, Deus se tornara cúmplice da "garotinha má", mas sua ausência obriga

Liola a aceitar a obediência, a moderar sua insubordinação. A morte de Deus, longe de autorizar o imoralismo, fundará rigorosamente a submissão incondicional a um princípio de realidade – além disso, Lou Andreas-Salomé, ao descrever o Deus de sua infância, faz dele o auxiliar de um princípio de prazer, e não uma instância paterna autoritária e punitiva (ela aparece aqui, voltaremos a isso, muito autônoma em relação ao freudismo que defende na época da redação desses textos). Em *Minha vida*, ela conta com uma fria lucidez que foi naquele momento que nasceu nela uma espécie de compaixão condescendente por seus pais: "Na verdade, eles também tinham perdido Deus, *mas não sabiam disso*". O motivo, em modo menor, é quase nietzschiano, e percebemos que em sua magistral obra sobre o filósofo, *Friedrich Nietzsche em suas obras*, Lou Andreas-Salomé reconheceu o instinto profundo que preside essa conscientização da morte de Deus:

> Os motivos que incitam a maior parte dos indivíduos a se emancipar da religião são quase sempre de ordem intelectual, e essa emancipação não se efetua sem dolorosas lutas. Mas nos casos, mais raros, em que o primeiro impulso é dado pela sensibilidade, o processo se realiza sem choque e sem dor; a razão se limita a decompor o que já está morto – isto é, um cadáver.[14]

O problema vital da infância não é, para Lou Andreas-Salomé, a perda do Deus pessoal, que no fundo é apenas a queda de uma fruta madura demais. É do lado de cá que acontece a desaparição primordial, ao mesmo tempo em que a ascensão ao real. O parágrafo inicial de *Minha vida*, de admirável radicalidade, narra a ação de nascer:

> Nossa primeira experiência, coisa notável, é a de um desaparecimento. Momentos antes, éramos um todo indivisível, todo Ser era inseparável de nós; e eis que fomos lançados ao nascimento, nos tornamos um pequeno fragmento desse

Ser e precisamos cuidar, desde então, para não sofrer outras amputações e para nos afirmarmos em relação ao mundo exterior que se ergue a nossa frente numa amplidão crescente, e no qual, deixando nossa absoluta plenitude, caímos como num vazio – que em primeiro lugar nos despojou.

Texto surpreendente, que coloca num plano ontológico um sentimento psicológico que Freud criticará em *O mal-estar na cultura*, o pretenso "sentimento oceânico [...] de união indissolúvel com o grande Todo, e de pertencimento ao universal". Freud o explica pela indecisão, na criança, dos limites entre o Ego e a entidade inconsciente do Si mesmo, que se prolonga numa indeterminação das fronteiras entre a criança e o mundo exterior. O desenho dessas fronteiras se fixa aos poucos na ascensão ao princípio de realidade. O famoso estágio do espelho, em Freud, é aplicado ao pé da letra por Lou Andreas-Salomé em suas memórias. Nunca se sabe, ao agir assim, em que medida os conhecimentos psicanalíticos que dominam o fim de sua vida contribuem para fazer ressurgir a recordação ou para construí-la totalmente:

> Em meu caso, acresceu-se ainda um outro motivo: uma questão estranhamente ligada a espelhos. Ao mirar-me neles, ficava de certa forma estupefata por ver tão claramente que eu era apenas aquilo que via ali: limitada, enjaulada, forçada a deixar de ser no restante, até mesmo no mais próximo.[15]

Freud situa a origem do sentimento religioso na relação com a ancestral figura paterna. Como vimos, Lou Andreas-Salomé pensa de maneira diferente: o Deus pessoal está ao lado do princípio de prazer e do narcisismo, e o verdadeiro sentimento primordial, o da participação no todo do Ser, está ligado a uma visão original, mais imanente, da vida. Passado o episódio do Deus-Grande-Pai (e devemos levar a sério o fato de *não* se tratar de uma figura paterna), resta um Deus que em toda parte é sinônimo de Vida: "Para a criança, por ela ainda não ter nascido totalmente para o mundo, por ela ainda não estar verdadeiramente dentro do sistema de diversidade, a mínima parcela desta substitui o todo, governando e reinando sobre o milagre inteiro da vida". Deus, assim considerado, permeia o conjunto de sua obra, cristaliza o inalienável espanto filosófico de Lou Andreas-Salomé diante da vida e uma adesão poética sem fraqueza a seu milagre. Lou tomou de Schopenhauer a ideia de que o nascimento é uma queda no mundo das aparências, segundo um princípio de individuação que limita o ser singular e aliena sua compreensão do grande Todo: "No mais fundo de nós mesmos, nosso ser se opõe a qualquer tipo de limite. Os limites físicos nos são tão insuportáveis quanto os limites do que nos é psiquicamente possível: eles não fazem de fato parte de nós".[16] Ao dizer isso, ela não clama o inconveniente de ter nascido, mas antes afirma, com o Nietzsche de *O nascimento da tragédia*, a força plástica e individuante do apolíneo, a reconquista artística da onipotência dionisíaca, que é poder de vida. Lou Andreas-Salomé nunca cessará de repetir, até o fim de sua vida, a seguinte alegre afirmação: "A vida humana – o que estou dizendo, a Vida! – é obra poética. Sem estarmos conscientes dela, nós A vivemos dia após dia, aos poucos, mas é Ela, em sua intangível totalidade, que tece nossa vida, compõe nela o poema[17]".

Encontramos na correspondência de Lou Andreas--Salomé, anos mais tarde, em 1912, uma troca com o psicanalista Victor Emil von Gebsattel, um amigo de Rilke que ela conhecera no ano anterior no Congresso de Psicanálise de Weimar. Gebsattel lhe envia um retrato dela mesma: ele admira sua força de atração e o dom que ela tem de despertar à sua volta "as mais originais virtualidades", de levar quem convive com ela "para além de seus limites"; ele sente nela uma paixão fundamental pela vida, numa mistura ambígua de frieza e entusiasmo. Lou responde-lhe com a seguinte explicação:

> Desde sempre (sem dúvida desde a época em que conheci os contos de fadas), tudo o que é *externo* me parece impresso de um caráter misterioso – um pouco como se nos ultrapassasse demais para podermos abarcá-lo; por isso é "externo" e está à nossa frente. Assim, toda materialidade se torna uma espécie de engodo; a ideia que eu tinha de seu conteúdo mudou com os anos, mas nunca perdeu sua consistência, e o resultado final foi que os gestos mais naturais deveriam manifestar, até mesmo diante da menor parcela de mundo exterior, um respeito paciente por aquilo que está "no interior". Tenho plena consciência de que o Bom Deus de minha infância está em grande parte presente nessa espécie de otimismo, embora, no fundo, não seja assim, mas isso apenas enfatiza o caráter profundamente irremediável de uma visão de mundo que não foi escolhida.[18]

Essa passagem do otimismo para o fatalismo, esse esforço para fazer do inelutável um objeto da vontade, objeto de uma afirmação, Lou talvez o deva ao "temperamento russo", se ele de fato existir, e à profunda assimilação do amor fati de Nietzsche: "Precisamos antes nos sentir inexoravelmente determinados, mas por uma força com a qual nos identificamos, uma força que nós mesmos nos tornamos".[19] No entanto, sabe-se muito bem que esse amor pelo destino e essa sabedoria só podem ser adquiridos ao preço de um esforço heroico: em Nietzsche, tal esforço foi trágico, conquistado com intensa luta; em Lou, ele parece à primeira vista mais discreto, mais sereno, enfim, mais paciente. Mesmo assim, entre as linhas que retraçam seu olhar sobre a infância, se percebe a filigrana de um sofrimento, de uma renúncia aceita em silêncio. Uma passagem de Criação de Deus é dos raros textos que ousam a confissão explícita, oferecendo uma luz singular sobre a violência da iniciação exercida sobre a criança:

> Mais tarde, a imaginação dificilmente consegue representar-se as provações pelas quais passa semelhante ser ainda não desenvolvido, quando, já incapaz de experimentar plenamente sua crença, ainda não está em condições de ir intelectualmente até o fim da dúvida. A única coisa que ele pode fazer é *sofrer*, suportar passivamente a pressão dessa força estranha que se aproxima, despoja-o e desconcerta-o. Entre as recordações dessa época, uma impressão é dominante: o quanto o sofrimento da criança pode ser assustadoramente profundo e desesperado, e sentimos, mais tarde, uma espécie de piedade como somente – ou quase – nos inspira o *animal* torturado privado de razão, criatura que ignora o que lhe acontece nem sabe expressá-lo, e que tem o senso, o sentido e a necessidade, talvez salutares, de que seu sofrimento deve permanecer completamente escondido.[20]

Lou relaciona a recordação desse sofrimento com a beleza efêmera dos verões russos de sua juventude, frágeis, hesitantes, suspensos entre o frêmito de uma floração e a agonia do outono:

> Há nisso um pouco do esplendor de um adeus, o encanto supremo que confere à vida seu caráter efêmero demais. Ele evoca o universo feérico da criança e da fé, universo fugidio no qual floresce e recende, por um tempo tão breve, um verão sem noite nem sombra.[21]

"Segundo nascimento" (1878-1880)

Se a morte de Deus significa o fim do prazer espontâneo de inventar histórias, ela marca para Liola o acesso a um rigor intelectual, que logo se manifestará em seu caráter estudioso. "Parece que, desde então, passei a esforçar-me para fazer exatas as minhas afirmações – para mim, porém, isso significava não agregar o mínimo que fosse, ainda que essa forçada avareza me desolasse terrivelmente."[1] Inúmeros textos comprovam, em Lou, o laço de causalidade entre a perda de Deus e a sede de conhecimento. O artigo *Criação de Deus* analisará o desenvolvimento intelectual não apenas como compensação do lugar vazio deixado por Deus, mas como a conquista de uma autonomia e recentramento em si:

> A única coisa que me ligava ao mundo exterior era o sentimento de estar em oposição, em luta com meu entorno – mas isso tornava o espírito mais seguro de si e mais à vontade em sua própria vontade, numa *liberdade interior* conquistada diante de uma coerção que se tornara apenas externa.[2]

Essa parcimônia, que tende à rarefação de seus impulsos comunicativos, se manifesta num movimento de retração, tanto diante do turbilhão de sociabilidade que varre seu entorno, quanto diante de seus colegas de aula, sem dúvida mais desenvolvidos física e afetivamente. A partir dos oito anos, ela frequenta uma escola particular inglesa, depois a Petrisschule, um liceu protestante no qual conviviam alunos russos e filhos de cidadãos estrangeiros. A amizade que a liga (e ligará por muito tempo) a Emma Wilm, prima do lado materno e principal confidente de sua adolescência, constitui uma exceção. O distanciamento, como sempre em Lou Andreas-Salomé, se aprofunda em meio a uma sociabilidade sem conflitos, conforme delineado numa carta de 1931[3] a uma antiga colega, na qual a velha senhora se lembra com cordialidade da sucessão de festas de aniversário nas famílias de comerciantes da colônia alemã. Nos anos finais, o russo se torna obrigatório e, para a jovem, que fala alemão e francês em casa, a solidão se torna mais intensa. Ela tem a sensação de nada aprender, sendo reconfortada nesse aspecto pelo pai, que logo a retira das obrigações escolares matriculando-a como simples ouvinte livre. Restam dois cadernos de exercícios dessa época: as melhores notas aparecem em pequenos ensaios sobre Schiller, observações sobre a Academia Francesa, os poemas épicos e o teatro francês, Pascal e Descartes, escritos com firmeza e elegância.

Aos dezessete anos, Liola assiste às aulas de catecismo preparatório para a confirmação, etapa essencial da vida protestante russa não apenas pelas conhecidas razões teológicas, mas também por toda uma série de motivos sociais: o certificado de confirmação inaugura a integração a uma forma de cidadania, vale como um documento de identidade e sua posse é necessária para a obtenção de um passaporte para o exterior. As aulas são ministradas pelo pastor Hermann Dalton (1833-1913), sucessor de Iken à frente da paróquia São Pedro, e seu sucessor também na empresa moral exercida sobre Gustav e Louise von Salomé. Gustav há tempos ampara sua paróquia, intervindo nos anos 1830 a favor da edificação de uma nova igreja, mais suntuosa; além disso, é um dos cinco membros do conselho presbiteriano de São Pedro, e seu nome consta na dedicatória, ao lado dos nomes dos quatro outros membros do conselho, da *História da Igreja reformada na Rússia*, publicada por Dalton em 1865. Hermann Dalton é uma figura importante do protestantismo na Rússia: suas obras históricas ou apologéticas manifestam um conservadorismo agressivo, que lhe valerá inúmeros inimigos, entre os quais David Strauss e Ernest Renan. Outro adversário lhe causará problemas mais graves: por chegar a examinar de modo crítico a religião do Estado, ele se verá confrontado, a partir de 1886, com Pobedonostsev, procurador-geral do Santo Sínodo. A disputa termina em 1888, com o exílio de Dalton, que irá disseminar por Berlim seu proselitismo vingativo. O que equivale a dizer que Liola não gosta do pastor, que corresponde o sentimento: Dalton se informa junto aos Salomé sobre o espírito rebelde da jovem, desde o dia em que, ao ensinar que não existe lugar onde não se possa imaginar a presença de Deus, Liola lhe respondera em tom de provocação: "Existe sim, o Inferno!". A "liberdade interior" conquistada com a morte de Deus, o fortalecimento das forças intelectuais percebidas como *vitais*, de repente se viram confrontados com uma ortodoxia rígida e desprovida de vida, um saber que se esgotava numa prescrição sem alternativas. Se a religião da infância havia sido uma experiência do maravilhoso, sua justificação friamente teológica varria para longe os últimos resquícios de nostalgia, e permitia aderir alegremente ao espírito novo: "Assim se concluiu internamente o que agora devia concluir-se externamente: deixei em definitivo o mundo dos crentes e me separei abertamente da Igreja".[4]

Um encontro decisivo será necessário, providencial, no entanto, para que Liola possa levar a cabo a conquista de uma liberdade obtida até então ao preço de uma solidão radical. É através de sua tia Caroline Wilm (adotada pela avó materna) que Liola ouve falar pela primeira vez do predicador da legação holandesa, o pastor mais brilhante e menos ortodoxo de São Petersburgo. Devido a sua fama, Hendrik Gillot (1836-1916) consegue escapar à autoridade da Igreja evangélica reformada da cidade e às iras de Dalton; liberal, ele publicara nos Países Baixos uma *História do culto*, em 1872, largamente inspirada no teólogo alemão

Otto Pfleiderer (1839-1908), que queria mostrar que a ideia de religião era extremamente difícil de ser conciliada com a modernidade, apesar dos esforços hegelianos para integrá-la ao movimento da história. Gillot, seguindo Pfleiderer, oscilava entre o compromisso teológico e a adaptação das tradições às condições sociais modernas. Orador nato, seduzia pelo encanto de seu discurso e pelo brilhantismo de seu pensamento, ao longo de sermões que quase sempre fazia em alemão, às vezes em holandês, durante o verão, quando o público germanófono saía de férias. Caroline, portanto, incita Liola a assistir a um de seus sermões, na primavera de 1878. Gillot tem 42 anos, e imediatamente seus gestos e palavras, o próprio tom de sua voz, despertam na jovem a violenta sensação de que era por ele que esperava, o ser humano que a tiraria de sua solidão. Em 13 de maio, ela encontra coragem suficiente para escrever-lhe uma carta espantosa:

> Respeitado Herr Pastor,
> O senhor com certeza ficará um pouco perplexo ao percorrer estas linhas – perdoe-me, por favor, por sobrecarregá-lo e incomodá-lo dessa maneira [...]
> A pessoa que lhe escreve, Herr Pastor, é uma garota de dezessete anos, isolada no meio de sua família e seu entorno, sozinha no sentido de que ninguém partilha seus pontos de vista e, menos ainda, satisfaz sua ardente vontade de saber mais. Talvez seja minha maneira de pensar que me isole da maioria das garotas de minha idade e de nosso meio – é difícil imaginar coisa pior para uma garota aqui do que se afastar da norma em seus gostos e aversões, em seu caráter e em seus pontos de vista. Mas é tão cruel precisar guardar tudo para si por medo de chocar, tão cruel estar tão absolutamente sozinha por não ter os modos agradáveis e tratáveis que conquistam a confiança e o amor dos outros.[5]

Liola continua sua carta explicando a Gillot que ela literalmente perdera sua fé, e que a ortodoxia reinante e o racionalismo seco "de nosso tempo" a desencorajam e afastam de sua busca. Ela critica então, nomeadamente, Dalton (o que sem dúvida não desagrada o pastor liberal...), qualificando-o de limitado, estreito, hipócrita. Ela procura a verdade às cegas, esquecendo os devaneios de sua infância, as ideias recebidas de seu meio e, inclusive, sua própria timidez; pede-lhe autorização, então, para acompanhar seus sermões, com a condição de que seus pais e o pastor Dalton lhe dessem permissão para tanto. Depois acrescenta: "Eu não *poderia* me deixar cegar... O senhor imagina, Herr Pastor, com que desesperada energia uma pessoa avança na direção da luz". Consciente de que uma jovem, ao atrair com semelhante fogo a atenção de um homem na flor da idade, infringe as mais elementares convenções, se apressa a enfatizar que é animada por um "desejo ardente, selvagem e indomável de tudo o que é ideal, e esse desejo pode refrear qualquer outro pensamento". Ela satisfará essa poderosa vontade de conhecer "a qualquer preço". Como todas as pessoas reservadas e solitárias, quando Liola encontra a única possibilidade de emancipação, ela se mostra decidida e não recua diante de nada. Imagine-se a surpresa e a curiosidade que a leitura da carta pode ter provocado em Gillot; ele escreve a Liola uma resposta calorosa e a convida para visitá-lo.

Da intensidade do laço que se forma ali, sabemos apenas o que Lou Andreas-Salomé conta em seu romance *Ruth* (1895), que, segundo a própria autora, foi totalmente abastecido na experiência desse encontro. Transposto segundo as necessidades da ficção, o romance coloca em cena a jovem Ruth, "diferente das demais", espontânea e corajosa como um menino, órfã, dotada de uma imaginação viva e propensa a maravilhosos devaneios que gostaria de ter vivido. Um trabalho escolar em que desafoga suas visões extáticas encanta seu professor Erik, para quem vão todos os seus pensamentos. Uma noite, altiva e trêmula, ela lhe faz uma visita secreta. "Vem a mim?", ele pergunta, passando a mão por seus cabelos. Ruth, em lágrimas, se ajoelha a sua frente. Deus, que covardemente se furtara a seus questionamentos infantis, que jamais consentira em sair debaixo de sua *Tarnkappe*, o lendário manto que torna seu usuário invisível, de repente se fazia homem ali, na frente da adolescente pronta a colocar em suas mãos o comando de sua vida. Erik lhe oferece seu teto e se encarregará de sua educação. As duas aulas diárias são de uma intensidade que ultrapassa em muito o gosto pelo estudo. Desmaios e estremecimentos pontuam esses momentos íntimos, nos quais o desejo sexual circula sem ser enunciado. Erik se apaixona pela aluna mas, consciencioso de não abusar de entrega tão confiante, envia-a para estudar no exterior. Quando ela volta, Erik se divorciara e a acolhe como sua futura esposa. Seu pedido de casamento, que lhe custa uma síncope, será sancionado pela partida, quase uma fuga, de Ruth que se despede com uma frase pronunciada numa voz doce, cujo efeito deve ter sido o de uma navalha: "Não vou embora. Vou e continuo sua filha". Lou dedicará a Gillot todo o segundo capítulo de *Minha vida*, intitulado, sem ambiguidades, "Experiência do amor", seguindo-se ao capítulo "Experiência de Deus" não apenas por cronologia. Ela analisa as divergências entre a recordação real e sua transposição romanesca:

> Ruth, que, porém, ficou de certo modo desfigurada por lhe faltar um antecedente: a pré-história piedosa, os restos secretos da identidade entre relação com Deus e conduta amorosa. A adoração pelo ser amado, contudo, desapareceu tão repentinamente quanto o Bom Deus havia desaparecido para mim, sem deixar rastros. Ao faltar essa aproximação e, com ela, o plano mais profundo, o perfil de Ruth precisou ser colorido de "romantismo", em vez de se basear naquilo que no modo de ser da moça provinha do anormal, de um desenvolvimento inibido.[6]

Hendrik Gillot aceita, portanto, passar-lhe seus ensinamentos, o que faz dela sua única aluna particular. O acordo permanecerá secreto, para não melindrar a suscetibilidade dos pais e de Dalton, e prevenir rumores despropositados. Liola quer ser arrancada de seus "devaneios" para ascender ao mundo intelectual, e Gillot é o homem para isso: "Adversário de toda fantasia, indicava educadamente a direção irrestrita ao claro desenvolvimento da compreensão".[7] Parece que sua primeira intenção foi domar a inteligência de Liola e quebrar sua vontade. Essa violenta pedagogia é encontrada não apenas em *Ruth* (em que os desmaios da aluna se alternam com as carícias do professor) mas também em outro escrito, *Combate por Deus*, o primeiro romance de Lou Andreas-Salomé (1885): Kuno, professor universitário, se encarrega da educação de Mary, uma jovem que passa a chamar de Märchen (conto de fadas, em alemão), fazendo uso de uma implacável autoridade, até quebrar toda e qualquer resistência: Märchen, ao tornar-se completamente vulnerável, se apaixona por Kuno, que então revela ser... seu pai! Vê-se, pela perversidade voluntária dos arranjos ficcionais, que a ambição intelectual não esgota em nenhum dos casos as intenções de semelhante relação: Lou compõe as condições desse ideal contraditório, que associa a "subordinação voluntária" com a afirmação de si. Lou não fala diretamente desse pacto masoquista vivido com Gillot, e seria possível se ater à imprescindível liberdade da romancista ao transpor seus fantasmas para a ficção. Mas uma pequena frase, encontrada por Ernst Pfeiffer numa carta dessa época, dirigida a Lou pela tia Caroline, confirma a autenticidade de uma experiência vivida:

> "Que terrível deve ter sido a luta dentro de você, antes de submeter-se totalmente. Sei bem quão difícil foi esse 'dobrar-se', conheço-a tão bem!"[8]

Combate por Deus possui alguns poemas, e um deles é uma modificação de um texto oferecido a Gillot. Seu título, "H.G.", remete tanto a Hendrik Gillot quanto a "Herr Gott" (Senhor Deus). A imagem barroca do crente que abaixa a cabeça sob o jugo do poder de Deus, e a assimilação explícita de Gillot a Deus definem o quadro bastante nítido do fantasma de Liola sobre a relação dos dois:

H.G.

Parece que te esperava
Desde a infância
E meus pensamentos, nessa espera muda,
Respiravam desafio e dor.

Vieste, e teu passo me cativou,
Como cativa um sonho.
Eu te vi, e a arma suavemente
Escapou-me das mãos.

E quando tua voz me chamou
A dor e o desafio foram embora.
Eu te vi, e diante de ti minha nuca se curvou.

Quem és para com tal força
Unir meu coração ao teu?
Parece-me que mais de uma noite
Minhas lágrimas em sonho te chamaram

Despertas, acredito,
Um eco da terra em meu coração,
Jubilo e tremo,
Como se tivesse contemplado Deus.[9]

De fato, as lições de Gillot devem ter sido de uma exigência incrível. Longe das ingenuidades da catequese, Liola é iniciada na história da filosofia e das religiões; o pastor lhe teria contado sobre seu trabalho de tradução da *Filosofia da religião sobre bases históricas*, de Pfleiderer; ele sem dúvida lhe ensina holandês, visto que é nessa língua que lhe pede para ler as três críticas de Kant; ele a faz descobrir o gênio sombrio dos moralistas franceses, onde ela buscará a arte cortante do aforismo e a acuidade de uma psicologia das profundezas (Nietzsche, que sabia do que falava, admirará a familiaridade da jovem mulher com La Rochefoucauld e Pascal); por fim, abordam juntos o continente Spinoza, que por toda a vida de Lou Andreas-Salomé terá um lugar privilegiado: "Por pouco que aprofundemos nossa reflexão, sobre qualquer coisa que seja, nos deparamos com ele: encontramo-lo no caminho, onde ele espera, sempre pronto".[10]

Se acreditarmos em *Ruth*, Gillot, "inimigo das quimeras", soube dar a Liola exatamente o que ela esperava dele: orientar seus fantasmas oníricos na direção de um rigor lógico e de um desejo de conhecimento. Somente o conhecimento permite superar os conflitos entre os princípios de prazer e de realidade, numa conversão do instinto vital, no qual a puberdade se faz, nas palavras de *Minha vida*, "segundo nascimento". Em 11 de fevereiro de 1879, Gustav von Salomé "se extingue com maravilhosa facilidade". O desaparecimento da autoridade paterna incita Gillot a querer oficializar a situação, até então secreta. Liola obedece imediatamente e procura a mãe; ela irrompe no salão e, na frente dos convidados ali presentes, diz *ex abrupto*: "Vim da casa de Gillot". Louise von Salomé cai em prantos, mas aceita receber o pastor. Lou Andreas-Salomé relatará o encontro a Ernst Pfeiffer: "O senhor se torna culpado junto a minha filha." "Eu *quero* ser culpado em relação a essa criança".[11], responde o pastor com autoridade. Mas essa é apenas a primeira etapa da emancipação da jovem: ela declara à mãe querer sair da Igreja, e parece que a senhora Von Salomé faz um imenso esforço sobre si mesma; numa carta à mesma Caroline Wilm a quem Liola confidenciara sua aventura secreta, Louise escreve:

> "Que a primeira tormenta, para mim tão inesperada, tenha passado, sem que eu ficasse doente, realmente me assombra; precisei conservar toda minha força moral para manter-me em pé e, nesses dias, senti exatamente, como aliás já muitas vezes em minha vida, que a força de Deus, quando se confia nela, é poderosa para os fracos; sem dúvida, minha antiquada fé não está mais em moda, mas sou feliz por tê-la! Você acha que Liola compartilha a dor de minha alma, mas não acredito nisso, pois ela deveria então ter feito tudo de modo diferente e provado através de seus atos; você me pede que eu seja carinhosa com ela, mas como é possível sê-lo com um caráter tão teimoso que sempre e em tudo impõe apenas suas vontades..."[12]

Isso é o que podemos chamar de uma típica crise de adolescência. Um acordo é encontrado, que tranquiliza a mãe e envolve o professor: Gillot fará a confirmação de Liola na Holanda, sua terra, longe das iras de Dalton e dos comentários de São Petersburgo; ele continuará a instrução religiosa da jovem e a preparará para os estudos que ela iniciará em Zurique: a cidade é um centro universitário importante para a comunidade russa imigrada, e a Suíça é um dos raros países que permite às mulheres o acesso aos estudos superiores. Gillot estará inclusive na viagem às margens do golfo da Finlândia, onde Louise e sua filha passam tradicionalmente o verão. Essa regularização da situação dá a Gillot a coragem de dar um passo a mais, um passo excessivo: ele se declara a Liola e a pede em casamento. Parece inclusive, segundo a sugestão de uma passagem do diário dos últimos anos (julho de 1934), que antes mesmo de se declarar ele tenha tomado providências para se divorciar – o pastor era casado e pai de dois filhos: casamento medíocre de que pouco falava e, sem dúvida, fonte de grandes frustrações.

Gillot se tornava um homem de carne e osso, um noivo, um marido. Essa encarnação súbita condena "o homem-deus" aos olhos de uma Liola sedenta pelo absoluto.

Mas não nos enganemos: a postura virginal que vemos na personagem de Lou Andreas-Salomé (que não o será para sempre...) corresponde, segundo ela mesma, a uma "evolução inibida e anormal". Sem dúvida a relação deles jamais foi consumada sexualmente, mas Lou sempre foi muito evasiva sobre seu grau de consciência do desejo de Gillot, sobre o que ela lhe concedeu ou deixou-o acreditar. Ela destruiu toda sua correspondência com ele. O mais surpreendente é a ambiguidade com que Liola, por meses ainda, mantém sua relação com o pastor: ele precisa servir a outros desígnios e conduzi-la à conclusão de uma iniciação que seria a única coisa que lhe permitiria voar com as próprias asas. Embora a confirmação não passe de uma máscara para uma jovem que decidiu sair da Igreja, ela ainda cumpre uma dupla função: concretamente, representa o passaporte que autorizará uma partida para o exterior; mas ainda conserva seu valor de segundo batismo, uma significação simbólica que ultrapassa de longe o âmbito eclesiástico.

Antes de chegarmos a essa confirmação, organizada do início ao fim pela própria Liola, não é sem interesse pararmos um instante num episódio significativo, que esclarece a maneira com que pouco a pouco Liola assume poder sobre Gillot e o leva para seus próprios domínios espirituais. Ela às vezes escreve os sermões de seu mestre; um dia, substitui o comentário de uma passagem das Escrituras por uma frase do *Fausto*, de Goethe: "O sentimento é tudo, o nome não passa de ruído e fumaça que nos ocultam o brilho dos céus". Gillot aceita o jogo de bom grado, mas a referência profana lhe vale reprimendas do embaixador! O que nos diz a escolha de Liola? Na passagem que ela escolheu para comentar, Fausto, ligado a Mefistófeles pelo pacto, discute sobre a religião com a piedosa e ingênua Margarida, que ele seduziu. À fé do fiel no seio da Igreja, ele opõe um hino panteísta à divindade da natureza e da vida. As palavras pronunciadas por Fausto com exaltação poderiam ser as de Liola:

> Compreende bem, meu doce coração!
> Quem o pode nomear?
> Quem professar:
> Eu creio nele?
> Quem conceber
> E ousar dizer:
> Não creio nele?
> Ele, do todo o abrangedor,
> O universal sustentador,
> Não abrange e não sustém ele
> A ti, a mim, como a si próprio?
> Lá no alto não se arqueia o céu?
> Não jaz a terra aqui embaixo, firme?
> E em brilho suave não se elevam
> Perenes astros para o alto?
> Não fita o meu olhar o teu,
> E não penetra tudo
> Ao coração e ao juízo teu,
> E obra invisível, em mistério eterno,
> Visivelmente ao lado teu?
> Disso enche o coração, até o extremo.
> E quando transbordar de um êxtase supremo,
> Então nomeia-o como queiras,
> Ventura! Amor! Coração! Deus!
> Não tenho nome para tal!
> O sentimento é tudo;
> Nome é vapor e som,
> Nublando o ardor celeste.[13]

Trata-se de uma profissão de fé, uma vontade de abrir os olhos – não mais o que Liola espera de Hendrik (que tem o mesmo nome de Heinrich Faust), mas o que ela lhe revela: não é possível diferenciar o amor humano do amor divino, por que é preciso nomeá-lo, rebaixá-lo à felicidade conjugal ou ao prazer carnal? A confusão infantil de Liola frente ao mundo se resolve numa percepção superior, totalizante, à qual ele, Hendrik, não ascende totalmente, tão ingênuo, no fundo, quanto a própria Margarida. Esse ensinamento em que a discípula se torna mestre não seria uma sedução diabólica? Talvez Gillot tenha se visto tão abandonado quanto Margarida quando, depois de esgotar todos os recursos dele, Liola alçou voo em direção a outros sabás espirituais. Por ora, lhe resta uma última função a cumprir: ele ainda precisa dar-lhe o nome que não passa de ruído e fumaça – Liola está se tornando "Lou" (o pastor holandês tem grande dificuldade em pronunciar corretamente "Liola" à russa), e a confirmação concluirá esse batismo, que será tanto uma posse quanto um abandono.

A confirmação de Lou acontece em maio de 1880, em Zantpoort, uma aldeia de pescadores perto de Leiden. Gillot oficiará em sua língua materna, o que também permite poupar a mãe, que não entende o holandês, de todos os detalhes de uma cerimônia com dois vieses... A própria Lou escolhera o verso que seria comentado; ela o retira do Livro de Isaías: "Mas agora, diz Iahweh, aquele que te criou, ó Jacó, aquele que te modelou, ó Israel: não temas, porque eu te resgatei, chamei-te pelo teu nome: tu és meu".[14] A confirmação se constitui ao mesmo tempo batismo e casamento, e Lou leva até o fim a lógica implacável de sua relação com Gillot. Ao fazer isso, enquanto veda a ele toda possibilidade de futuro, a cerimônia consagra para ela a vontade de uma nova vida, de um instinto vital cheio de promessas:

"Assim, não foi uma imagem do outono e do adeus, do desapego do mundo dos crentes, que me restou como última lembrança dessa época – mas uma surpreendente visão da primavera: uma verdadeira consagração à nova vida pela qual eu deixei a casa paterna. Uma feliz conjuntura realizou aquilo que era quase um sonho, um conto de fadas: uma pequena igreja de aldeia, em terra estrangeira, me acolheu para a circunstância, e um amigo, meu único amigo, fez a viagem de um país estrangeiro para outro, para lá me benzer segundo nossas convicções".[15]

Lou relembra a fria primavera holandesa, as tempestades vindas do mar do Norte e que levantavam a areia das dunas; ela revê a vegetação germinante onde cantava o pintassilgo; a festa ocorria mais na natureza do que dentro da igreja. Lou lembra ter experimentado essa devoção pagã em sua primeira infância: quando lhe pediram para entoar um "Pai-Nosso", a garotinha começou a cantar distraidamente, de maneira inconsciente, uma alegre cançoneta infantil que louvava a primavera. "Foi isso que penetrou minha alma como a única oração de que eu continuaria capaz. Uma oração *à vida*".[16]

Diante da complexidade da relação de Lou e Gillot, nenhuma interpretação esgota de todo seu significado: ela percorre todas as gradações de intensidade e luminosidade, da crise da adolescência à busca da verdade, do fantasma religioso ao jogo sensual perverso, do prazer de uma submissão masoquista à experiência de uma primeira conquista sobre outrem. É possível identificar, por fim, nos testemunhos retrospectivos deixados por Lou, apenas a *função* preenchida pela experiência Gillot no curso de sua evolução. Que Lou tenha se apaixonado por Gillot, não resta nenhuma dúvida – apesar de ser necessário esclarecer o que a expressão oculta: se em *Minha vida* ela utiliza por duas vezes, a respeito de Gillot, o termo "meu primeiro grande amor", Lou tem consciência exata do contexto de uma adolescência "inibida e anormal". Gillot faz parte de um movimento de passagem à alteridade, ao mundo exterior, à realidade: "A embriaguez do amor que começou a tomar vulto em mim foi promovendo minha adaptação à realidade (que ele representava e com a qual eu, até então, não havia conseguido entender-me.)".[17] Ao mesmo tempo, é no confronto com a realidade de outra pessoa que Lou baseia sua relação consigo mesma, num processo que participa da mesma busca da relação com Deus, uma relação profundamente *instrumentalizada*, sem que o termo, usado aqui em sentido quase técnico, inspire um julgamento moral. Assim como Deus desaparecera ao manter-se em silêncio, Gillot desaparece ao falar demais, ao arriscar o pedido de casamento que rompe o encanto:

"Algo que apresentava exigências *próprias*, que não só já não satisfazia as minhas como também as ameaçava, que pretendia inclusive dobrar em direção a mim mesma esse esforço garantido e encaminhado precisamente por sua intercessão, para torná-lo tributário da essência do outro, suprimiu para mim, como um raio, esse outro mesmo".[18]

Vimos que o problema fundamental da infância de Lou foi menos Deus do que a busca por uma presença individualizada que pudesse superar a confusão das fronteiras entre o mundo e o eu. "Nós, universo que se tornou consciente e com isso fragmentado, devemos nos refrear, nos apoiar mutuamente dentro das variações desse estado – e devemos experimentar a prova concreta de nossa profunda unidade, isto é, física, corporalmente." Assim, a figura de Gillot se dissolverá à medida que a individualidade de Lou se consolidar e ganhar em profundidade concreta. Gillot chegou a tal ponto àquilo que Lou exigia dele, isto é, à extirpação de suas "quimeras" e de seus "devaneios", que foi arrastado nesse impulso, tornando-se ele próprio um fantasma irreal: "Mas como ele devia continuar sendo, de certa forma, um duplo, um sósia, um *revenant** [em francês, no original de Lou] do Bom Deus, foi-me impossível dar um verdadeiro desdobramento humano à nossa história de amor". É preciso levar em conta, nos textos autobiográficos, o benefício da formação psicanalítica de Lou em

---

* *Revenant*: aparição, espectro. (N.T.)

sua maturidade. Nunca é demais repetir que ela considera sua adolescência uma fase "inibida e anormal": ela analisa com lucidez seu desejo sexual e sua recusa de satisfazê-lo como um violento recalque, cujos efeitos psicossomáticos vê na infecção pulmonar que a atinge então. Explicando a relação com Gillot como continuação de seu sentimento religioso, ela revela sua anomalia, "como consequência do pano de fundo deífico em minha infância. Pois desde ali a conduta amorosa não se orientava, *de antemão*, para a conclusão habitual".[19] Lou não quer mal a Gillot por ter sentido desejo, seguindo sua natureza, ela manterá por ele, durante toda vida, um reconhecimento inalterado. "O ser que teve o poder de nos fazer *acreditar e amar* continua sendo, no mais fundo de nós, o nosso Senhor, mesmo que mais tarde tenha se tornado um adversário."

Gillot ou, da mesma forma, Deus.

As memórias confessam uma coisa essencial para a compreensão da singularidade de Lou Andreas-Salomé, que define ao mesmo tempo uma falta e um excesso:

> Assim, relativamente às três maneiras de consumação do amor (no casamento, na maternidade e na pura união erótica) tenho mesmo que confessar não poder competir com quem, aqui ou acolá, tenha obtido bom resultado em todas elas. Mas não é isso que importa; basta que tenhamos agarrado o que era vida e produza vida, e que, do primeiro ao último dia, tenhamos permanecido produtivamente nela, como seres vivos.[20]

Olhando de perto, o capítulo dedicado a Gillot traça um movimento dialético bem específico: assim como o primeiro capítulo descrevia a passagem do princípio de prazer ao princípio de realidade, o capítulo "Experiência do amor" marca a conversão de uma pulsão de morte em pulsão de vida. Lou transcreve uma *Oração à morte*, onde garante que, em seu leito de morte, a presença de Gillot será seu último alento. Depois reproduz sua *Oração à vida*, à qual voltaremos e que tanto seduziria Nietzsche. A alusão a Nietzsche não é fortuita; trata-se, para Lou, de definir justamente uma falta e um excesso – à adolescência faltava o otimismo beato que caracterizava suas amigas e as fazia sonhar com amores; em contrapartida, ela possui um instinto mais profundo: "Eu estava pronta para acolher com alegria e sem restrições o que a vida me reservava".

O círculo de Malwida
(1880-1882)

Em setembro de 1880, Lou von Salomé e sua mãe, que se tornara viúva, chegam a Zurique. Elas se hospedam nos arredores da cidade, em Riesbach, na casa de Emanuel Brandt, padrinho de Lou, e sua esposa Ida, que ali possuem uma bela propriedade. Quando moravam em São Petersburgo, os dois frequentavam com assiduidade os Salomé, que os estimavam. Por outro lado, sua admiração por Gillot os introduzira ao liberalismo religioso. Os Brandt se revelam, assim, a companhia ideal para a jovem de dezenove anos. Em 1965, Franz Schoenberner, sobrinho de Lou, admirará em suas memórias a determinação da tia:

> A atmosfera da colônia aristocrática alemã de São Petersburgo, à qual pertencia sua família, era a de um quarto por certo acolhedor e caloroso, mas hermeticamente fechado. Que ela tenha conseguido sair daquela atmosfera, não quebrando a janela para fugir, mas com a força tranquila de sua vontade, foi o primeiro sinal de um verdadeiro gênio humano.[1]

Ao chegar, Lou ainda não resolvera a questão de sua admissão na Universidade de Zurique. É um feliz acaso que lhe abre as portas dos estudos superiores. Durante uma caminhada, o professor Lois Biedermann entra na propriedade dos Brandt. Biedermann (1818-1885) é titular de dogmática e de história das religiões; hegeliano, inspirado por David Friedrich Strauss, é autor de uma influente *Dogmática cristã* (1869), que fizera dele uma importante figura do liberalismo protestante na Europa, para além das fronteiras suíças. Dedicado a justificar a fé pela razão, mas também em subordiná-la a ela, ele trabalhou pela reforma teológica do final do século. Seu encontro com Lou, na propriedade dos Brandt, é providencial: rapidamente o professor admira "suas ambições espirituais de uma intensidade fora do comum". Numa carta de 7 de julho de 1883 para a senhora Von Salomé, ele a descreverá como "um ser puro e límpido até o fundo de sua alma, que se dedicou exclusivamente, com energia e paixão extraordinárias, à sua formação intelectual". Lou se inscreve, então, nas aulas de Biedermann para o semestre 1880-1881. Ela acompanhará, paralelamente, no Polytechnikum, as aulas de história da arte do célebre Gottfried Kinkel, a quem confiará seus primeiros poemas. Ao fim do semestre, no entanto, Lou, atacada pela tuberculose, precisará interromper as aulas e fazer várias curas termais, em Karlsbad em junho, depois em Scheveningen e Albisbrunn. Sua mãe estará sempre a seu lado.

> Abandonado à sua sorte, o corpo adoeceu (hemorragia pulmonar), motivo pelo qual fui levada de Zurique para o Sul. Mais tarde, isso me pareceu quase análogo ao que se passa com os seres animais, como, por exemplo, quando um cão morre de fome junto ao túmulo de seu senhor, sem ter, no entanto, a menor ideia do porquê perdeu até esse ponto seu instinto de alimentação.[2]

Lou interpreta sua doença como uma reação psicossomática à experiência Gillot, e é surpreendente a imagem do "túmulo de seu senhor" na analogia. No entanto, a provação tem o papel de rito de passagem, no qual desabrocharão novas forças.

"O mau estado de saúde que constatava em mim foi uma preocupação que não alterava meu desejo crescente de viver. E poderíamos quase dizer que a ele se mesclava um toque de desafio, pois encontramos em diversos poemas de amor, típicos desse período, um tom quase malicioso para cantar a doença."

De fato, as ambições literárias de Lou começam a se esboçar: ela retoma e reúne os poemas escritos durante sua relação com Gillot e dá os primeiros passos para publicá-los.

Lou aproveita seu contato com Kinkel para solicitar-lhe conselhos críticos. Gottfried Kinkel (1815-1882) era um eterno exilado desde sua condenação pelas autoridades prussianas, em 1850, por ter participado ativamente nos levantes revolucionários. Depois dos Estados Unidos e da Grã Bretanha, a Suíça acolhera o grande professor, apreciado por seus trabalhos sobre teologia, história da arte e por sua obra literária. Kinkel encoraja Lou, que lhe pede uma recomendação junto à *Gartenlaube* (Caramanchão), revista bastante difundida nos meios burgueses. Mais bem inserido junto à *Deutsche Dichterhalle* (Galeria dos Poetas Alemães), Kinkel não consegue, no entanto, fazer com que os poemas de sua brilhante aluna sejam publicados. Entre eles estão *Oração à morte* e *Oração à vida*.

Mas o estado de saúde de Lou não melhora. Falta às estações termais germânicas o ar seco e revigorante do Sul, e o médico prescreve uma viagem à Itália, o que deixa Lou encantada. Ela pede a Kinkel uma nova carta de recomendação, para Malwida von Meysenbug, que o antigo revolucionário conhecia bem. Quando sua condenação à morte fora comutada em pena de prisão nos cárceres de Spandau, a grande dama fora condenada a um banimento definitivo de sua Hesse natal e da Prússia, por seu ativismo liberal. Ela mora na Via della Polveriera, e é para lá que Lou se dirige ao chegar a Roma, em fevereiro de 1882. Os monumentos romanos não a impressionam: "Um pano de fundo onde estão pintados, confusamente, todos os tipos de ruínas antigas, e à frente disso, para mim, o futuro e a juventude a serem vividos, um começo de juventude depois desses primeiros anos por certo preciosos, mas quase trágicos... De Roma, o que melhor vi foi seu sol".[3] A indiferença de Lou perante a profusão caótica dos vestígios de passados prestigiosos antecipa a descrição que Freud fará no início de *O mal-estar na cultura*: "Inútil acrescentar que esses escombros da Roma antiga parecem afogados no caos de uma cidade que não parou de crescer". Lou visita os monumentos, mergulha nas festas de carnaval, mas seu interesse está em outro lugar: está impaciente para se encontrar com a senhora Von Meysenbug.

Malwida von Meysenbug (1816-1903) é uma figura exemplar do cosmopolitismo e do liberalismo cultural do século XIX. Ela é pouco conhecida na Alemanha, e quase de todo ignorada na França, ignorância que o germanista Jacques Le Rider corrigiu com uma admirável biografia.[4] No entanto, as *Memórias de uma idealista* (publicadas em francês em 1869, e em alemão em 1876) entusiasmaram sua época. É preciso dizer que o destino de Malwida von Meysenbug obriga à admiração. Filha do ministro de Hesse, Carl Rivalier von Meysenbug, nascida numa família de origem huguenote estabelecida em Kassel, Malwida cedo se afasta do conservadorismo político de seu meio para frequentar os círculos democratas. A partir de 1845, radicaliza suas posições ao lado do teólogo liberal Theodor Althaus, que se tornará uma das figuras de destaque do Vormärz*, mas também Robert Blum, Carl Schurz, Julius Fröbel e Carl Volkhausen. Em março de 1848, Malwida é observadora entusiasta dos debates do Parlamento preliminar de Frankfurt (apesar da proibição às mulheres de assistir a eles); em Frankfurt também se une a um grupo de oposição religiosa, a Congregação Livre dos Católicos Alemães, que ao se politizar trabalhará pela igualdade social, inclusive a dos sexos. Em 1850, Malwida se inscreve na Universidade das Mulheres de Hamburgo, uma das manifestações mais estrondosas e mais audaciosas do nascente movimento feminista. Ela quer arrastar para a dinâmica revolucionária que sacode a Europa a emancipação das mulheres. Mas as

---

* Vormärz (literalmente, "pré-março"): nos Estados Alemães, o período que vai do Congresso de Viena (1815) às Revoluções de 1848, também conhecido como Era de Metternich. (N.T.)

coisas se complicam: a Assembleia Nacional da Prússia é dispersa pelo exército, a Hungria é reprimida, seu amigo Robert Blum é executado em Viena; a Revolução de Baden acaba em sangue, e a amargura de Malwida é redobrada pela participação de seu irmão Wilhelm na repressão. A Universidade das Mulheres, dentro da qual Malwida assume cada vez mais responsabilidades, é evacuada em 1852. Malwida se refugia em Berlim, onde é colocada sob vigilância policial. Evitando a prisão, que aconteceria em maio, ela escolhe o exílio e foge para Londres, onde conhece, por intermédio de Kinkel, o grande escritor revolucionário russo Alexandre Herzen. Ela se torna preceptora de seus filhos, entre os quais Olga, que fará sua filha adotiva. De Louis Blanc a Giuseppe Mazzini, de Garibaldi a Kossuth, Malwida von Meysenbug frequenta na capital britânica as figuras marcantes do exílio político europeu. Depois da adoção de Olga, filha de Herzen, Malwida renuncia a toda atividade revolucionária e decide se estabelecer na Itália. Depois de uma temporada florentina, ela se instala em Roma em 1863. Quando Olga, em Paris, se une em 1873 ao historiador francês Gabriel Monod para casar com ele, Malwida fica com o coração dilacerado, mas sua saúde frágil lhe impede de sair de Roma. O convívio com Monod lhe abrirá, no entanto, os meios intelectuais franceses, e ela manterá com Romain Rolland, a partir de 1889 até sua morte em 1903, uma amizade que deixará uma magnífica correspondência.

Em Londres, em 1855, Malwida conhece Richard Wagner: depois de um primeiro contato tempestuoso (Malwida rejeita a filosofia de Schopenhauer que entusiasma o compositor), eles se ligam numa estreita e fiel amizade. Malwida se torna schopenhaueriana, e a partir de então acompanhará a grande epopeia wagneriana, do escândalo parisiense do *Tannhäuser* à apoteose do Festival de Bayreuth. Wagneriana, ela só poderia admirar o jovem filósofo que dedica a Wagner, em 1871, seu *O nascimento da tragédia*, e enuncia como elogio um programa tão radical:

> Afirmo, eu, que tenho a arte como a tarefa suprema e a atividade propriamente metafísica desta vida, no sentido em que a entende o homem a quem eu quis dedicar esse livro, como ao lutador sublime que me precedeu nesta via.[5]

É sob a influência de Wagner que Friedrich Nietzsche, então professor de filosofia na Universidade da Basileia, entra na vida de Malwida von Meysenbug. Ela o conhece em Bayreuth, em 22 de maio de 1872, por ocasião da colocação da pedra fundamental da futura *Festspielhaus*. Eles retornam juntos para lá em junho para assistir à estreia de *Tristão e Isolda*. Prontamente trocam seus textos e mantêm uma vasta correspondência. Nietzsche tem 28 anos, Malwida o dobro; com a partida de Olga, o jovem logo assumirá o papel de filho adotivo. Ele que, anos mais tarde, no *Ecce homo*, verá na pessoa de sua mãe e de sua irmã a maior objeção ao Eterno Retorno, logo invocará esse amor filial ideal:

"Um dos temas mais elevados, que só vislumbrei através da senhora, é o do amor materno sem o laço físico entre mãe e filho; uma das mais magníficas manifestações da *caritas*. Ofereça-me um pouco desse amor, minha muito venerável amiga, e veja em mim alguém que tem a necessidade, tanta necessidade!, de ser o filho de semelhante mãe".[6]

Nietzsche faz da solidão uma condição de seu pensamento. Seja permanecendo incompreendido ou se mantendo afastado de quem não tem ouvidos labirínticos o suficiente para entendê-lo, o filósofo foi tocado pelo *páthos* aristocrático da distância, de que fala em *A genealogia da moral*.[7] Ora, esse princípio seletivo é menos uma escolha deliberada do que uma necessidade nascida da mediocridade circundante; assim que Nietzsche sente, ou acredita sentir, que uma afinidade eletiva poderá ligá-lo a um ser excepcional, faz de tudo para que essa amizade se torne possível. Essa será, também, a fonte de suas mais amargas decepções, de Wagner a Paul Rée, de Malwida von Meysenbug a Lou von Salomé. Seja precisando de uma mãe, de uma amante ou de um amigo, era necessário que esses eleitos também fossem mestres ou discípulos: mas quem teria a força de um ou de outro? Mesmo que alguns tenham sido discípulos, a necessidade de experimentar o abandono ainda era maior:

> Remuneramos mal um mestre se permanecemos alunos para sempre. E por que então à minha coroa não quereis arrancar nada?
> Vós me venerais; mas e se um dia vossa veneração ruir? Cuidai para que uma estátua não vos esmague!
> Dizeis que em Zaratustra tendes fé, mas que importa Zaratustra? Vós, meus fiéis, mas que importam todos os fiéis? [...]
> Agora vos suplico que me percais e vos encontreis; e apenas quando todos vós me tiverdes renegado, a vós quererei retornar.[8]

Nietzsche e Paul Rée se conhecem na primavera de 1873. Este, estudante de 24 anos, é convidado de seu amigo Heinrich Romundt, o colocatário de Nietzsche na Basileia. Em 5 de maio, Nietzsche escreve a Erwin Rohde: "Um amigo de Romundt acaba de chegar e vai passar o verão aqui; um homem muito ponderado e muito talentoso, schopenhaueriano, que se chama Rée". A guerra de 1870 permitira a Rée interromper os estudos de Direito a que o obrigara seu pai, um rico proprietário de terras na Pomerânia, para iniciar estudos de filosofia, com os quais sempre sonhara. Em 1875, defenderá, em Leipzig, uma tese sobre Aristóteles. Desde sua chegada à Basileia, com Carl von Gersdorff, outro amigo de Nietzsche, Paul Rée assiste às aulas do professor sobre "os filósofos antes de Platão". Paul Rée tem algo do moralista francês e do psicólogo inglês. Seu primeiro manuscrito, *Observações psicológicas*, publicado anonimamente em 1875, é uma coletânea de aforismos sobre os eruditos, as mulheres, a vida social, e sobre a essencial vaidade da natureza humana. Nietzsche, numa carta de 22 de outubro de 1875, poupa a seu novo amigo os vãos cumprimentos: "Quando somos tão independentes quanto você, seguindo nosso próprio caminho, temos o direito de proscrever elogios e esperanças". Mas ele o recomenda a seu editor Schmeitzner. *Da origem dos sentimentos morais*, de 1877, é a primeira grande exposição de sua filosofia; a revista inglesa *Mind* recebe favoravelmente a publicação e louva "a ousadia de pensamento" desse "espécime bastante impressionante da corrente de pensamento pessimista hoje em dia tão apreciada na Alemanha". Inscrevendo-se na corrente do reducionismo inglês, Rée desenvolve um darwinismo social que reduz os valores superiores ao resultado de uma evolução em que podem ser reconhecidos os estágios inferiores: o cálculo da vantagem e da desvantagem, o egoísmo e o interesse. Como discípulo de Schopenhauer, Rée não acredita na liberdade humana (tese que culminará em sua obra *A ilusão do livre-arbítrio*, de 1885). Nietzsche é um leitor sutil: reconhece em Rée a sagacidade do psicólogo, a atitude crítica e o anti-humanismo que também lhe são próprios; mas o reducionismo inglês é um obstáculo sobre o qual o filósofo jamais cederá. Admiração e controvérsia andam juntas. No prefácio de *A genealogia da moral*, Nietzsche menciona o problema:

> O que me incitou em primeiro lugar a tornar conhecidas algumas de minhas hipóteses sobre a origem da moral foi um livrinho claro, direto, inteligente, de uma inteligência aliás um pouco hipertrofiada, no qual encontrei pela primeira vez essas hipóteses genealógicas às avessas e perversas, que são um gênero propriamente *inglês*, livrinho que me atraiu com a força de atração própria a tudo o que nos é diametralmente oposto. Seu

título era *A origem dos sentimentos morais*; seu autor, o doutor Paul Rée; o ano de publicação, 1877. Talvez eu jamais tenha lido algo que suscitasse tão fortemente em mim a contradição, em cada frase, em cada conclusão, sem fazer-me sentir, no entanto, a menor contrariedade, nenhuma impaciência.[9]

Nietzsche ataca o Darwin por trás de Rée: todo o projeto de *A genealogia da moral* consistirá em mostrar que a moral não se origina de uma sublimação adaptativa da utilidade ou do benefício, mas de uma expressão de poder positivo e conquistador que legisla. Mas Nietzsche quer amigos que sejam dignos de ser inimigos, e a contradição só o interessa ("o que tenho a fazer com refutações?") enquanto manifestar a divergência de instintos fortes. É portanto baseado numa admiração recíproca que Nietzsche e Rée manifestam o desejo de se tornarem amigos. Numa carta de 21 de fevereiro de 1876, esse último se declara e pede a Nietzsche autorização para considerá-lo seu "melhor amigo". Rée se mostrará, além disso, realista sobre a diferença de amplitude de horizontes que o separa de seu excepcional amigo; em junho de 1877, escreverá a Nietzsche relatando a entrevista com um certo senhor Lippiner, que lhe perguntava até que ponto seu pensamento era próximo do de Nietzsche: "Disse-lhe que você partilhava de todas as minhas ideias, mas que tinha um grande número de outras ideias às quais eu não tinha nenhum acesso".[10] Este, por sua vez, admira a obstinação intelectual do jovem psicólogo e confessa-lhe sua solidão:

"Admiro cada vez mais a maneira como sua descrição evita o ponto de vista lógico. Sim, sou incapaz de fazer o mesmo, no máximo alguns suspiros ou alguns cantos – mas demonstrar, a ponto de sentir um bem-estar dentro da cabeça, disso você é capaz, e isso vale cem vezes mais [...] Várias vezes por dia (até três) desejo tê-lo a meu lado, pois estou sozinho e, de todas as companhias, a sua me é uma das preferidas e mais desejáveis".[11]

É por isso que, quando Malwida, durante o inverno de 1876-1877, convida Nietzsche para ir a seu encontro em Sorrento, este pede permissão para ir acompanhado de seu amigo: "Sabe que o doutor Rée deseja acompanhar-me, confiando que a senhora não verá inconveniente nisso? Sinto grande prazer em seu espírito extremamente claro, bem como em sua alma cheia de delicadeza e verdadeiramente amigável".[12] Um jovem estudante de Direito na Basileia, Albert Brenner, que tem apenas vinte anos, também estará presente. Nietzsche o conhecera na casa de Malwida no ano anterior: de sua vida meteórica, que se encerrará alguns meses mais tarde vencida pela tuberculose, Nietzsche faz a síntese com a fulgurância de um aforismo: "Um estudante de Direito, Brenner, precoce (porque sofrendo precocemente) e muito capaz".[13] O "coletivo" assim constituído alimenta intelectualmente cada um de seus membros, que encontra nos outros o reflexo e o complemento de suas preocupações. Nietzsche escreve a Paul Rée, em 19 de novembro de 1877, a propósito dos admiradores que lhe pedem conselho: "Preciso, para tais casos, fazer uma lista dos livros que contêm todo o curso do livre pensar: as Memórias de uma idealista constituirão o início, você mesmo o fim". A comunidade imaginada por Malwida em Sorrento entusiasma Nietzsche, que nela entrevê a possibilidade de um "monastério dos espíritos livres". De fato, a "idealista" Malwida pensa num projeto de envergadura:

> Quando sentávamos juntos, à noite, Nietzsche atrás de sua viseira, confortavelmente instalado na poltrona, o doutor Rée, nosso bom leitor, à mesa, sobre a qual ardia a lâmpada, o jovem Brenner perto da lareira, à minha frente, ajudando-me a descascar laranjas para o jantar, eu muitas vezes dizia: "Representamos de fato uma família ideal. Quatro seres humanos, que não se conheciam antes, que não tinham nenhum laço de parentesco, nenhuma recordação em comum, que levam, apesar disso, unidos na mais perfeita concórdia, numa liberdade pessoal inalterada, uma vida em comum espiritual, doce e

pacífica". Não faltaram projetos para ampliar o sucesso de tão feliz experiência. Na época eu guardava, justamente, grande número de cartas de mulheres e de jovens desconhecidas, que me testemunhavam sua simpatia depois da leitura de minhas *Memórias de uma idealista*, como aconteceria de maneira constante durante todos os longos anos que se seguiriam, para minha grande alegria e satisfação. Isso alimentou uma ideia que eu tivera e que comuniquei a meus companheiros: fundar uma espécie de missão para acolher adultos de ambos os sexos e conduzi-los ao livre desabrochar da mais nobre vida espiritual, para que eles pudessem espalhar pelo mundo as sementes de uma nova cultura, espiritualizada. Essa ideia encontrou eco entusiasmado junto a esses senhores; Nietzsche e Rée logo se dispuseram a transmitir seus ensinamentos. Estava convencida de poder atrair inúmeras colegiais a quem não pouparia meus cuidados particulares para fazer delas as mais nobres representantes da emancipação feminina, a fim de que contribuíssem para proteger essa importante e significativa obra cultural dos mal-entendidos e das deformações, e desenvolvê-la com pureza e dignidade até seu pleno desabrochar. Procurávamos um local adequado, e foi em Sorrento, em meio a uma magnífica e deliciosa natureza, e não no aperto da cidade, que a coisa deveria ter lugar. Tínhamos encontrado abaixo, na praia, diversas cavernas amplas, como salas no meio das rochas, que visivelmente tinham sido aumentadas pela mão humana; havia inclusive uma espécie de tribuna que parecia ter sido explicitamente destinada a um orador. Achamos bastante propício passar ali, em pleno calor estival, nossas horas de aula, apesar do conjunto do ensinamento parecer inspirado na arte dos peripatéticos e, de maneira geral, mais num modelo grego do que moderno.[14]

A península sorrentina se estende por duas dezenas de quilômetros de encostas e montanhas entre os golfos de Nápoles e Salerno, banhadas pelas ondas do mar Tirreno. As terras, cheias de pequenas aldeias, desembocam na Ponta Campanella, diante das falésias de Capri. A passagem era bem conhecida dos piratas turcos que, depois da pilhagem de Sorrento em 1558, tinham jogado seu butim no mar para escapar de uma tempestade. Os sinos arrancados da igreja San Antonino haviam sido engolidos e ainda soavam no fundo das águas, segundo os velhos pescadores, nos dias de tempestade. Sorrento, a "cidade de paz infinita" para Tolstói, a "capital do mundo" para Wagner, ganharia seu nome das sereias de Ulisses: fora lá que as sedutoras criaturas, humilhadas pela astúcia do viajante amarrado em seu mastro para resistir-lhes, haviam sido transformadas em recifes, as ilhas Li Galli. São as sereias da comunidade intelectual, os sinos anunciadores do reino do espírito livre, que atraem esses companheiros ao que Guy de Pourtalès chamará de "Port-Royal de Sorrento".[15] Os quatro "solitários" da Villa Rubinacci leem Chamfort, Diderot, Voltaire, Stendhal, Michelet, Tucídides e o Novo Testamento. "O Novo Testamento sem dúvida raras vezes proporcionou tantas alegrias a ateus", escreveu o jovem Brenner a seus pais. Malwida, por sua vez, coloca todas as suas esperanças nessa comunidade: "Todos os três, poderíamos talvez, pelo fato de representarmos todos os níveis de idade e assim a maneira de ver e sentir de cada um desses níveis, resolver em comum alguns dos problemas de importância no mundo".[16] Cada um tenta exorcizar da forma que pode os espectros de sua solidão, as resistências de seu tempo às visões que defende. Nessa temporada nasce *Humano, demasiado humano*, e Paul Rée publica sua obra máxima, *Da origem dos sentimentos morais*. Para todos, trata-se de um período abençoado.

Mas quando Lou von Salomé chega a Roma, seis anos mais tarde, o tempo tinha se fechado. Desde 1879, Nietzsche não ensina mais. As diferentes licenças que precisara pedir devido a seu estado de saúde se transformam, graças aos esforços de seu fiel amigo Franz Overbeck, em pensão definitiva.

"Um contínuo sofrimento, todos os dias durante horas, uma sensação parecida com a de estar mareado, uma semiparalisia que me torna a fala difícil e, para compensar, violentos ataques (no último vomitei por três dias e três noites, tinha sede de morte...). Se pudesse descrever o caráter incessante disso tudo, o contínuo sofrimento torturante na cabeça, nos olhos, e essa sensação geral de paralisia, da cabeça aos pés!"

Nietzsche sai da Basileia e leva uma vida normal. Assinando suas cartas como *fugitivus errans*, ele procura no Sul um clima mais favorável: o "fugitivo errante" se hospeda na casa de amigos ou em pensões na Suíça, no Sul da França ou na Itália. *Humano, demasiado humano* inaugura, em 1878, sua grande iniciativa de "inversão de todos os valores". Itinerância e doença fazem sua entrada na filosofia: grandes caminhadas solitárias como condição de um pensamento livre e nômade, que respira o ar glacial dos cumes e testa sua dureza; intermitências da saúde e da doença como condição de um perspectivismo, de uma mobilidade de pontos de vista sobre a vida, mobilidade que é em si mesma uma saúde superior:

> A partir da ótica doente, considerar as noções e os valores *mais sadios*, depois, inversamente, a partir da plenitude e da garantia tranquila da vida *rica*, olhar, a um nível inferior, o trabalho secreto do instinto de *decadência* – foi nisso que me exercitei por mais tempo, disso que retirei minha verdadeira experiência e, se me tornei mestre em qualquer coisa, foi nisso. Se existe um poder que agora tenho firme em mãos, é o de *inverter as perspectivas*: para isso tenho mão. Primeira razão pela qual, talvez somente para mim, uma "inversão de valores" é coisa factível.[17]

O ano de 1878 inaugura um lento porém profundo desentendimento entre Nietzsche e Malwida: "Um novo livro dele acaba de ser publicado, *Humano, demasiado humano*, dedicado à memória de Voltaire. São aforismos e considerações, escritos em Sorrento, vários muito bonitos, outros não recebem minha simpatia como seus livros anteriores".[18] Malwida explica a sua filha adotiva Olga que a evolução do filósofo é grande e digna de admiração, mas que não pode concordar com ele; na verdade, enquanto Nietzsche se mostrava discípulo de Schopenhauer, enquanto esclarecia pelo par Apolo/Dionísio a oposição mestra entre mundo como vontade e como representação, enquanto colocava acima de todas as coisas uma visão estética do mundo, Malwida podia seguir seus passos. Mas ela não entende a radical força crítica que começa a transparecer; diante do radicalismo da "psicologia das profundezas" que examina e desmascara todo idealismo, ela sente falta do que chama de unicidade de seu gênio: "Em você, Minerva avança em todo o esplendor de sua divindade virginal, como uma figura inteira; é bom para você que esta seja a característica de seu gênio e, para nós, que você retorne a ela depois de uma breve incursão pelo domínio da análise".[19] O que ela chama de "breve incursão" é na verdade a emergência fundamental do pensamento crítico e genealógico de Nietzsche, seu perspectivismo e seu pluralismo. Malwida, a "idealista", via nascer o pensamento mais ferozmente oposto a qualquer idealismo. Eles não se entenderão mais. Mas é preciso aventar outro motivo, ligado ao primeiro, mas com certeza mais decisivo aos olhos de Malwida, da distância que se aprofunda: Nietzsche rompe com Wagner. O filósofo fora levado a crer, diante do culto celebrado em Bayreuth, que não apenas a música de Wagner exaltava o nacionalismo germânico, mas que reativava o ideal ascético, que ela não passava de uma hipnose, um entorpecimento das forças e da vontade, um esgotamento niilista da existência – Wagner, na verdade, não passaria de um ator. Essa "traição" do filósofo não fora tolerada pelo músico e este rompera todo contato com ele. Além disso, ela vale a Nietzsche um isolamento geral, à altura da blasfêmia, redobrado por insuportáveis sofrimentos físicos. Mas sua determinação permanece inabalável:

"Quero seguir meu caminho, calmamente, e renunciar a tudo que poderia me impedir de fazê-lo. A crise da existência é esta: se eu não tivesse em mim o sentimento da excessiva fecundidade de minha nova filosofia, poderia ser que, a longo prazo, me sentisse horrivelmente sozinho. Mas estou em harmonia comigo mesmo".[20]

Em 14 de janeiro de 1880, Nietzsche se acredita próximo do fim e envia uma carta de adeus a Malwida. Os dois amigos não se verão ou escreverão pelos próximos dois anos, e sem dúvida é uma profunda afeição, para além das diferenças, que os leva a retomar contato em março de 1882.

Já na primeira resposta de Malwida à calorosa carta de Nietzsche, Lou von Salomé é mencionada:

> Uma jovem notável (acho que Rée já lhe falou dela), cujo conhecimento devo, entre inúmeros outros, a meu livro, me parece ter chegado, no pensamento filosófico, mais ou menos aos mesmos resultados que você até o momento, isto é, ao idealismo prático, abandonando toda suposição metafísica e a preocupação de explicar os problemas metafísicos. Rée e eu concordamos em desejar que um dia você possa conhecer esse ser extraordinário.[21]

Malwida de fato se apaixona pela jovem e sugere encontrarem-se quase todos os dias, seja para visitar o Coliseu ou para assistir a um sarau de leitura por Sarah Bernhardt. Lou lhe confia rapidamente seus escritos.

"Seus poemas me tocaram profundamente e espero que os deixe comigo. Eles revelam sua vida interior, que vejo com uma alegria cada vez mais pura: essa vida interior é destinada a nobre florescimento, você precisa preservá-la, não prejudicá-la negligenciando sua saúde, pois essa é a base necessária de tudo o que você foi convocada a fazer. Grandes coisas a aguardam, voltaremos a falar sobre isso".[22]

Essas grandes coisas, para Malwida, representam também a esperança de ver Lou encarnar a nova estirpe de mulheres que a antiga revolucionária feminista ainda secretamente desejava, mais de trinta anos após 1848:

> Nobre e fiel apóstolo de nossa nova fé, você apareceu para mim realizando um desejo que alimento há muito tempo, e assim gostaria que continuasse. O contato com homens de alma nobre é agradável e estimulante, mas sempre o mantenha dentro dos limites frágeis nos quais a vontade ainda não causa seus estragos e onde só reina o elemento sereno dos interesses espirituais e dos encontros livres e amigáveis, que não teme os olhares. Precisamos dessas figuras puras e nobres, também afastadas do abandono do niilismo e do puritanismo do velho mundo.[23]

Lou jamais manifestará – voltaremos a isso – um feminismo militante, mas escolherá essa emancipação prática de sua própria vida com uma determinação e uma liberdade que colocarão à prova os preconceitos da própria Malwida e às vezes a relegarão, justamente, ao papel ingrato de velha puritana... Por enquanto, a senhorita Von Salomé causa forte impressão por onde passa. No círculo de Malwida, não se poupam panegíricos, e o termo gênio é utilizado. Peter Gast, o amigo de Nietzsche, escreve em 7 de novembro de 1882: "de fato um gênio, com um caráter completamente heroico [...] aventureira até os confins extremos do imaginável... – em suma: um gênio, tanto pelo espírito quanto pela alma!".[24] O sociólogo e filósofo Ferdinand Tönnies, que também será um crítico da obra de Nietzsche, vai mais longe:

"Uma segurança soberana e uma finesse de maneiras totalmente dignas de admiração. Realmente uma pessoa extraordinária; tanta inteligência na cabeça de uma jovem de 21 anos poderia quase fazer tremer, se não estivesse associada a uma autêntica delicadeza no coração bem como à moralidade mais perfeita. É uma aparição que acreditamos impossível enquanto não a vemos em ação... É um ser genial".[25]

Em Roma, na casa de Malwida, Lou realça o brilho dos saraus entre amigos. Numa noite de março de 1882, a campainha toca: a criada Trina vem anunciar, cochichando no ouvido de sua senhora, o motivo da visita. Malwida, perturbada, se precipita na direção de sua escrivaninha, pega dinheiro e sai. Ao voltar alguns minutos depois, com seu xale de seda amassado e um sorriso nos lábios, está acompanhada de um jovem constrangido: Paul Rée chegava ofegante de Monte Carlo, onde perdera até o último centavo no jogo, e pedia ajuda a sua amiga para pagar as dívidas. Essa entrada teatral tocaria Lou imediatamente, e num piscar de olhos se formaria um laço de profunda benevolência mútua. "Em todo caso, seu perfil profundamente acentuado, seus olhos plenos de inteligência foram-me imediatamente familiares pela sua expressão, em que se misturavam, naquele momento, uma espécie de contrição cheia de humor e um ar de bondade superior".[26] De fato, todos adoram a companhia de Rée. Doce e fraterna, sua expressão está sempre enevoada por uma sombra de melancolia. Ele acaba de perder o pai e a irmã de leite; a mãe está doente. Sua candidatura à Universidade de Jena sofrera uma pungente derrota. Rée é torturado por um desamor de si. Intelectual, despreza seus próprios pensamentos e multiplica as observações irônicas sobre seus trabalhos, dirigindo a si mesmo o seguinte aforismo de *Observações psicológicas*: "As insuficiências intelectuais têm às vezes o ar de virtudes do coração". Judeu, despreza seu próprio judaísmo, num movimento de Selbsthaβ, o ódio judeu por si mesmo que será teorizado por Otto Weininger. Mais tarde, ao ficar sabendo que Lou sabe que ele é judeu, Rée reagirá com violência, a ponto de perder os sentidos. Jogador, despreza sua própria paixão pelo jogo. Comenta-se que nunca se separa de um frasco de veneno, para o caso de ter a tentação do suicídio. Inúmeras vezes Malwida exortara seu caro "Paolo" a ter mais estima por si mesmo. Assim, fica muito feliz quando ele encontra uma jovem animada por uma poderosa confiança na vida. No entanto, quando à saída dessa primeira noite Rée decide acompanhar Lou até o hotel para uma caminhada a dois, Malwida teme pelo decoro: será apenas o início de suas preocupações.

"Sob a claridade da lua e das estrelas", Roma logo se faz a cúmplice dessas caminhadas em que se estabelece uma profunda ternura, mas também um primeiro mal-entendido; apesar de os dois alimentarem projetos comuns, eles não os encaram da mesma maneira:

"É verdade que Paul Rée errou no começo, comportando-se de maneira para mim irritante e lamentável, pois submeteu à minha mãe um projeto bem diferente, um projeto de casamento, o que dificultou sobremaneira o consentimento dela ao meu. Primeiramente tive que fazê-lo compreender tudo aquilo que minha vida amorosa 'definitivamente fechada' e minha necessidade completamente desenfreada de liberdade impeliam-me a realizar".[27]

Na realidade, apesar da rapidez do pedido de Rée parecer audacioso, ele não é nada ao lado da audácia da ideia de Lou. Em suas memórias, ela explica sua gênese:

> Confessarei com franqueza: o que me trouxe a convicção mais evidente de que meu projeto, verdadeiro insulto aos costumes em vigor na sociedade da época, era realizável, foi primeiro um simples sonho noturno. Nele vi um agradável gabinete de trabalho repleto de livros e flores, ladeado por dois quartos de dormir, e, indo e vindo por entre nós, colegas de trabalho formando um círculo ao mesmo tempo alegre e sério.

Trata-se, portanto, de um projeto de vida em comum, mas com quartos separados, e a aprovação de outras presenças amigáveis, com trabalho e seriedade. Aos 21 anos, uma jovem solteira propõe à sociedade de seu tempo um modelo novo, que consiste em compartilhar sua vida com um jovem também solteiro, união em que nem o amor nem o casamento têm lugar. Com certeza há o "insulto aos costumes", representado pela recusa ao casamento em nome de uma imperiosa liberdade; mas também há o desafio lançado aos sentimentos de Rée, em nome de uma recusa de qualquer tipo de vida amorosa. Lou não aceita nenhuma das duas falsas certezas que regem as relações entre um homem e uma mulher: o casamento como único contrato tolerável, e a sexualidade como única expressão possível. Assim, a proposta de Lou provoca uma tempestade: "Enquanto ainda lutava com minha pobre Mamãe, que teria gostado de chamar todos os seus filhos para ajudar a me carregar para casa viva ou morta, Malwida revelou ter, para minha grande surpresa, quase mais preconceitos do que ela". O próprio Rée fica alvoroçado: ele corre à casa de Malwida e lhe fala da necessidade de fugir de Lou para não se chocar com os princípios da amiga (ao que Malwida responde perfidamente que era tarde demais, depois dos "desvios" noturnos pelas ruas de Roma...). É preciso entender que Rée teme mais seus desejos do que a inconveniência, e que, para um apaixonado, a proximidade de uma "bela insensível" é sem dúvida mais cruel do que a ausência de uma "bem-amada distante". Incapaz de fugir, tanto como de aceitar, Rée recorre a Nietzsche, que acaba de trocar Gênova por Messina. Por uma estranha tática, insiste para que seu amigo se una a eles e amplie a comunidade desejada por Lou. Ele escreve a Nietzsche em 20 de abril:

> Você espantou e entristeceu a jovem russa com essa iniciativa. Ela tem tal desejo de vê-lo, de falar com você, que quer voltar por Gênova, e ficou muito enfurecida por sabê-lo tão longe. É uma pessoa enérgica, inacreditavelmente inteligente, dotada de todas as qualidades de uma jovem, até mesmo de uma criança. Ela gostaria muito de passar um ano agradável, como diz, e está pensando no próximo inverno. Conta absolutamente com você, comigo e com uma senhora de certa idade; por exemplo, a senhorita Von Meysenbug [...] mas esta não tem

vontade alguma. Não poderíamos organizar esta comunidade – mas quem seria a senhora de certa idade?[28]

Quem esteve na origem do convite a Nietzsche? Em *Minha vida*, Lou diz que Nietzsche chegou "de improviso de Messina para partilhar de nossa companhia. O que foi ainda mais inesperado é que, recém-informado de nosso projeto, de Paul Rée e meu, Nietzsche propôs ser o terceiro membro de nossa aliança". A carta de Paul Rée, bem como a de Malwida para Lou, de 6 de junho, parecem demonstrar, pelo contrário, que a iniciativa partira da jovem. Paul Rée, por fim, se apressa a organizar a vinda de Nietzsche. Cada um tem, por motivos diferentes, interesses nessa solução. Rée pode salvar uma vida em comum que, sem amor ou casamento, não lhe é concebível de outra maneira. Lou neutraliza a ambiguidade de sua proposta de aliança exclusiva com Rée, mas sabemos que a presença de Nietzsche somente lhe serviria de pretexto. Numa carta decisiva à qual voltaremos, ela insiste: "Para mim o essencial, *no plano humano*, é *apenas* Rée".[29] Nietzsche, por sua vez, arde de impaciência por conhecer a jovem russa: ele está à procura de uma jovem discípula. Mas cada vez que expressa esse desejo como filósofo, ele vem acompanhado de espantosas alusões ao casamento. Na correspondência com Malwida, a partir de 1873, Nietzsche volta com frequência ao assunto: "Tenho agora, daqui ao outono, a encantadora missão de encontrar uma mulher, mesmo que precise tirá-la da sarjeta".[30] Nove anos mais tarde, Nietzsche continua celibatário e está prestes a conhecer uma jovem que dizem ser brilhante, não saída da sarjeta, mas caída do céu. Sua concepção do casamento e a escolha da eleita, entrementes, em grande medida se subordinam à missão filosófica que ele se atribui. Em 21 de março de 1882, quando Rée começa a falar-lhe de Lou, Nietzsche responde nos seguintes termos:

> Cumprimente essa russa de minha parte, se houver sentido nisso: cobiço esse tipo de alma. Sim, logo me colocarei em busca de semelhantes presas – é o que preciso para o que quero fazer pelos próximos dez anos. O casamento é um capítulo bem diferente – poderia no máximo pensar num casamento de dois anos, e isso levando em consideração o que tenho a fazer ao longo dos próximos dez anos.[31]

Essas poucas linhas são o único indício que levariam a pensar ter sido o próprio Rée, quando da rejeição de seu pedido, quem sugeriu a Nietzsche pensar por sua vez num casamento com Lou. Essa estratégia masoquista de sua parte não seria surpreendente vinda de um homem que não se amava. Em todo caso, Nietzsche parece muito orgulhoso de sua concepção de casamento com tempo determinado. "Preciso de um ser jovem a meu lado, que seja inteligente e instruído o suficiente para me ajudar a trabalhar. Inclusive aceitarei contrair um casamento de dois anos para este fim – nesse caso, é claro, é preciso levar em consideração algumas outras condições.[32]"

Portanto, o escandaloso projeto de Lou de viver com Rée para fins de comunhão intelectual se torna, ampliando-se, mais escandaloso ainda: Rée está apaixonado por Lou, Nietzsche procura uma esposa temporária e uma discípula, a companhia "de certa idade" para maquiar a situação não é encontrada, e a jovem quer viver entre esses dois homens mais velhos do que ela. Malwida fica furiosa: para Lou, ela primeiro dissimula sua reprovação moral sob o pretexto de um perigo puramente intelectual. De Rée, ela passa a rejeitar as posições filosóficas, e coloca Lou de sobreaviso:

"Hoje não tenho mais tempo de chegar à outra parte do que tenho a dizer-lhe, que é de ordem filosófica e teórica. Rée a induziu ao erro, porque seu entendimento reconheceu um aspecto inegavelmente justo do método dele. Mas na primeira vez em que você veio à minha casa, seu pensamento era completamente diferente. Além disso, seu ponto de vista é falso em tudo. Se aprecio o homem, também abomino o teórico. Voltaremos a falar sobre isso.³³

Ela também se preocupa com a influência de Nietzsche sobre Lou:

"Preferiria que você seguisse seu caminho sozinha, seu caminho espiritual, para que seja provado de uma vez por todas que a mulher também pode se manter sozinha nas esferas mais altas do pensamento e chegar a resultados independentes. Nesse ponto, sua dependência intelectual me entristece profundamente. Espero acima de tudo que o próprio Nietzsche tome uma direção diferente da de seus últimos escritos".³⁴

No mês seguinte, ela utiliza argumentos muito mais pessoais:

"Por fim, essa trindade! Quanto mais estou firmemente convencida de sua neutralidade, mais a experiência de uma longa vida e o conhecimento da natureza humana me dizem que ela não será possível sem que um coração sofra cruelmente, no melhor dos casos, ou que uma amizade seja rompida, no pior [...] O que nós queremos só pode ser realizado numa base mais ampla, por estudos universitários feitos em comum etc. – Não é possível numa comunidade isolada desse tipo, não podemos rir da natureza, as correntes surgem antes mesmo que tomemos consciência".³⁵

Ela age da mesma maneira com Nietzsche, e lhe escreve: "Os conflitos internos que temo, causados pela forma que sua vida em comum assumirá, me assustariam menos, visto que cada um deve se preparar sozinho, se eu não previsse novos e profundos sofrimentos para três seres que já sofrem. As dificuldades externas, de sociabilidade, digamos, poderiam talvez se resolver convenientemente, apesar de cuidados verdadeiros e afetuosos serem necessários, pois Louise é ainda muito jovem, e todos somos, de certa maneira, responsáveis por ela, por respeito a sua mãe".³⁶

A senhora Von Salomé nem pensa em considerações filosóficas: sua filha tem a intenção de organizar um *ménage à trois*, e ela vê no pastor Gillot, que mantém informado da situação, o único recurso moral diante da catástrofe. O pastor, antigo mestre absoluto da jovem, lhe escreve de São Petersburgo falando de sua reprovação. Em 26 de março, Lou lhe envia uma incrível resposta de independência e determinação. A carta, que é decisiva para a compreensão da personagem, vale ser citada *in extenso*, tanto que a própria Lou, décadas mais tarde, cita-a por inteiro em *Minha vida*:

Já li sua carta seguramente umas cinco vezes, mas continuo sem entendê-la. Que diabos fiz de errado? Eu pensava que o senhor não tivesse senão elogios para mim. Estou, pois, em condições de provar que aprendi muito bem as lições que o senhor me ensinou. Primeiramente, não estou me entregando, em absoluto, a uma fantasia, pois ela se realizará; e, em segundo lugar, porque ela se realizará junto a pessoas que parecem até escolhidas pelo senhor, de tanto que esbanjam inteligência e discernimento. Mas eis que o senhor, ao contrário, afirma que essa ideia é a mais fantasiosa que já tive, e querer efetivamente convertê-la em realidade contribuirá apenas para piorar as coisas; enfim, que não sou capaz de julgar acertadamente os homens superiores e bem mais velhos que eu, como Rée, Nietzsche e outros. Mas é aí que o senhor se engana. O essencial (e para mim o essencial, *no plano humano*, é *apenas* Rée) conhece-se de imediato, ou não se conhece nunca. Rée ainda não está totalmente convencido, está ainda um pouco perplexo, mas em nossos passeios noturnos, entre meia-noite e duas horas, sob o luar romano, voltando das reuniões de Malwida von Meysenbug, faço-me entender com eficácia cada vez maior. Malwida também é contra nosso projeto, o que lamento muito, pois gosto demais dela. Mas para mim já está claro há muito tempo que nós, no fundo, sempre pensamos de modo diferente, mesmo naquilo em que aparentemente concordamos. Ela costuma dizer que "nós" não podemos fazer isso ou aquilo, ou que "nós" devemos realizar isto ou aquilo, contudo não faço a menor ideia do que realmente seja esse "nós" – algum partido qualquer, ideal ou filosófico, provavelmente –, mas, quanto a mim, conheço apenas o "eu". Não posso viver obedecendo a modelos, nem jamais poderia representar, para quem quer que seja, um modelo. Mas é inteiramente certo que construirei minha vida segundo aquilo que sou, aconteça o que acontecer. Fazendo isso, não defendo nenhum princípio, mas sim alguma coisa bem mais maravilhosa, alguma coisa que está em nós, que arde no fogo da vida, que exulta e quer brotar. Certo, o senhor também escreve que jamais me viu abraçar objetivos puramente intelectuais como mera "transição", mas o que o senhor chama de "transição"? Se existem pela frente outros objetivos que nos obrigam a renunciar ao que há de mais magnífico e de mais difícil de se obter na face da Terra, ou seja, a liberdade, então quero permanecer sempre em estado de transição, pois não a sacrificarei. Certamente não se pode ser mais feliz do que agora sou, e a boa velha guerra que vai, sem dúvida, eclodir, não me assusta absolutamente, ao contrário: que ela rebente! Veremos, contudo, que a maior parte dos chamados obstáculos "insuperáveis" erigíveis no mundo, não se revelará se não como inofensivos traços de giz!

O que talvez poderia assustar-me é que o senhor não tivesse boa vontade para comigo. O senhor escreve, desgostoso, que seus conselhos não podem mais me ajudar contra isso. "Conselhos", não! O que preciso do senhor é infinitamente mais que conselhos, é de confiança. Naturalmente não no sentido óbvio, como se entende de costume – mas *uma* confiança que, faça eu o que fizer, persista no âmbito daquilo que nos é comum (veja o senhor, eis aí um "nós" que conheço e aprovo). E no âmbito do que, com toda certeza, me pertence, como cabeça, mãos ou pés, desde que passei a ser aquilo que o senhor me transformou:

Sua menininha.[37]

A trindade
(1882)

Que estrelas presidiram nosso encontro aqui?

É sob as abóbadas da basílica de São Pedro de Roma que ecoa essa pergunta de Nietzsche a Lou von Salomé. Não sabemos se o momento é sublime ou cômico, provavelmente os dois. Lou e Rée têm o costume de se refugiar numa das capelas laterais da basílica para estudar. Em 24 de abril, Nietzsche chegara a Roma, à casa de Malwida. Impaciente por conhecer a jovem russa, indicam-lhe o lugar sagrado, ao qual ele vai imediatamente. "Lembro-me de seu ar solene desde nosso primeiro encontro, que teve lugar na igreja de São Pedro. Paul Rée, sentado num confessionário, voltado para a luz, dedicava-se com fervor e devoção às suas anotações de trabalho. Nietzsche veio ao nosso encontro."[1] Solene, Nietzsche é com certeza: tensões e expectativas demais se acumularam antes do primeiro encontro com Lou. Em Gênova, ele fora tomado por uma revelação: em meio a risos e lágrimas, divisara a *terra incognita* que precisaria conquistar, qual um novo Cristóvão Colombo. Ele precisaria, como o genovês, embarcar para Messina e contemplar seu destino à beira do mundo. É a época de *A gaia ciência* e *Idílios de Messina*. O navegador do pensamento tem o vento nas costas e o amor no coração. Lendo seus poemas escritos no período, tudo parece sugerir que Nietzsche espera Lou. Ele confessará a Peter Gast um pouco mais tarde: "Talvez você também tenha a sensação de que tanto como 'pensador' quanto como 'poeta' devo ter tido certo pressentimento de Lou? A menos que tenha sido o 'acaso'? Sim! O precioso acaso!".[2] Seu projeto inicial era ficar em Messina e ali passar o inverno mas, depois de três semanas, a "ilha da felicidade" se transformara num inferno: o calor sufocante e um siroco persistente vencem a frágil saúde de Nietzsche. Náuseas e enxaquecas o invadem. Assim, quando Rée insiste para que ele vá a seu encontro, ele não hesita; a proposta de uma vida comum dedicada às questões do espírito lhe lembra a época abençoada de Sorrento; por fim, há a jovem russa. Seria ela a discípula e esposa de dois anos com a qual ele sonhara sem saber se o sonho era possível?

> Sem dúvida, um primeiro encontro com Nietzsche nada oferecia de revelador ao observador superficial. Esse homem de estatura mediana, de traços calmos e cabelos castanhos penteados para trás, vestido de maneira modesta apesar de extremamente bem cuidada, podia facilmente passar despercebido. Os traços finos e maravilhosamente expressivos de sua boca eram quase cobertos por completo pelo emaranhado de um espesso bigode pendente. Ele tinha um riso suave, uma maneira de falar sem barulho, um andar prudente e circunspecto que o fazia curvar ligeiramente os ombros. Era difícil imaginar essa silhueta no meio de uma multidão: ela tinha a marca que distingue aqueles que vivem sós e em movimento. O olhar, em contrapartida, era irresistivelmente atraído pelas mãos de Nietzsche, incomparavelmente belas e finas, que ele mesmo acreditava traírem seu gênio. [...] Seus olhos também o revelavam. Apesar de quase cegos, não tinham o olhar vacilante e involuntariamente perscrutador que caracteriza vários míopes. Antes pareciam guardiões protegendo seus próprios tesouros, defendendo segredos mudos sobre os quais nenhum olhar indesejável poderia chegar. Sua visão defeituosa conferia a seus traços um charme mágico sem igual; pois, ao invés de refletir as sensações fugidias provocadas pelo turbilhão dos acontecimentos externos, eles reproduziam apenas o que vinha do interior dele mesmo. Seu olhar estava voltado para dentro, mas ao mesmo tempo – para além dos objetos familiares – ele parecia explorar o longínquo – ou, mais exatamente, explorar o que estava dentro dele como se estivesse longe.[3]

Esse retrato, escrito em 1894, depois que a loucura dera seu golpe de misericórdia no filósofo, revela o profundo laço que ligava Lou a Nietzsche. Será verdade que, "do ponto de vista humano", Rée e apenas ele tenha sido o "essencial"? Essas linhas revelam o olhar prodigiosamente penetrante sobre a personalidade complexa do pensador: Lou foi a primeira a medir a *distância* inerente ao pensamento nietzschiano, o abismo no coração desse pensamento solitário, conquistador e nômade. Mas não apenas isso. A silhueta do homem, a profundidade de seu olhar, a delicadeza de suas mãos exercem um "charme mágico". Por que fora preciso que Nietzsche, depois de Paul Rée, cometesse o "erro grosseiro, lamentável e irritante" de pedir sua mão sem rodeios? Por que era preciso que os homens tivessem tão pouca imaginação para conceber um relacionamento com uma mulher, que não um contrato de casamento?

"Na verdade Nietzsche pensava antes em simplificar a situação: ele fez de Rée seu intercessor para pedir-me em casamento. Muito preocupados, pensamos num meio de arranjar as coisas da melhor forma possível, sem pôr em perigo nossa trindade. Decidimos esclarecer antes de tudo a Nietzsche minha profunda antipatia pelo casamento em geral, além do fato de que eu vivia somente da pensão que minha mãe, viúva de general, recebia, e que, ademais, com o casamento, eu perderia também minha modesta pensão, concedida às filhas únicas da nobreza russa".[4]

A recusa de Lou não permite, é claro, concluirmos que ela não tenha tido nenhum tipo de atração física. Um episódio famoso e romanesco, misterioso porque nunca o conheceremos totalmente, lança uma dúvida sobre esses primeiros momentos. Nietzsche procura uma estratégia para passar algum tempo a sós com Lou, mas sabe que o decoro o proíbe; em todo caso, seria preciso afastar Rée e encontrar algum acompanhante: ele pensa em sua irmã Elisabeth, a qual tenta convencer: "Para fazer um julgamento preciso, precisaria vê-la sem Rée. Ele constantemente sopra-lhe suas palavras e ainda não tive a possibilidade de descobrir um único pensamento que seja dela mesma. Você não poderia ir para a Suíça e convidar esta jovem?".[5] De seu lado, Lou quer encontrar uma solução para não voltar para a Rússia com a mãe e levar a cabo seu projeto de vida em comum com Rée e Nietzsche. Paul Rée também se faz o cúmplice desse estratagema e escreve à sua mãe para que ela receba Lou na Suíça. Uma cobertura moral é necessária: seja a mãe de Rée ou a irmã de Nietzsche. Lou e sua mãe deixam Roma em fins de abril e pensam em fazer uma parada na Suíça. Mas fica combinado que elas encontrarão em Milão os dois homens que tinham partido, um dia depois, para terminarem a viagem juntos. Em 5 de maio, Nietzsche propõe uma excursão pelas margens do Lago d'Orta, o menor e mais charmoso dos lagos italianos superiores. A região é idílica: a antiga aldeia de Orta está localizada numa península que avança sobre o lago. Em frente, fica a ilha de San Giulio e, atrás dela, na outra margem do lago, o Monte Sacro, uma colina arborizada dedicada a São Francisco. A travessia de barca encanta os excursionistas (menos, talvez, a senhora Von Salomé, de humor pouco poético e sem dúvida preocupada com a situação). No momento em que o grupo decide fazer meia-volta, Nietzsche e Lou preferem continuar a subir o Monte Sacro. "Involuntariamente, ofendemos minha mãe, Nietzsche e eu, ao demorarmos tempo demais no Monte Sacro para ir buscá-la na hora marcada, e Paul Rée, que lhe fazia companhia enquanto isso, também não gostou da coisa." Sobre aquele momento, Lou nada mais escreverá. No entanto, ele afetou a todos: Nietzsche confessará a Lou, a propósito daquela caminhada: "Devo-lhe o mais belo sonho de minha vida". De seu lado, Paul Rée não deixará de se lamentar numa carta a Lou de 19 ou 20 de agosto:

> Naturalmente, fiquei um pouco ciumento na ocasião – isso é evidente. Quais puderam ser as atitudes, as expressões, os movimentos, os olhares que acompanharam as palavras que você pronunciou no Monte Sacro? Espere um pouco, pequeno caracol. Enfim, tudo será perdoado durante a imensa absolvição geral, tão perfeitamente quanto se eu fosse o papa e você o pequeno cordeiro arrependido.[6]

A exaltação apaixonada dos dois homens poderia muito bem ter florescido baseada em puras fantasias, alimentadas, no caso de Nietzsche, por seu primeiro encontro privado com Lou, no caso de Rée, pelas inquietações do ciúme. Mas Ernst Pfeiffer, o amigo fiel dos últimos dias de Lou Andreas-Salomé, relembra uma observação tímida, dita com um sorriso embaraçado pela velha senhora: "Não lembro mais se beijei Nietzsche no Monte Sacro". O fato é que a ambiguidade da caminhada no Monte Sacro provocará terríveis consequências no espírito de Nietzsche. A exaltação que se seguiu imediatamente e, sobretudo, a resolução obsessiva com que Nietzsche se lembrará do Monte Sacro depois do rompimento com Lou indicam uma reviravolta profunda. O tempo de Orta e a Lou de Orta serão sempre, para Nietzsche, um pensamento que o deixará louco, segundo seus próprios termos.

Depois o grupo se separa, Lou, sua mãe e Paul Rée vão para Lucerna, Nietzsche faz um desvio por Basileia, onde visita seus queridos amigos, os Overbeck. Estes ficam surpresos ao ouvir Nietzsche falar apenas de Lou; ele lhes confessa que está planejando um segundo pedido de casamento em Lucerna, desta vez pessoalmente, que sua vida de sofrimentos encontrara sentido e que sua obra encontrara sua discípula. O pedido solene acontecerá em 13 de maio, em Lucerna: um encontro é marcado no parque Löwengarten, ao pé da estátua do leão. Rée aguarda no hotel, ansioso, Nietzsche faz sua declaração, Lou reitera sua recusa, relembra sua aversão pelo casamento, insiste numa comunidade intelectual e amigável, à qual o nome de Rée não deixa de ser associado. Eles vão ao encontro de Rée no hotel. Nietzsche, para salvar as aparências, propõe que eles celebrem a Trindade com uma fotografia que seria encomendada a seu amigo Jules Bonnet. Rée detesta sua própria imagem e é reticente; mesmo assim, os três amigos acertam a representação de sua amizade, sob a direção de Nietzsche. Esse famoso retrato não deixa de causar desconforto. O trio se organiza ao redor de uma pequena charrete, diante de um cenário representando a montanha de Jungfrau (a Virgem). Rée, no centro e em primeiro plano, olha para a câmera com um sorriso embaraçado, suas mãos procuram uma posição, a direita colocada dentro do colete, a esquerda roçando a atrelagem. Atrás dele, Nietzsche segura a atrelagem com mais convicção, com o olhar voltado para longe, em direção a um ponto obscuro. Lou está desconfortavelmente sentada dentro da charrete, fixando a câmera com um semissorriso satisfeito: ela segura na mão direita um chicote ornamentado com lilases, pronta para fustigar os dois homens como dois bons cavalos de tração. Sua mão esquerda segura como rédeas as extremidades de uma corda enlaçada ao redor dos braços de Rée e de Nietzsche. Comenta-se que o próprio Bonnet se chocara com a indecência da pose. Mas os três nada quiseram ouvir. Muito se comentou essa fotografia, que alimentou, em relação a Lou von Salomé, a imagem da mulher fatal e cruel, aos pés de quem os homens – mesmo um gênio da dimensão de Nietzsche – se humilhavam, como que estupidificados. Se for para interpretar essa posição como uma encenação masoquista (dois homens amarrados e submissos, e uma dominadora armada com um chicote), também será preciso especificar que a relação masoquista repousa num contrato livremente aceito, no qual o mestre do jogo não é aquele que pensamos. Nesse sentido, e contra a expressão consagrada de "sadomasoquismo", existe a heterogeneidade radical entre o masoquismo e o sadismo: em Sade, nenhum autor de abusos está ligado por contrato com sua vítima (os sádicos fazem contratos exclusivamente entre si). A mulher dessa fotografia, mesmo armada de um chicote, está presa numa relação contratual com os dois homens. Apesar de ter-lhes recusado o contrato de casamento, ela aceita esse novo contrato: a particularidade do masoquismo é retardar, inclusive suspender a realização do ato sexual através de uma extensão do desejo até seu último grau de intensidade. Não será o que Lou propõe, de certa forma, àqueles homens? Uma promiscuidade estudiosa, uma sublimação permanente do desejo, levado a objetivos superiores, para as alturas da Jungfrau. Não será o que Nietzsche reclama por sua vez, esse pensador que encontraria numa ascese pessoal, para além dos sofrimentos físicos, um conhecimento da alegria e da emancipação, e o ar gelado das montanhas? Com certeza é ele mesmo quem arranja a pose, é ele quem olha ao longe, e quem possui no mais alto grau esse *páthos* da distância. Ele, que afirmava a solidão como condição de seu pensamento, sinceramente se via casado? Não sabia que não aguentaria mais de dois anos? Depois de analisar por tempo suficiente essa fotografia, vemos que o mais tragicamente sério é Paul Rée, aquele que não queria ser fotografado, aquele que não gostava de si mesmo, aquele que Nietzsche descreveria, dois meses depois, num rascunho de carta para Malwida, da seguinte maneira: "A ideia de perpetuar a humanidade lhe é insuportável: ele não consegue vencer seu sentimento de aumentar o número de infelizes".[7] Rée desejaria de fato aquele casamento? Tudo acontece como se cada um dos três personagens da fotografia, reunidos para "celebrar" a impossibilidade de um simples casamento, fizesse com os outros dois um contrato de natureza completamente diferente: retardar a realização, adiar o desenlace, ser pura tensão, pura direção. Sujeitos a rebentar como uma corda tensionada demais. As duas bestas de carga se esgotarão. A condutora se sairá melhor.

Depois, cada um seguirá seu caminho para negociar da melhor maneira possível a possibilidade da Trindade (eles projetam a retomada de estudos universitários comuns em Viena): Nietzsche na casa da irmã e da mãe em Naumburg, depois de uma passagem pelos Overbeck, Rée em Stibbe, na Prússia. Lou e sua mãe perto de Zurique, na casa dos Brandt, em Riesbach. Nietzsche organiza uma visita de Lou à casa dos Overbeck. Ida Overbeck conhece a jovem, admira suas qualidades e toma a defesa do projeto deles. É preciso ser cauteloso. Lou depois irá a Hamburgo, à casa de sua mãe, e encontrará a de Rée em Stibbe. No caminho, na estação de Schneidemühl, ela se encontra com seu irmão Eugène: enviado pelo irmão mais velho, ele precisa encontrar Rée e decidir se esse homem é digno de confiança ou se é preciso levar a desmiolada de volta para São Petersburgo no primeiro trem. Rée passa na prova com sucesso: Lou é recebida na casa de sua mãe em Stibbe. Nietzsche, por sua vez, vê Rée marcando pontos e passando tempo com Lou, e propõe em vão um encontro em Berlim. Lou reencontrará Nietzsche a sós no início de agosto, em Tautenburg, um município localizado na Turíngia, mas somente depois de uma estadia em Bayreuth, onde ela quer assistir à estreia de *Parsifal*. "Sobre o imponente acontecimento que é o Festival de Bayreuth não me é dado pronunciar uma palavra sequer, pois, com meus ouvidos surdos para a música, sem a mínima compreensão e possibilidade de apreciação, pouco merecia estar lá".[8] Em contrapartida, ela encontrará Malwida e Elisabeth, a irmã de Nietzsche. Além disso, será honrada por um convite de Cosima, graças à amizade de Malwida, persona grata no círculo dos Wagner. Enquanto isso, Nietzsche se aborrece em Naumburg. Ele escreve uma série de cartas para Malwida, para Peter Gast ou para Franz Overbeck, em que repete com suspeita insistência que está feliz porque Lou irá a seu encontro, e que sua relação com a jovem não é um "caso de amor". Sua ruptura com Wagner lhe proíbe a ida a Bayreuth. Mas ele tem uma redução para piano da última ópera de Wagner: "Imagine", diz ele a Malwida, "que estou muito feliz de não precisar ouvir a música de *Parsifal* [...] É Hegel em música; e, além disso, é tanto uma *prova* da grande *pobreza* de invenção quanto da pretensão desmesurada e da *cagliostricidade* de seu autor. Perdão! Estou sendo rigoroso nesse ponto. Em moral sou inflexível".[9] A estreia de *Parsifal* é o ápice da carreira de Wagner; ele trabalhara na partitura por seis anos, lhe dedicara um culto religioso e hesitara bastante em estrear sua ópera num teatro: "Na verdade, um drama no qual são mostrados os mistérios mais sublimes da fé cristã pode ser produzido em teatros como os nossos, diante de audiências como as nossas?".[10] Mas a insistência de Luís II da Baviera, de seus amigos, e sem dúvida também uma extrema vaidade, venceram suas reticências. É difícil imaginar o triunfo de *Parsifal* – na Alemanha, 1882 foi por muito tempo chamado de "o ano *Parsifal*"; tudo o que Nietzsche temera se realizava com suspeita ostentação: exaltação religiosa e nacionalista, culto da personalidade, sentimento de que Wagner era a prova da superioridade do espírito alemão.

É em meio a esta efervescência que Lou conhece Elisabeth Nietzsche. A irmã do filósofo está com 36 anos. Solteira, inteiramente dedicada à mãe e ao irmão, cujo espírito superior admira sem compreender, ela se caracteriza por uma mente estreita: tem medo de que sejam espalhados rumores sobre sua família, mas tem prazer de espalhá-los sobre outros, e a prontidão para a condenação moral e para o orgulho das pequenas honrarias. As relações entre Elisabeth e seu irmão são instáveis e tumultuosas, cheias de desavenças e reconciliações. Nietzsche muitas vezes oscila entre uma afeição esfuziante e um ódio feroz. Em todo caso, é preciso reconhecer a Elisabeth uma dedicação material sem falhas: quando Nietzsche abandonara precipitadamente a universidade da Basileia, ela organizara tudo para pagar seu apartamento; quando, durante o furor criativo de *A gaia ciência*, ele fora impedido de escrever por suas enxaquecas oftálmicas, Elisabeth escrevera centenas de páginas ditadas por ele. Em troca, exigia um amor exclusivo da parte do irmão. Por ainda não ter encontrado um marido (mas um certo Förster, antissemita exaltado, já a cortejava, durante essas semanas bayreuthianas), está dividida entre sua possessividade e o sonho de ver seu "pequeno Fritz querido" se estabelecer de maneira burguesa. Foi nesse sonho que Nietzsche apostou para impor Lou. Mas ninguém poderia se opor mais à filha do pastor provinciano do que a jovem russa cosmopolita. À primeira vista, Elisabeth sente uma aversão quase física por Lou, que considera excêntrica, desleixada, mal-educada. Lou, que nesse tipo de situação não hesita em exagerar as características que podem torná-la odiosa, não fará nada para se fazer amada. Elisabeth iniciará, a partir de então, uma ampla empreitada de mentira e desvirtuamento, admirável de tão encarniçada. Sua traição tardia ao pensamento de seu irmão é bem conhecida, a edição tendenciosa dos manuscritos póstumos, da problemática *Vontade de poder* à criação dos Arquivos Nietzsche de Weimar sob a tutela do chanceler Hitler. Alguns meses antes de morrer, em 1935, Elisabeth publicará uma obra surpreendente: Friedrich Nietzsche e as mulheres de seu tempo.[11] Ali encontramos os retratos de diversas personalidades, Malwida von Meysenbug, Cosima Wagner, mas também Lou Andreas-Salomé. Ela lhe presta contas num meio-capítulo (intitulado "Experiências desagradáveis"), para não perder tempo com futilidades que duraram apenas cinco meses, e deplora que a imprensa judaizada faça tão grande caso daquela Salomé.

> Sua arte consumada de se dar ares ascético-heroicos e de se apresentar desde a mais tenra infância como um mártir da verdade e da busca de conhecimento, à qual ela sacrificou inclusive sua saúde, era surpreendente.[12]

Elisabeth conta que em Bayreuth, apesar dos elogios de seu irmão a predisporem-na positivamente em relação a Lou, esta se mostrara ingrata, tomando o partido dos inimigos de Nietzsche (numerosos entre os wagnerianos), rindo de seus insucessos, expressando em alto e bom tom sua decepção e sua irritação. Ela se tranquiliza ao saber que Lou sairia de Bayreuth alguns dias antes dela, para fazer uma parada em Jena (onde elas se reuniriam para chegarem juntas em Tautenburg!), pois ela queria ver Wagner em particular para tentar uma última reconciliação com seu irmão; mas na estação de trem, qual não é seu furor ao ver "essa terrível russa" pegar o trem com muita afetação, acompanhada do mesmo Förster por quem ela estava apaixonada (e que três meses depois se tornará seu marido!). Lou decididamente é um perigo para todo mundo. Uma vez reunidas em Jena, Elisabeth diz tudo o que pensa à "jovem irmã": não é decente comportar-se assim em sociedade, seu flerte descarado com o pintor Joukovski chocara toda Bayreuth, sobretudo Malwida, que lamentava amargamente, segundo ela, tê-la apresentado a seus amigos. Apesar de Lou responder à abordagem com uma gargalhada, o tom sobe. Quando Elisabeth a censura por ignorar o gênio de seu irmão, que é um "asceta" e um "santo", Lou explode: um santo? Nietzsche é que alimentara por ela as mais baixas intenções, confundindo a amizade e o casamento, propondo, por falta de opção, o arranjo de uma "união livre*". No dia seguinte, com a proximidade da partida para

---

* Os termos desta disputa aparecem em Erich Podach, *Deutsche Rundschau*, abril de 1958, p. 364, e são retomados em H. F. Peters, *Ma sœur, mon épouse. Biographie de Lou Andreas-Salomé*, Gallimard, 1967, p. 111. Stéphane Michaud diz que Lou Andreas-Salomé é quem teria contado isso numa conversa com seu amigo Ernst Pfeiffer. (N.A.)

Tautenburg e o encontro com Nietzsche, as duas mulheres tentam por bem ou por mal se reconciliar. Mas Elisabeth acredita perceber que Lou não respeita seu irmão, que ela o corromperia e lhe causaria mal. Lou, por sua vez, sabe que nada obterá daquela irmã histérica e puritana. Em 7 de agosto, Nietzsche recebe as duas mulheres na estação de Tautenburg. Enquanto Lou se instala num pequeno quarto alugado no presbitério, Elisabeth se apressa em difamá-la, contando ao irmão que ela o ridicularizara e desrespeitara em Bayreuth. Hábil manobra: se Nietzsche é suscetível num ponto, é justamente em sua ruptura com Wagner, e sua sensação de ter sido o grande perdedor do caso é reforçada por aquele incidente que acaba por colocá-lo no ostracismo. Ele imediatamente censura Lou, que se ofende de ter que prestar contas daquela maneira. A estadia, que deve durar três semanas, começa mal, e Lou ameaça partir. Nietzsche, que tanto esperara por aquele reencontro, se arrepende e pede desculpas. O que acontece então entre os dois é surpreendente: ambos conseguem superar a situação para fazer da estadia um momento de exceção, sem dúvida o único que esteve à altura de suas expectativas.

"Parece que de início houve disputas entre mim e Nietzsche, provocadas por toda a espécie de mexericos, incompreensíveis para mim até hoje, pois não correspondiam de forma alguma à realidade. Tivemos que nos livrar imediatamente disso, para poder levar juntos uma vida rica, com a exclusão, sempre que possível, de perturbações de terceiros. Pude ali, então, aprofundar-me no universo do pensamento de Nietzsche, melhor do que havia feito em Roma ou durante nossa viagem."[13]

Restaram desse período dois documentos essenciais, testemunhas do excelente relacionamento entre Lou von Salomé e Friedrich Nietzsche: o primeiro é o *Diário de Tautenburg*, escrito todos os dias por Lou para Paul Rée, que está em Helgoland, além das cartas que eles trocam.

O segundo é o "Livro de Stibbe", totalmente escrito por Lou durante sua estadia na casa da mãe de Rée, mas submetido à leitura atenta de Nietzsche, tanto em Tautenburg como um pouco depois, em Leipzig. O *Diário de Tautenburg* inicia em 14 de agosto, falando sobre a maneira como os mal-entendidos mesquinhos se transformaram em reencontro "no parentesco profundo de nossas naturezas". Lou teve febre durante os primeiros dias, sem dúvida devido às tensões extremadas entre ela, Elisabeth e Nietzsche. Mas o sol voltou a brilhar, tanto nos campos quanto nos corações, cujos "recantos sombrios iluminou". Para desespero de Elisabeth, que se torna espantosamente discreta (mas as aparências enganam...), Nietzsche bate a qualquer hora do dia ou da noite na porta do quarto de Lou para apresentar-lhe seus pensamentos. "É estranho que nossas conversas nos levem involuntariamente a precipícios, a lugares vertiginosos que sem dúvida já escalamos sozinhos, para mergulharmos nossos olhares no abismo. Sempre escolhemos os caminhos das camurças e, se alguém nos tivesse ouvido, teria acreditado surpreender a conversa de dois demônios."[14]

Lou admira a maneira com que ela e Nietzsche se entendem de imediato, por meias palavras, e dá de passagem uma explicação interessante para suas diferenças: é exatamente quando dois seres são da mesma natureza que a menor "diferença sobre um ponto específico" (muito provavelmente o amor de Nietzsche versus a amizade de Lou) causa os maiores sofrimentos. Lou esboça um retrato intelectual de Nietzsche que será o tema, largamente desenvolvido, de sua obra sobre o filósofo, *Friedrich Nietzsche em suas obras*: um heroísmo capaz de fundar uma nova religião, um substrato psicológico profundamente religioso, na medida de sua rejeição da religião, uma relação dos sofrimentos físicos com seu pensamento, enfim uma natureza profunda e insondável: "Existe no caráter de N., como numa velha fortaleza, inúmeros calabouços e masmorras secretas que escapam à observação superficial e constituem sua verdadeira natureza".[15]*

Apesar de Nietzsche não parar de fazer alusões a seus sentimentos, ele não perde seu aguçadíssimo senso crítico: ao ler as produções de Lou, avalia que ela ainda não encontrou seu estilo, mas que será "capaz de aprender a escrever num único dia", porque estará preparada. O Livro de Stibbe servirá de caderno de exercícios: essa coletânea de aforismos, escrita por Lou no molde dos moralistas franceses, que por sua vez Rée e Nietzsche também retomaram, propõe considerações morais e psicológicas, que desembocam nas relações entre o homem e a mulher. A exemplo do julgamento de Malwida von Meysenbug, não poderíamos dizer que Lou demonstra uma verdadeira independência intelectual, e percebemos, com menos força talvez, o que ela deve a Rée e sobretudo a Nietzsche. No entanto, aqui e ali surgem reflexões do ponto de vista da mulher, que aliás falam de maneira bastante pessoal a seus dois primeiros leitores, Rée e Nietzsche:

> Diante do ato matrimonial, não existe amizade para o indivíduo, existe apenas amor ou antipatia.
> [...]
> Quanto maior é a intimidade entre dois indivíduos, mais ela requer limites sólidos.
> [...]
> Nenhum caminho conduz da paixão sensual à simpatia profunda dos espíritos, mas existe um que leva desta para aquela.
> [...]
> A proximidade espiritual entre dois indivíduos almeja ser expressa fisicamente – mas a expressão física devora a proximidade espiritual.
> [...]

---
* Essa metáfora será retomada na monografia de 1894 como sendo do próprio Nietzsche. (N.A.)

> A amizade entre sexos diferentes é uma flor artificial cheia de nobreza, mas exige talentos de jardineiro.
> [...]
> Os esposos são banais um para o outro.[16]

Cada um desses aforismos, que são para seus dois leitores simultaneamente punhaladas e injunções necessárias à superação e à renúncia que exigem sem parar de seus desejos, é repassado conscienciosamente por Nietzsche, que corrige os deslizes de estilo. Ele, que está prestes a se tornar um dos maiores escritores de língua alemã (desde Heine, vangloria-se ele com razão), revela, com suas correções a lápis sobre o manuscrito de Lou, os segredos de um aforismo cinzelado como uma medalha, cortante, ao mesmo tempo definitivo e infinitamente aberto. Além disso, ele escreve para sua aluna uma breve "Escola do estilo", composta por aforismos que fazem da escrita uma imitação sensível e expressiva da palavra, do pensamento que surge em sua oralidade: sinal de que o grande solitário, ao menos por uma vez, tinha toda a liberdade de dizer seu pensamento. "O estilo deve ser-te conforme, a ti, em função da pessoa à qual queres te confidenciar."[17] Por fim, ele propõe a Lou um plano que poderia servir para a elaboração de um "Tratado da mulher", um projeto aparentemente alimentado por Lou desde a temporada em Stibbe.

Talvez seja o momento de considerarmos um pouco a maneira como a "mulher" é vista na filosofia de Nietzsche. Como vários outros pensadores, Nietzsche parece não ter se livrado de certo número de preconceitos misóginos. A exemplo de seu mestre Schopenhauer, encontramos ao longo de seus textos frases provocadoras sobre a "natureza feminina". Em *Assim falou Zaratustra*, encontramos a famosa frase que alimenta a argumentação dos críticos escandalizados: "Vai visitar mulheres? Não esqueça seu chicote".[18] Que seja. Seria preciso perguntar a quem Nietzsche reserva o uso do chicote – ele mesmo não o colocou nas mãos de Lou na foto de Lucerna? Flagelação ou autoflagelação? O mesmo parágrafo de *Zaratustra* explicita essa complexa relação de amor e ódio:

> Quem a mulher mais odeia? Assim falava o ferro ao ímã: "É você quem mais odeio, porque você atrai, mas não forte o suficiente para atrair até você".[19]

Zaratustra nunca abstrai a mulher da relação permanente, social e erótica, que a liga ao homem: o amor, o casamento, os filhos. Nietzsche questiona o triângulo homem-mulher-filho, e a seção "A velha e a nova" coloca a complexidade da problemática:

> Tudo na mulher é enigma, e tudo na mulher é *uma* solução: ela se chama gravidez.
> O homem é para a mulher um meio: o objetivo é sempre o filho. Mas o que é a mulher para o homem?
> O verdadeiro homem quer duas coisas: o perigo e o jogo. É por isso que ele quer a mulher como o divertimento mais perigoso.[20]

Não existe Eterno feminino, só existem relações "magnéticas", isto é, combinações e conflitos de forças. E se Nietzsche não é terno com as mulheres, também não o é com os homens: pois nos tornamos um e outro, na história dos valores e guerras de todos os tipos, e esse devir tem uma genealogia, e também uma decadência. Marcante seria a comparação do método genealógico nietzschiano com o que hoje chamamos de "gender studies": não existe continuidade entre o sexo e o gênero, nenhuma relação de essência entre eles; os gêneros (masculino e feminino) são história, ideológica, culturalmente constituídos. Quer dizer, quando definimos uma "natureza feminina" ou um "eterno feminino", cedemos a uma ilusão essencialista de consequências políticas e sociais funestas: atribuição autoritária de papéis distintos, discriminação não apenas das próprias mulheres, mas de todo indivíduo que infringe as "leis" de seu sexo. Nietzsche, no fundo, não faz outra coisa: sua crítica da cultura passa por uma genealogia que desmascara as *construções* morais, as cristalizações de valores ao longo dos séculos, sua natureza fundamentalmente histórica e ideológica. Cada vez que analisa a psicologia feminina (submissão, pudor, devoção, pobreza de espírito, mas também perversidade, crueldade, hipocrisia, perfídia, engano...), ele toma o cuidado de reintegrá-la numa história da civilização da qual trata de fazer a genealogia. Em *A gaia ciência*, por exemplo:

> *Da castidade feminina* – Há algo de totalmente surpreendente e monstruoso na educação das mulheres distintas, e talvez não haja nada de mais paradoxal. Todo mundo está de acordo para educá-las na maior ignorância possível *in eroticis*, para gravar em suas almas um profundo pudor a respeito dessas questões, ao mesmo tempo que uma extrema impaciência e como que uma necessidade de fugir assim que são feitas alusões a coisas do tipo. Em resumo, é unicamente aí que toda "honra das mulheres" é posta em jogo: o que não lhes seria perdoado de outra forma! Mas queremos que elas permaneçam inconscientes em relação a isso até o fundo de seus corações: elas não devem ter nem olhos, nem ouvidos, nem palavras, nem pensamentos para esse "mal" que lhes seria próprio: o simples fato de saber já é o mal propriamente dito.[21]

A maternidade também não é o elemento constitutivo de uma "natureza feminina", mas o fenômeno inerente ao sexo biológico *a partir do qual* uma "natureza" será progressivamente construída. Esse será justamente o objeto do aforismo seguinte de *A gaia ciência* (72), mas também do 12º ponto do plano apresentado a Lou para seu "tratado da mulher":

> A gravidez como estado essencial que progressivamente determinou, ao longo dos séculos, a natureza da mulher. Maneira como todos os modos de pensar e agir da mulher se remetem a ela.

O que é uma *natureza* que se constrói "progressivamente", "ao longo dos séculos", se a gravidez é um fato biológico? Não estamos longe da "segunda natureza" pascaliana. É que a civilização deduz da natureza biológica uma "natureza" moral, que nada mais é do que um preconceito, um valor estabelecido. Essa perspectiva, associada à crítica nietzschiana da moral, longe de fundar uma ideologia machista, deveria pelo contrário abrir caminho para ela ser posta em questão. Como Lou Andreas-Salomé reagiu a esse "feminismo" subterrâneo de Nietzsche? A essa pergunta somente responderemos com infinitas precauções, que mais tarde esboçaremos. O fato é que, muito cedo, suas reticências em relação ao casamento e sobretudo sua recusa de ter filhos biológicos devem ser atribuídas a uma diferenciação subjacente entre sexo e gênero, entre determinação biológica e construção de gênero.

Os biógrafos chamaram esse período de "idílio de Tautenburg". Jamais Lou e Nietzsche, e isso por poucas semanas, voltarão a estar tão próximos, tão abertos à troca, e tão perto de seu ideal de comunidade intelectual. A atitude de Nietzsche, no entanto, tem tudo do apaixonado rejeitado que faz todos os esforços para sublimar seu desejo. A tensão sexual não desaparece nas conversas elevadas, simplesmente se transforma: Nietzsche não deixa, até mesmo nas questões de estilo, de colocar em primeiro plano o afeto, a energia vital que anima o pensamento, o desejo potente que impele o ideal filosófico. Lou, por sua vez, trai em seus aforismos um retesamento, uma rígida distinção entre espírito e corpo, entre amor e amizade, entre desejo e ascese, de maneira pronunciada demais para ser honesta. Cada pensamento trocado parece ser um aviso para o outro: não esqueça meu desejo / não esqueça minha recusa. Sem dúvida existe na ascese de Nietzsche e de Lou uma diferença de natureza e um mal-entendido. Nietzsche, aos 42 anos, é um homem marcado pela doença, pela solidão, pela violência de sua missão filosófica. Da mesma forma que ele encontra no sofrimento físico um sentido para a grande saúde de sua filosofia, ele faz da abstinência forçada um motor para a criação. Em *A genealogia da moral*, quando afirma que, nos grandes momentos de inspiração, a atividade sexual deve ser limitada para não desperdiçar as energias vitais, trata-se de um saber por experiência, e não uma prescrição. A sublimação (no sentido quase psicanalítico que Nietzsche emprega antes de Freud) é uma economia da energia libidinal, um contorno instintivo para conservar o equilíbrio psicossomático, e não o ideal ascético, a vontade de castidade contrária à vida, a neurose que Nietzsche denuncia com tanta violência, aliás, no sacerdote ou no Wagner de *Parsifal*.[22] O ascetismo de Nietzsche, pelo contrário, é a expressão de uma afirmação de tudo o que é, não pode ser de outra forma e pode ser de novo uma infinidade de vezes: amor fati. Aos 21 anos, Lou von Salomé parece ainda não ter conhecido o amor físico. A figura do Homem-Deus, formada junto a Gillot, a fantasia de um aquém à individuação, a reconciliação com o corpo vivido pela ascensão a uma totalidade concebida são condições de uma castidade buscada, que ainda mascara a ignorância profunda de seu próprio desejo. A melhor prova dessa ignorância é encontrada na amplitude da descoberta do desejo e do prazer sexuais alguns anos mais tarde. Somente então Lou poderá recusar com conhecimento de causa aquilo que a civilização atribuiu à mulher de modo violento: a injunção ao casamento e à procriação.

Em momento algum a Trindade sonhada por Nietzsche e Lou foi efetiva. Não sabemos que tipo de equilíbrio os três amigos poderiam ter encontrado numa vida comum dedicada aos estudos e à reflexão. Durante a permanência em Tautenburg, não devemos esquecer o papel de Paul Rée: apesar de ter ficado em Stibbe, ele continua presente em pensamento. O *Diário de Tautenburg* lhe é endereçado, Lou troca com ele uma correspondência constante, e ele também é motivo de várias discussões que ela tem com Nietzsche. Lou estranhamente atribuiu a Paul Rée o lugar de Gillot: "Estou me acostumando tanto a esta conversa com você em meu diário, da mesma forma como outrora me acostumei às páginas do diário para Gillot".[23] Ela inclusive lhe entregara um retrato do pastor, para o qual ele pode olhar, sobre sua escrivaninha, enquanto trabalha em seu quarto de Stibbe. De seu lado, Rée lhe escreve num tom inequivocamente apaixonado. A propósito do conde Joukovski (cujo bom relacionamento com Lou tanto chocara Elisabeth), ele escreve em 3 ou 4 de agosto:

> Você vai achar que sou o mais ridículo dos ciumentos que já conheceu, mas dessa vez se trata de uma espécie de ciúme mais compreensível: minha querida, temo que me privem de você, e não posso suportá-lo. Todas as coisas perdem sua cor, o mundo se torna cinzento e sombrio quando penso nisso. Pois ele com certeza vai querer casar com você. Enfim, Lu*, mesmo então continuarei sendo seu amigo; quero dizer – o c[onde] J[oukovski] colocado de lado –, no caso de um acontecimento tão desagradável um dia acontecer. Ao menos você precisa tomar um marido que não me substitua de todo, uma edição aumentada e corrigida de mim mesmo, uma variação melhorada sobre o mesmo tema.[24]

Além disso, ele tenta tornar a relação deles exclusiva, não hesitando em expressar suas reticências sobre os demais membros da comunidade que eles tinham tido intenção de formar. Enquanto Lou ainda está em Bayreuth, ele escreve: "O fato de Malwida falar pouco de mim não me aflige. Não sei por que, não consigo pensar nela com afeição".[25] A respeito de Nietzsche ele confessa: "Seu espírito tem a graça de não pesar sobre outrem. É o que faz por exemplo o espírito de Nietzsche. Ele aperta e oprime o meu; meu espírito fica enfraquecido na presença do dele".[26]

---

* Lu: outra ortografia para Lou, que corresponde à transcrição alemã. (N.A.)

Lou não tem a intenção de entrar nesse jogo de exclusões e procura com todas as suas energias preservar a complementaridade da Trindade. Uma página do diário de Lou faz um espantoso estudo de comparação fisionômica de Rée e Nietzsche. Com rara inteligência, ela percebe nos traços de Nietzsche uma "força unificadora", "uma espécie de força religiosa" inteiramente dedicada ao conhecimento. Em Rée, pelo contrário, ela percebe na beleza melancólica de seu rosto uma "força que divide", uma fadiga da existência, uma indiferença fundamental pela vida. Esse belíssimo retrato, sensível e penetrante, pronuncia, no entanto, um veredicto severo, que Rée não pode compreender de todo: Lou e Nietzsche estão, ambos, do lado da vida. E o único herói, no fim das contas, é Nietzsche. Ela conclui, não sem certa crueldade, com palavras admiráveis:

> Para nós, livres-pensadores, que nada mais temos de sagrado em adorar um valor religioso ou moral, ainda perdura, no entanto, uma *grandeza* que obriga a nossa admiração, inclusive nossa veneração. Eu já vislumbrava essa grandeza em N[ietzsche] quando disse a você, às margens dos lagos italianos, que seu riso é uma ação. Não há mais cálculo das *direções* que o homem toma, mas ainda há uma *grandeza da força*.[27]

A trégua concedida a Lou por Elisabeth será de curta duração. Ela logo retoma os ataques, espalha os piores rumores sobre sua pessoa, sobretudo para sua mãe. Bastará que Franziska Nietzsche veja a fotografia tirada em Lucerna para repelir Lou definitivamente e encher "Fritz" de censuras, acusando o filho de "cobrir de opróbrio o túmulo de seu pai". Lou volta para São Petersburgo e Nietzsche decide tomar ar em Leipzig. Durante dois meses, Nietzsche se esforça para seguir à distância todos os desejos de Lou em relação ao projeto trinitário: ele faz contatos em Viena e, quando Lou prefere Munique, toma providências em Munique. E depois Paris, por que não Paris? Malwida tem contatos lá... Depois, num dia de meados de novembro, Nietzsche abandona tudo: sai de Leipzig precipitadamente e se refugia em Gênova. É um momento de grave crise: ele acaba de entender que se enganara. Não apenas Lou não se entregara a ele, e o desmoronamento de suas forças de sublimação revela a dura realidade de seu desejo, como, mais do que isso, por mais que ele procurasse, nenhuma generosidade encontrava em Lou e, para dizer a verdade, ela nada lhe *dera*. Uma carta enviada por Malwida, de Rapallo, em meados de dezembro, o faz romper em soluços. Malwida lhe pergunta o que ele pensa de Lou pois, "desde Bayreuth", ela não sabe direito o que pensar. Nietzsche responde com uma resignação ainda contida:

> Você quer saber o que penso da senhorita Salomé? Minha irmã considera Lou uma serpente venenosa, que deveríamos a qualquer preço exterminar – e ela se dedica a isso. Este, no entanto, é para mim um ponto de vista totalmente excessivo e que me deixa repugnado. Pelo contrário: eu não desejaria nada além de lhe ser útil e favorável, no sentido mais elevado e modesto do termo. Que eu *possa*, que *tenha tido* a possibilidade de fazê-lo até então é a pergunta que não gostaria de responder: sinceramente me *esforcei*. Ela se revelou até o momento pouco acessível a meus "interesses"; eu mesmo sou para ela (me parece) antes supérfluo do que interessante: sinal de bom gosto![28]

Porém, em 1º de janeiro de 1883, ele escreve uma segunda carta a Malwida, na qual diz estar se recuperando de uma crise extremamente dolorosa. Ele volta a falar de Lou e leva mais longe a percepção da irremediável perda que sofreu. Sua severidade não o impede de formular um desejo, que revela não apenas sua *grandeza*, mas também uma perturbadora perspicácia:

> Mas muitas coisas, justamente, se unem em mim para me levar *bastante* perto do desespero. Dentre todas essas coisas está

também, não o negarei, minha decepção em relação a L.S. Um "estranho santo" como eu, que acrescentou o peso de uma ascese voluntária (uma ascese do espírito dificilmente compreensível) a todos os seus demais encargos e a todas as suas renúncias forçadas, um homem que, a respeito do segredo do objetivo de sua existência, não tem nenhum confidente: este não pode dizer *a que ponto* sua perda é grande, ao perder a esperança de encontrar um indivíduo semelhante, que carregue consigo uma tragédia semelhante e procure com o olhar um desfecho semelhante. Ora, estou sozinho há anos, e você concordará que fiz "cara boa" – a cara *boa* também faz parte das condições de minha ascese. Se ainda tenho de minha parte alguns amigos, tenho-os – sim, como dizê-lo? – apesar do que sou ou do que gostaria de me tornar. [...] O que você diz sobre o caráter de L.S. é verdadeiro, por mais doloroso que me seja reconhecê-lo. Eu nunca havia encontrado semelhante egoísmo, cheio de naturalidade, vivo nas menores coisas e *não* esmagado pela consciência, um egoísmo *animal*: é por isso que falei em "ingenuidade", por mais paradoxal que a palavra soe, se lembrarmos o raciocínio refinado e decomponente de L. No entanto, me parece que *uma outra possibilidade* ainda permanece escondida em seu caráter: pelo menos esse é o sonho que nunca me abandonou. Justamente nesse tipo de natureza, uma mudança quase abrupta e uma transferência de peso poderiam acontecer: o que os cristãos chamam de "despertar". A veemência de sua força de vontade, sua "força de impulsão", é extraordinária. Inúmeros erros devem ter sido cometidos em sua educação – nunca conheci uma moça tão mal-educada. Tal como se mostra agora, ela é quase a caricatura daquilo que venero como ideal – e você sabe que é em nosso ideal que nos tornamos mais sensivelmente doentes.[29]

Ele rabisca diversos rascunhos de cartas para Lou, bem como para Rée, e envia algumas. Elas comprovam a violência de seu estado, seu rancor esquivo e desesperado, mas também sua tentativa de dominar-se e suavizar suas palavras. Ele encerra sua carta de 23 de novembro de 1882 com um sintomático: "Perdão! Minha cara Lou, seja o que você deve ser".[30] Ele pensa em suicídio e se refugia no ópio.

Durante todo esse período de crise, Lou se hospeda por vários meses na casa de Paul Rée, em pacífica amizade. Do lugar em que se encontra, com certeza não toma plena consciência do drama que se desenrola à sua volta no espírito de Nietzsche, e talvez Rée inclusive intercepte algumas cartas.

"O que se passou em seguida pareceu tão contrário ao caráter e à dignidade de Nietzsche que só pode ser explicado pela intervenção de alguma influência estranha. Foi assim que ele fez recair, sobre Paul Rée e sobre mim, suspeitas que ele era o primeiro a saber serem infundadas. Mas os acontecimentos odiosos dessa época foram-me ocultados pela solicitude de Paul Rée, o que vim a compreender muitos anos depois. Parece mesmo que as cartas que Nietzsche endereçava-me, e que continham difamações incompreensíveis, nunca chegaram até mim. E não apenas isso: Paul Rée ocultou-me também o fato de que, entre seus familiares, circulavam intrigas a meu respeito, colocando-os frontalmente contra mim, até o ponto de odiarem-me."[31]

Elisabeth Nietzsche de fato fizera uma campanha sistemática contra Lou, junto a quem quisesse ouvi-la ou lê-la. A maneira como a cólera de Nietzsche aumenta em relação a Rée e Lou ao longo dos meses é consequência direta da influência de sua irmã. Em julho de 1883, ele escreve a Malwida as piores coisas sobre eles: "Esses dois personagens, Rée e Lou, não são dignos de lamber a sola de minhas botas", e não passam de uma "canalha". Essa mesma carta indica que ele não parou de ouvir e ficar sabendo de coisas sobre "a desagradável história do ano passado"[32]: não há dúvida de que seu ódio foi informado e alimentado por Elisabeth. Em seu desespero, Nietzsche precisará de tempo para julgar objetivamente a responsabilidade de sua irmã. Mas pouco a pouco a terrível verdade aparecerá: sua irmã prejudicou muito Lou e contribuiu para sujá-la a seus olhos. Por mais que Malwida garanta que Elisabeth "amadureceu bastante intelectualmente", Nietzsche se torna intratável. No início de maio de 1884, ele escreverá a Malwida: "Entrementes, a situação mudou, no sentido de que rompi radicalmente com minha irmã: não pense, pelo amor dos céus, em tentar intervir e reconciliar – entre uma tola antissemita e mim, não há nenhuma reconciliação possível". Ele deseja com todo coração sua partida definitiva para o Paraguai, onde seu marido Förster quer implantar uma colônia de arianos puros... Sejam quais forem as queixas que ele ainda alimente em relação a Rée e Lou, ele vê a atitude de Elisabeth como a mais dolorosa injustiça. Contra ela, *Ecce homo* apresentará a frase mais cortante, e também mais engraçada: "Confesso que minha objeção mais profunda ao 'eterno retorno', meu pensamento propriamente abismal, é sempre minha mãe e minha irmã".[33] Ao lermos os documentos sobre a ruptura de Nietzsche e Lou, percebemos com nitidez como é grande, de fato, a responsabilidade de Elisabeth. Nietzsche se deu conta disso, mas tarde demais. Ele não aproveitará para se liberar de qualquer responsabilidade: ele foi ofuscado e influenciado, será um remorso que pesará bastante sobre ele em sua decepção da perda de Lou. Em *Minha vida*, Lou recorda que, muito mais tarde, seu amigo e filósofo Heinrich von Stein, de passagem por Sils-Maria, visitara Nietzsche. Quando falara de Lou e Rée, e a possibilidade de uma reconciliação, Nietzsche respondera com tristeza: "O que fiz, não pode ser perdoado".

"Aprendido na escola de guerra da vida: o que não me mata me torna mais forte." Esse célebre pensamento[34] percorre como um *leitmotiv* a correspondência de Nietzsche no momento em que a crise desesperada causada por Lou se transforma em força criativa: pois desde sua partida precipitada para Gênova, e em todos os locais por onde passa (Itália, Suíça, Côte d'Azur), ele trabalha num novo texto, seu novo "livro santo", "a obra de [sua] vida, a obra mais dura e mais rica de renúncias que um mortal possa impor-se", *Assim falou Zaratustra*. Ele precisa viver a experiência de seu profeta, "descer entre os homens" fora um erro; inclusive, haja vista a grandeza de sua missão, ele é perigoso para os outros e poderia destruir e corromper aqueles que se aproximam. Ele exige, a partir de então, a solidão.

Na força reencontrada de seu impulso criador, Nietzsche aproveita para acertar as contas com a hipocrisia e com aquilo que chama de "tartufaria moral": ruminando seu papel no caso Lou, aos poucos ele rompe com Malwida von Meysenbug que, de carta em carta, não para de bajular sua querida Elisabeth. De Veneza, ele lhe escreve em 1884:

> Agora, mais uma diferença cômica entre nós dois, a saber, aquilo que eu achava interessante, até mesmo *altamente atraente*, em Rée e de novo, mais tarde, na senhorita S., era apenas "a horrível maneira de pensar". No fundo, até o momento, eles são os dois únicos personagens que encontrei livres daquilo que costumamos chamar, considerando a boa e velha Europa, de "tartufaria moral".[35]

Quatro anos depois, furioso com a veneração que Malwida continua levando a Bayreuth, quando acaba de sair *O caso Wagner*, Nietzsche lhe envia uma última carta de Turim, que não terá resposta. Ela anuncia o fim de uma antiga amizade:

> Você é uma "idealista" e trato, *de minha parte*, o idealismo como uma insinceridade que se tornou instinto, como a *vontade* a todo preço de não ver a realidade: *cada* frase de meus escritos contém o *desprezo* ao idealismo. Nenhuma fatalidade até o momento foi pior para a humanidade do que *esta* impropriedade intelectual; o valor de todas as realidades foi depreciado para inventar a *mentira* de um "mundo ideal"... Você não entende nada de *minha* missão?[36]

Em janeiro de 1889, Nietzsche é derrotado pela demência progressiva causada pela infecção sifilítica que há tempos o faz sofrer. Ele colapsa em Turim. Seu amigo Franz Overbeck o hospitaliza na Suíça. Depois ele é entregue aos cuidados de sua mãe e de sua irmã, e permanece num estado de apatia profunda, até sua morte em 1900. A partir de 1890, o fantasma da loucura que atinge o pensador maldito engendra um súbito culto desmesurado, que também expõe a vida privada de Lou. Com sua monografia sobre Nietzsche, publicada em 1894, ela tenta colocar um fim aos questionamentos incessantes, enquanto Rée suspeita que ela procura se aproveitar de uma publicidade fácil. Diante do monopólio exercido por Elisabeth sobre o legado do irmão, Lou escolhe manter o silêncio, e não falará mais de Nietzsche. Somente com a morte de Elisabeth Förster-Nietzsche, em 1935, ela aceitará entregar a editores as cartas do filósofo que possui.

> Em seguida passei a adotar o método de Paul Rée: mantive-me à distância, não lendo mais o que quer que fosse sobre o caso e não tomando conhecimento nem das manifestações de hostilidade da família de Nietzsche, nem das obras surgidas sobre ele, após sua morte. Escrevi meu livro, *Friedrich Nietzsche em suas obras*, com uma total independência de espírito. [...] De minha parte, foi somente *depois* de nossa relação pessoal que, lendo suas obras, compreendi seu universo intelectual; nada me importava mais do que compreender a personagem Nietzsche, a partir de suas impressões *concretas*. E assim como ele me apareceu, na pura comemoração de acontecimentos pessoais, assim devia permanecer a meus olhos.[37]

Amizade estelar
(*intermezzo* lírico)

No ano que segue à ruptura com Nietzsche, Lou escreve *Combate por Deus*. Ela vive então com Paul Rée (que por sua vez trabalha em uma *Gênese da consciência*) e espera, com o sucesso de sua obra, justificar junto a seus próximos a vida independente e à margem que escolheu para si. Publicado com o nome de Henri Lou, em homenagem a Hendrik Gillot, o romance se faz o eco da experiência vivida: passagens inteiras citam literalmente o *Diário de Stibbe*, outras lembram as longas conversas com Nietzsche. O livro é publicado em 1885, pela editora Wilhelm Friedrich, em Leipzig: a escolha do editor revela que Lou é recebida como integrante de uma nova geração de escritores, de uma nova modernidade literária: no mesmo ano, a editora publica as *Características de poetas modernos*, editadas por Wilhelm Arent, depois *A revolução da literatura* (Karl Bleibtreu) e a revista *La société* (Michael Georg Conrad); encontramos, entre outros, Theodor Fontane, Detlev von Liliencron, Bertha von Suttner e Eduard von Keyserling. Os amigos de Nietzsche, ao lê-la, se entusiasmam: para Franz Overbeck, *Combate por Deus* é "o livro mais surpreendente lido este ano", e Erwin Rohde, apesar de suas reservas diante da "espiritualidade incorpórea e fantasmática" da obra, admira "a verdade de sentimento" e a "terrível melancolia" que se desprendem do livro. O próprio Nietzsche confidencia a Heinrich von Stein:

"Ontem vi o livro de Rée sobre a consciência – que vazio, que monótono, que inexato! As pessoas deveriam falar somente de coisas que têm experiência. Completamente diferente foi a sensação que tive ao ler o meio-romance de sua *soer inséparable* Salomé, que, divertidamente, veio-me às mãos ao mesmo tempo. Sob o ponto de vista formal tudo nele é delicado, feminino e quanto à pretensão de que se imagine um velho como narrador, é, por assim dizer, cômico. Mas a coisa em si tem sua seriedade e também sua grandeza; e se não é certamente o eterno-feminino que leva essa moça *às alturas*, talvez seja, então, o eterno-masculino".[1]

No fim da vida, o solitário Kuno presta contas da fatalidade de uma existência inteiramente determinada pela perda da fé, "esse verdadeiro assassinato de Deus em [sua] consciência".[2] Três encontros femininos perpassaram seus infortúnios: Jane, sua amiga de infância, vítima de um mau casamento, que está à procura de um homem que ela possa adorar como um deus; Margherita, uma aluna de Kuno que se torna sua amante e acabará se suicidando; e Mary, por fim, que não sabe que é filha de Kuno com Jane, uma adolescente que também dará um fim a seus dias ao descobrir que se apaixonou pelo próprio pai. Kuno é um personagem faustiano: o velho, que os aldeões consideram um feiticeiro capaz de invocar espíritos, semeia infortúnios à sua volta, e sua vontade temerária (kühn, em alemão) de afirmar a grandeza de um mundo sem Deus o devolvem a Deus:

> E hoje é assim: quanto mais um homem combate profunda e intensamente na luta da vida, mais seu espírito arranca com força a vitória sobre si mesmo e a consciência de si, e mais a vida, para além de suas transformações e de suas reviravoltas, para além de suas cisões e de seus desenvolvimentos mais profundos, se torna *um caminho de Deus rumo a Deus*.[3]

O paradoxo que faz da perda da fé um "combate por Deus" se inscreve na reflexão que Lou mais tarde fará sobre a natureza do sentimento religioso, livre de suas manifestações confessionais, e sobretudo arrancado de uma visão transcendente. De Feuerbach a Darwin, chegando a Freud, os pensadores da época tendem a rebaixar o fenômeno religioso a formações psicológicas e culturais, para fazer de Deus uma criação humana. Lou fará o mesmo, desde seu artigo de 1892, intitulado "Criação de Deus". Mas *Combate por Deus* antecipa, de maneira "semirromanceada", seus desenvolvimentos teóricos e marca a influência decisiva de Nietzsche. Ela não registra apenas sua doutrina, como se preocupa em desenhar a complexidade psíquica do "espírito livre", a força heroica do combate feito por um filósofo solitário e faustiano: segundo Lou, o "caminho de Deus rumo a Deus", para Nietzsche, conduz do anúncio da morte de Deus à afirmação superior da vida através da visão do Eterno Retorno. O paralelo entre o personagem de Kuno e a personalidade de Nietzsche tal como esta aparece na monografia de 1894, *Friedrich Nietzsche em suas obras*, manifesta uma profunda coerência, e a intuição romanesca antecipa a análise filosófica. Em seu estudo, Lou insistirá na relação de Nietzsche com a solidão, com o sofrimento, verá na "experiência do pensamento" nietzschiano o "elemento de *confissão*" que é sua fonte, e explicará sua filosofia justamente através da força paradoxal de seu sentimento religioso.

> De fato, um verdadeiro estudo de Nietzsche não passaria, em essência, de um estudo de *psicologia religiosa*, e somente na medida em que esse território do espírito já foi explorado é que é possível lançar alguma luz sobre o sentido profundo de sua obra, de seus sofrimentos e de sua autobeatificação. Toda sua evolução resulta, em certa medida, do fato de muito cedo ele ter perdido a fé; ela tem sua origem na "emoção provocada pela morte de Deus", emoção inaudita cujos últimos rugidos repercutem pela última obra, a que Nietzsche redigiu no limiar da loucura: a quarta parte de *Zaratustra*.
>
> A *possibilidade de encontrar um sucedâneo "para o deus morto" através das formas mais diversas de divinização de si mesmo*: esta é a história de seu espírito, de sua obra, de sua doença. É a história da *"sequela do instinto religioso" no pensador*, instinto que continua muito poderoso, mesmo depois da queda do deus ao qual ele se dirigia.[4]

Pois não basta dizer que o homem cria Deus para enfrentar a vida, que a perda da fé produz sequelas inevitáveis, também é preciso compreender o quanto a afirmação da vida é, em sua própria essência, *religiosa*. Afirmar a vida, mesmo depois que o Deus pessoal e transcendente desmoronou, é um heroísmo próprio ao espírito livre, é a nova religião. Mas Lou considera Nietzsche com seus próprios termos: é de certa forma seguindo o mesmo método genealógico dele que ela desmascara a psicologia por trás do ideal, o instinto por trás da teoria, a durabilidade dos valores por trás de sua derrocada. Apesar de sua admiração pela força do pensamento de Nietzsche, ela é severa com seu motor primeiro: o instinto religioso, a vontade de sofrer, a divinização de si lhe parecem *sintomas* de uma contradição fundamental, de uma "dualidade mística". Provavelmente Lou alimenta um desejo profundo de reconciliação, de paz, de unidade, enquanto Nietzsche é movido por aquele de luta, de guerra, de uma irredutível multiplicidade. E ela descobre em Kuno, como em Nietzsche, "a imensa e dolorosa insatisfação do espírito criador". Mas Lou tem em comum com Nietzsche uma paixão pela imanência, um poder de afirmação da vida que acolhe tanto a alegria quanto o sofrimento: um verdadeiro *amor fati*, o "amor pelo destino" que marca o fatalismo nietzschiano.

Em *Combate por Deus*, Lou insere poemas seus; dois deles constituem uma profissão de fé e o fundamento de sua afinidade com Nietzsche. Esses dois poemas teriam tocado o coração do filósofo. Em 1º de julho de 1882, quando de seu encontro com Lou, Nietzsche envia a seu amigo Peter Gast um poema sem nenhuma palavra de acompanhamento. Diante das felicitações de Gast, Nietzsche diz numa carta do dia 13: "O poema intitulado 'À dor' não é meu. Ele faz parte das coisas que têm um poder absoluto sobre mim; nunca consegui lê-lo sem derramar algumas lágrimas: ele ecoa como a voz que nunca deixei de aguardar desde minha infância".[5] Esse poema, que arranca uma confissão tão íntima de Nietzsche, lhe foi dado por Lou.

> Quem pode fugir-te, quando o agarraste,
> Se pousas sobre ele teu sombrio olhar?
> Não fugirei se me pegares,
> – Nunca acreditarei que apenas destruas.
> Eu sei, deves atravessar cada vida
> E nada permanece intocado por ti sobre a terra,
> A vida *sem* ti – seria bela!
> E no entanto – vales ser vivido.
> Certo, não és um fantasma da noite,
> Vens lembrar o espírito à sua força,
> É o combate que engrandece os maiores.
> – O combate pelo objetivo, por impraticáveis caminhos.
> E se só podes me dar em troca da felicidade e do prazer
> Uma única coisa, ó Dor: a verdadeira grandeza,
> Então vem, e lutemos, peito contra peito,
> Então vem, haja morte ou vida.
> Então mergulha no fundo do coração,
> E vasculha no mais íntimo da vida,
> Leva o sonho da ilusão e da felicidade,
> Leva o que não vale um esforço infinito.
> Não continuas a última vitória do homem,
> Mesmo que ele ofereça seu peito desnudo a teus golpes,
> Mesmo que ele se desfaça na morte
> – És o alicerce para a grandeza de espírito.[6]

O segundo poema, "Oração à vida", terá um destino mais importante ainda: aparece em *Combate por Deus* e também meio século depois, retocado, em *Minha vida*. E ele será no mínimo tão importante para Nietzsche quanto para Lou. Ela lhe oferecera o poema durante a temporada em Tautenburg. Assim que volta para Naumburg, Nietzsche se coloca ao piano e compõe um *lied* sobre o texto de Lou. A seu amigo compositor Peter Gast, ele escreve em 1º de setembro: "Eu gostaria de ter composto um *lied* que pudesse ser tocado em público – 'para *reunir* os homens à minha filosofia'. Veja se esta Oração à Vida se presta para tanto".[7]

Além de ser a primeira vez que Nietzsche cogita executar publicamente sua música, ainda confessa um entusiasmo excepcional por um texto que lhe parece *expressar* sua filosofia. Ele afirma a Gast que esse *lied* é "um comentário de *A gaia ciência*, uma espécie de baixo contínuo". Em 1888, em *Ecce homo*, Nietzsche retorna a essa composição, para louvar seu poema: "Por pouco que sejamos capazes de encontrar um sentido para os últimos versos desse poema, é possível adivinhar por que o escolhi e admirei: eles têm grandeza. O sofrimento não aparece *de modo algum* como um argumento contra a vida". Ele resume, então, o estado de espírito fundamental do poema e o seu, à época: "A *paixão pelo sim por excelência*, que chamo de paixão trágica, me invadia no mais alto grau. Mais tarde, ele será cantado em minha lembrança".[8] A música do *lied*, de que Nietzsche talvez fosse exageradamente orgulhoso (e que Gast se encarregará de transcrever para coro e orquestra), nada mais é do que a retomada quase literal de outra peça composta por ele oito anos antes. Mas até mesmo o autoplágio é portador de sentido: o *lied* original se chamava "Hino à amizade"...

ORAÇÃO À VIDA

Sim, como um amigo ama um amigo,
Eu te amo, vida enigmática,
Quer eu tenha jubilado, chorado,
Quer tenhas me dado dor ou prazer!
Eu te amo em tua felicidade e teus tormentos,
E se deves aniquilar-me,
Deixarei dolorosamente teus braços
Como um amigo o peito de um amigo.

Com todas as minhas forças eu te abraço!
Deixa tuas chamas inflamarem meu espírito
E no ardor do combate deixa-me

> Resolver o enigma de teu ser;
> Para viver e pensar por milênios,
> Pega-me nos braços –
> E se não tens mais felicidade a oferecer-me
> – Pois bem – ainda tens tuas dores.[9]

Esta "paixão pelo sim por excelência" é sem dúvida o ponto comum mais marcante entre Lou e Nietzsche, que será fundamental o suficiente para perdurar para além da incompreensão e da decepção. É a constância dessa afinidade que permite a Nietzsche, ainda em *Ecce homo*, celebrar a grandeza de sua antiga amiga; é ela também que permite a Lou, dez anos após a ruptura entre eles, escrever o primeiro estudo sistemático sobre a filosofia nietzschiana (a terceira parte se intitula "O sistema Nietzsche", creditando ao pensador uma coerência que muitos lhe recusarão) com um distanciamento justo e tranquilo. Esses dois indivíduos sempre atribuíram mais importância à vida em sua totalidade do que às pessoas em particular: cada encontro não passa do sinal ou do sintoma de certo estado de forças e instintos; cada indivíduo nunca passa de uma "parcela de destino"*, e é por isso que os fracassos pessoais sempre são considerados, no fim das contas, num gesto mais amplo de gratidão para com a vida como um todo.

Para Lou, no entanto, Nietzsche não passa de uma etapa, com certeza decisiva, mas apenas inaugural. A experiência vivida aos vinte anos semeia o resto de sua vida, mas numa medida que ultrapassa a dívida pessoal: "E fiquei profundamente estupefata no dia em que li, num antigo diário manuseado que pouco podia ainda falar de experiências, esta frase nua e crua: 'Sou fiel para sempre às lembranças; jamais o serei às pessoas'".[10] Para Nietzsche, em contrapartida, será preciso um intenso trabalho de

---

* É assim que Nietzsche qualifica o criminoso na segunda dissertação de *A genealogia da moral*. Existe uma *inocência* fundamental de tudo o que acontece, seja crime ou infortúnio. (N.A.)

luto para superar a experiência Lou; a decepção pessoal, apesar de fazer sentido, não deixa de enviá-lo à extrema solidão, não apenas de sua existência, mas de sua filosofia. Como com Wagner, ele precisa renunciar a encontrar um aliado, um discípulo, o ouvido labiríntico tão necessário para ouvir seu pensamento, uma amizade que Nietzsche não cessará de ver fugir ante seus olhos. Ele revelara a Lou sua visão do Eterno Retorno, a "forma de consentimento mais alta que pode ser alcançada", e ele acreditara que Dionísio encontrara sua Ariadne. O momento de graça da amizade com Lou corresponde com bastante precisão ao da redação de *A gaia ciência* e do início de *Zaratustra*. Em *A gaia ciência* há um poema que cristaliza o teor daquilo que Nietzsche esperara de sua amiga, e a tarefa que ele lhe propusera. No início de 1882, antes de seu encontro com Lou, Nietzsche escreve um poema em torno da figura de Cristóvão Colombo:

> Para lá *quero* ir; e confio
> Em mim mesmo de agora em diante, e em meu punho.
> O mar se oferece, aberto – para o azul
> Avança meu navio genovês.
>
> Tudo resplandece num brilho sempre novo,
> O meio-dia dorme no espaço e no tempo,
> Apenas *teu* olho – monstruosamente
> Olha para mim, ó Infinito![11]

Ele está em Gênova, pátria do grande explorador, e é sensível aos prazeres dessa cidade meridional que se abre para o mundo. No momento de abordar uma nova fase de sua filosofia, ampla e assustadora como uma *terra incognita*, Nietzsche se identifica com Cristóvão Colombo. A revelação do Eterno Retorno e a experiência de um novo heroísmo do pensamento evocam a imagem da conquista de novos mundos, o suficiente para reaparecer em *Ecce homo*:

E agora, depois de tanto tempo a caminho, nós os argonautas do ideal, talvez mais ousados que o indicado, tendo naufragado mais de uma vez e sofrido muitas humilhações, mas, como se disse, muito saudáveis, mais do que nos poderiam conceder, perigosamente saudáveis, de uma saúde sempre renovada – nos parece que como recompensa temos à nossa frente uma terra ainda não descoberta, cujos limites ninguém jamais abarcou, um além de todas as paragens, de todos os recantos conhecidos do ideal, um mundo tão opulento em riquezas estranhas, problemáticas, terríveis e divinas, que nossa curiosidade, tanto quanto nossa sede de posse, são transportadas para ele – infelizmente, a ponto de doravante nada mais poder nos saciar![12]

O poema é dirigido ao infinito, única testemunha da proeza do solitário, movido pelo apelo do longínquo, uma determinação desenfreada. Meio-dia é a hora sem sombra, em que o tempo fica como que suspenso na eternidade; Zaratustra aspirará à eternidade de todo seu ser: "Quando, então, ó poços de eternidade!, ó sereno, ó terrível abismo do meio-dia!, quando beberás minha alma para que ela possa retornar!".[13] A revelação do Eterno Retorno coloca Nietzsche na necessidade, mil vezes reivindicada nas cartas, de uma solidão radical, de um frente a frente com o infinito. É então que o filósofo conhece Lou; o poema de Cristóvão Colombo sofrerá um retoque significativo, e uma nova versão será oferecia "à [sua] querida Lou", no início de novembro de 1882, em Leipzig:

> Amiga – dizia Colombo – Não confies
> Nunca mais num genovês!
> Ele sempre fixa o azul,
> O mais longínquo o arrebata demais.
>
> Quem ele ama, ele atrai de bom grado
> Para muito longe no espaço e no tempo –
> Acima de nós resplandece uma estrela, ao lado de outra,
> À nossa volta retumba a eternidade.[14]

Não se trata mais de uma abordagem ao infinito, mas à própria Lou, e o apelo do longínquo é atribuído à força do amor; a confiança em si mesmo, solitária, de Colombo, é substituída por uma injunção à desconfiança, pois a amiga será carregada, literalmente embarcada, por uma força que pode vencê-la; o espaço e o tempo não estão mais suspensos na hora do meio-dia, a própria eternidade é um movimento retumbante, puro devir, que envolve o destino estelar de *dois* seres. Da mesma forma, Dionísio retoma a afirmação de tudo pela afirmação de Ariadne, sua bem-amada; mas, aqui, Nietzsche é Dionísio ou Teseu? O herói da Ática abandonara Ariadne para seguir seu caminho: a injunção à desconfiança lembra que o abandono é sempre possível, que a descoberta de terras desconhecidas pode ser fatal para quem não tem força. O abandono aconteceu, a solidão se acentuou ao redor de Nietzsche, e sem dúvida a perda de Lou foi, junto com a de Wagner, uma das mais dolorosas que ele precisou suportar, como condição de continuar sua rota em direção à *terra incognita*. É por isso que Nietzsche, passada a amargura dos primeiros meses, será para sempre grato por seu encontro com Lou. Mas na segunda edição de *A gaia ciência*, em 1887, quando Nietzsche decidirá acrescentar em apêndice as "Canções do Príncipe Livrepássaro" e integrar seu poema sobre Colombo, ele escolherá a primeira versão, a da solidão, que ele intitula "Rumo a novos mares".

O amor por Lou, tal como aparece na segunda versão, consagrado por duas estrelas, contém em si mesmo a possibilidade de ruptura, sem perder sua significação, seu *valor*. A imagem das duas estrelas aparece em outro trecho de *A gaia ciência*, justamente a propósito da amizade perdida com Wagner. O seguinte aforismo vale para todas as decepções de Nietzsche, todas as suas "doenças", todas as suas renúncias. Ele se dirige também a Lou:

Amizade estelar – Éramos amigos e nos tornamos estranhos um ao outro. Mas é bom que assim seja, e não procuramos nos dissimular ou esconder isso, como se devêssemos ter vergonha. Como dois navios cada qual com sua rota e seu destino: assim sem dúvida podemos nos cruzar e celebrar festas conjuntas, como já o fizemos – e então esses bons navios descansavam lado a lado no mesmo porto, sob o sol, tão calmos que se podia acreditá-los em seu destino, e com o mesmo objetivo. Mas a seguir o apelo irresistível de nossa missão nos levava de novo para longe um do outro, cada um sobre mares, rumo a paragens e sob sóis diferentes – talvez para nunca mais nos revermos, talvez para nos revermos uma última vez, mas sem nos reconhecermos: mares e sóis diferentes nos transformaram! Que nos tornássemos estranhos um ao outro, assim o queria a lei *acima* de nós: é por isso que devemos nos tornar mais respeitáveis um para o outro! É por isso que o pensamento de nossa amizade de outrora deve ser mais sagrado! É provável que exista uma imensa curva invisível, uma imensa via estelar em que nossas rotas e objetivos divergentes se encontrem *inscritos* como ínfimas trajetórias – elevemo-nos a este pensamento! Mas nossa vida é curta demais, nossa visão fraca demais para que possamos ser mais do que amigos no sentido dessa sublime possibilidade! E assim queremos *acreditar* em nossa amizade estelar, ainda que precisemos ser inimigos na terra.[15]

Os laços indissolúveis do casamento (1883-1890)

De 1883 a 1887, Lou von Salomé e Paul Rée viverão sob o mesmo teto, entre Stibbe, Berlim e Viena. Essa coabitação não deixa de despertar comentários em seus habitantes: as berlinenses se chocam com semelhante vida de pecado, enquanto as vienenses demonstram uma complacente curiosidade... Por outro lado, a campanha de difamação iniciada por Elisabeth Nietzsche não enfraquece, assumida pela mãe de Paul Rée. Apenas Georg, irmão de Paul, consegue às vezes tranquilizar a mãe, lembrando-lhe que a questão não diz respeito a ninguém. Para que sua presença ao lado de Lou seja simplesmente suportável, seriam necessários esforços extenuantes da parte de Rée. Atencioso, protetor, ele recebe de Lou, em troca, uma indefectível gratidão. O "casal" formado por eles lembra o ideal sentimento do século XVIII, mas também os ritos de sublimação exigidos pelo amor cortês. Porém, o equilíbrio é instável, cada um joga perigosamente com os favores do outro. Os nervos de Paul Rée são postos a duras provas. As comportas quase rompem diversas vezes:

"Receio que tenhamos de nos separar; pois por mais que para você eu seja uma proteção e um apoio no mundo, você é leal demais, apesar de tudo, para querer que isso continue, quando a simpatia mais ardente e mais profunda entre nós está abalada. Ora, este é justamente o caso. Pois por um lado a indolência agora penetrou meu ser; ela inclusive se tornou a chave de minha natureza, isto é, daquela que progressivamente adquiri ao longo dos últimos quatro, cinco, seis anos. Na verdade eu já estava morto; você me reconduziu a um simulacro de vida, mas esta é repugnante para um morto. Por outro lado, eu não poderia libertar-me de um sentimento de desconfiança, baseado na presença de uma particularidade que sinto com força em mim e que sei você considera antipática: o temor de não lhe ser simpático, de fazer algo que lhe seja antipático. Portanto, sigamos até nossos túmulos por caminhos separados".[1]

A essas tentativas desesperadas de emancipação, Lou responde com exortações de coragem: "Não, claro que não! Vivamos e busquemos juntos até que você renegue isso!".[2] Rée está preso por uma rede complexa de dupla coerção. Apaixonado, tem orgulho de ser um amigo; com ódio de si mesmo, precisa ser amado; ciumento de tudo, nada mais pode fazer além de estar presente em toda parte. Por outro lado, sua ambição profissional é sempre contrariada pelas instituições universitárias. Tendo definitivamente renunciado ao demônio do jogo, ele faz estudos pessoais obstinados, ávido de um saber enciclopédico que o faz aproximar-se até mesmo da história da medicina. Em 1885, de fato começará estudos de medicina. Ser médico será seu último combate contra o pessimismo de sua visão filosófica de mundo.

Os dois companheiros frequentam com assiduidade os círculos intelectuais. Em Berlim, fazem parte do grupo que se reúne em torno do filósofo Ludwig Haller. Também o frequentam o filósofo Paul Deussen, amigo de Nietzsche, o brilhante crítico Georg Brandes, Hermann Ebbinghaus (fundador da psicologia alemã) e Ferdinand Tönnies (um dos fundadores da sociologia). "A comunidade com a qual eu tinha sonhado realizou-se plenamente, através de um círculo de jovens homens de letras, a maior parte docentes. No decorrer dos anos, esse círculo ora se completava, ora trocava de filiados."[3] É preciso dizer que Lou é a mais jovem e a única mulher. Ela é chamada de "Excelência", título encontrado em seu passaporte, segundo o costume russo. Sua Excelência tem naturalmente uma "dama de honra", na pessoa de... Rée. É assim, de fato, que todos, e a própria Lou, chamam o fiel admirador, sem imaginar que essas brincadeiras alimentam a alienação de Rée. Sobretudo porque Lou desperta inúmeras paixões, suscitando o ciúme de seu companheiro: "O que é compreensível", explica o jovem Ludwig Hüter, "pois Lou Salomé é bela e encantadora. Se ela flerta, o faz inconscientemente, mas brinca com homens sérios e mais velhos, e o fato de dizer sempre o que pensa não é de todo anódino. Com suas observações, que talvez tenham uma intenção estética, mas frisam a sensualidade ingênua, ela pode colocar dois rivais um contra o outro".[4] Dentre os apaixonados recusados, estão Hermann Ebbinghaus e, sobretudo, Ferdinand Tönnies. Esse último, aos 26 anos, fora o secretário de Theodor Storm e um dos primeiros críticos que não conheceram pessoalmente o filósofo Nietzsche (ele escreverá, em 1897, *O culto de Nietzsche: uma crítica*). Ele conhecera Lou em Bayreuth, em 1882, por ocasião do *Parsifal*. Depois de declarar-se sem sucesso, ele se refugiara em Sils-Maria, a dois passos da pensão de Nietzsche, sem jamais ousar abordá-lo. Em Munique, repetira seus avanços junto a Lou: mais uma vez rejeitado, não se deixará abater, tornando-se um amigo fiel. O procurador berlinense Max Heinemann também conhece os tormentos de um amor desafortunado: apaixonado por Lou em 1885, em Celerina, na Alta Engadina, ele passara pela mesma fantasia fotográfica da "Trindade". Vemos, à frente de um fundo montanhoso, o pobre Heinemann como Hércules, obrigado por Ônfale-Lou a fiar-lhe a lã. É sabido o quanto os antigos gregos maldiziam a humilhação infligida ao semideus pela rainha da Lídia...

No entanto, é preciso dizer que os homens caíam sob o encanto de Lou em grande parte por razões intelectuais, no mínimo pela singular mistura de beleza e inteligência. É o caso de Deussen, que escreve quando da publicação de *Combate por Deus*, em 1884: "Devo confessar que meu amor por Lou se inflamou bruscamente ao ler seu livro. Meu amigo Ebbinghaus o chamou 'Fantasias de uma freira', mas encontrei neste livro muito espírito e foi por este espírito que me apaixonei".[5] Os talentos filosóficos de Lou também encontram uma geração de pensadores em plena mutação:

"Os grandes sistemas pós-kantianos, até as ramificações hegelianas para a direita e para a esquerda, não declinaram sem chocar-se de modo bastante sensível com o espírito contrário do século XIX, a chamada "era darwiniana". [...] Por isso, poder-se-ia quase falar de um período *heroico* para aqueles que se interessavam então pela filosofia. [...] A própria alma humana passou a ser objeto de sondagem e ela se prestou mais à investigação".[6]

Lou está um pouco à frente de seus contemporâneos, por ter sido iniciada por Rée nos psicólogos ingleses, e mais ainda na "psicologia das profundezas" de seu mais temerário explorador: "Friedrich Nietzsche, como recoberto por um véu invisível, estava entre nós". Com isso, Lou von Salomé desmonta as expectativas dos homens, cujo estatuto intelectual não dispensa de preconceitos sexistas. Para Malwida von Meysenbug, que continua se preocupando com os estranhos costumes de sua antiga protegida, Ludwig Hüter responde com uma análise extremamente esclarecedora:

> Encontrei nela um tipo de mulher absolutamente diferente das que conheci até então. Mas deixe-me dizer-lhe imediatamente que cheguei a compreendê-la e respeitá-la. Acredito que a ansiedade da senhora talvez seja exagerada. Se existissem duas maneiras de entender o mundo, uma masculina e uma feminina, eu diria que Lou Salomé o entende como um homem. É o que há nela de surpreendente e interessante. O intelecto acredita poder fazer tudo, mas ele nada é sem o sentimento. Ambos governam a humanidade. O homem cria as formas, constrói a casa, e a mulher lhe dá calor e alegria. Encontro, portanto, uma criatura realmente feminina, charmosa, sedutora, que renuncia a todos os meios que uma mulher tem a sua disposição e utiliza, pelo contrário, com rigorosa exclusividade, as armas que um homem maneja

> na luta pela vida. Não há nela nenhum sinal de julgamento prematuro ou irrefletido, como na maioria das mulheres. A precisão e a clareza caracterizam, pelo contrário, cada palavra que pronuncia. Mas quanto mais seu caráter é preciso de um lado, mais parece unilateral de outro. É claro que há conversas sobre música, arte e poesia, mas estas são julgadas segundo um estranho critério: não pela pura alegria da beleza, pelo encantamento da forma, pela compreensão de um texto, pelo prazer poético daquilo que é passado com o coração e a alma... Não, em vez disso tudo, frias discussões filosóficas, muitas vezes, infelizmente, negativas e até mesmo destrutivas. E por trás dela há o dr. Rée, como Merck por trás de nosso grande poeta [Goethe], um personagem um tanto mefistofélico, que disseca tudo, racionaliza tudo.
>
> Mesmo assim, não posso acreditar que Lou Salomé se perderá nesse tipo de crítica. Ela não tem inclinação para o que chamamos de argumentação. Com sua maravilhosa clareza de espírito, ela tenta pregar o ideal de todos os homens. Ela é movida pelo amor da verdade e não pelo prazer de argumentar. A senhora teme que seu espírito crítico não tenha precedência sobre seus ideais. Seu espírito crítico e suas expressões são, é verdade, quase inquietantes. Porém, lembre-se de que ela é encantadora demais, generosa e bondosa demais para que sua fria inteligência suprima sua humanidade. Acredito-a no bom caminho, mas também penso que, cedo ou tarde, haverá uma reação contra a maneira unilateral como ela se posicionou nesse caminho. Se isso levar ao desabrochar de suas características femininas, algo de excelente acontecerá com essa jovem ricamente dotada.[7]

Essa descrição da personalidade de Lou é importante por comprometer, como que apesar de seu autor, uma ideologia dos sexos de vida coesa. Tanto no passado como ainda hoje, muitas vezes a partição do masculino e do feminino acontece segundo sistemas de oposições naturalistas: à mulher cabe a interioridade, a intimidade, a subjetividade, a doçura calorosa do sentimento, a esfera privada; ao homem é conferida a esfera da palavra pública, a objetividade, a agressividade fria do pensamento. A posição que Lou sustentará por muito tempo, sobretudo em suas ficções, não se liberta completamente dessas linhas divisórias. Mas há um "feminismo pragmático"* que emana da própria vida da mulher e embaça as fronteiras, avança sobre os domínios masculinos. Todos concordam em reconhecer que Lou pensa "como um homem", e conquista sobre eles a superioridade conferida por seu "instinto feminino". Sua "frieza", que em geral é alinhada com a frigidez, é aqui a própria força da inteligência analítica; seu "ardor" é aqui a própria força da grande atividade sintética de pensamento. E análise e síntese, para dizer de forma sucinta, são faculdades do pensamento e não dos sexos. Por certo os mais desconfiados chegarão a se perguntar se Lou von Salomé não seria uma espécie de hermafrodita condenada à virgindade; no entanto, o que está em jogo nesta "virilização" é, de fato, a destruição da visão naturalizante do sexo feminino em benefício de uma atuação de gênero, no sentido utilizado pelos estudos de gênero, os gender studies. Lou brinca com os gêneros, buscando em cada sexo o que lhe serve para a verdade, o poder e a felicidade. Em 1912, Helene Klingenberg recorda: "Ela estava sempre pronta a se voltar em direção à vida, corajosa e sempre aberta a suas alegrias e sofrimentos, uma sedutora mistura de gravidade masculina, entusiasmo infantil e ardor feminino".[8]

Durante o verão, Lou e Paul Rée estão às margens do lago de Tegern, na Baviera, onde se encontram com... Hendrik Gillot. Rée estava avisado de que penetraria, com Lou, num universo em que assumiria a responsabilidade de continuidade com o pastor de decisiva influência. Em Tautenburg, Lou dissera a Paul Rée que ao escrever um diário para ele, apenas continuava o que destinara a Gillot. Não devemos ignorar um certo fundo de crueldade na

---

* Tomamos esse conceito emprestado de G. Bantegnie, Y. Benahmed Daho, J. Sorman e S. Vincent, autores de *Quatorze femmes. Pour un féminisme pragmatique*, Paris, Gallimard, 2007. (N.A.)

organização dessa temporada em comum: reunir os dois homens proporciona a Lou um "prazer particular". Ela quer associar da maneira mais ambígua possível o passado e o presente, verificar a existência tranquilizante de uma continuidade, mas mais ainda experimentar a possibilidade de uma simultaneidade. Trata-se um pouco do que Bergson concebe como a memória, em *O pensamento e o movente*, uma coexistência virtual do passado e do presente: "[...] seja porque o presente encerra de maneira nítida a imagem sempre crescente do passado, seja antes porque ele atesta, com sua contínua mudança de qualidade, a carga sempre mais pesada que carregamos à medida que envelhecemos".[9] Mas Lou não administra muito bem a audaciosa experiência em que ela se compraz: verdadeiramente obcecada por Gillot, ela sonha bastante com ele à noite, a ponto de, em uma manhã, ao acordar, vendo Rée entrar em seu quarto, o tomar pelo outro; sua confusão é apenas outra crueldade para com Rée. E, de fato, a situação se deteriora: Rée é consumido pelo ciúme. Apesar de Lou lhe ser necessária, ela fatalmente o ilude: ele a apelida de "marechal Moltke", por causa de suas conquistas, ou ainda de "sra. Runze in spe", em potencial, fazendo alusão ao teólogo que outrora chamava de "grande conselheiro confuso". Certo afastamento intelectual se manifesta concomitante às tensões pessoais. Rée trabalha em sua nova obra, *As origens da consciência*. Lou o considera limitado por um pensamento "de um utilitarismo algo limitado".[10] A maturação filosófica dela, que se revelará de maneira brilhante em sua obra sobre Nietzsche, a obriga às mesmas distâncias desse último em relação ao antigo companheiro de ideias. Por outro lado, no início de 1885, a publicação de *Combate por Deus* proporciona a Lou um sucesso imediato e os elogios de seu meio. Sem dúvida o sucesso fácil de Lou remete Rée a seus constantes fracassos: sua candidatura para a Universidade de Estrasburgo acaba de ser recusada de novo. Nenhum afastamento possível, nenhuma carreira universitária no horizonte. O fato é que Rée não aguenta mais: em janeiro de 1886 ele decide alugar uma residência no outro lado da cidade, que chamará de seu "quarto de desterro". Lou se preocupa com ele, o vê deprimido, extenuado, com ódio de si mesmo. No entanto, ela não tem consciência, ou não quer expressá-la, de sua responsabilidade na condição preocupante do amigo. Mais do que isso, ela não tardará a lhe dar o golpe de misericórdia.

Em 1º de novembro de 1886, para surpresa geral, acontece o noivado da srta. Von Salomé com o sr. Friedrich Carl Andreas. O acontecimento é repentino: Malwida, estupefata, conhece o nome do feliz eleito pela participação de noivado. A seis meses do casamento, a sra. Von Salomé suplicará explicações sobre a escolha da filha. Rée é atingido como que por um raio.

"Quando fiquei noiva, essa circunstância não precisaria necessariamente causar mudança em nossa ligação. Meu marido estava de acordo com esse estado de fato, que era alguma coisa absolutamente indemovível. Paul Rée acreditava que meu noivado desmoronaria, mas o que lhe faltava em demasia era crer que se pudesse verdadeiramente amá-lo. E ele só se esquecia de que fora recusado em Roma, porque a realidade continuamente lhe provava o contrário. Assim, apesar da franqueza com que nos explicamos face a face (ele se dispôs a não ver meu marido e a não lhe falar, ao menos durante um certo tempo), um mal-entendido subsistiu entre nós."[11]

Na primavera de 1887, depois de uma longa noite de discussões extremamente tensas, Paul Rée foge ao alvorecer, deixando o seguinte bilhete sobre a mesa: "Tenha piedade, não procure". Ela nunca mais voltará a vê-lo. Essa partida e essa ruptura ficam gravadas "em letras de fogo" na memória de Lou. Em 1918, ela confidencia a Fritz Mauthner que cada evocação de Rée provoca nela um repentino soluço. Ela fala sobre ele com profunda gratidão: "Paul Rée era um ser pouco humano, quase um anjo [...]

e foi uma felicidade minha encontrar em meu caminho natureza tão angelical". O remorso do fracasso de uma amizade ideal percorre, por muito tempo ainda, as páginas de sua autobiografia. Nesta, ela relata um sonho que teve um dia, sonho assustador que expõe tanto a presença de Rée na mente de Lou quanto a pulsão de destruição que animava esse homem:

> Eu me encontrava em companhia de nossos amigos que gritavam, alegremente, que Paul Rée estava entre nós. Olhei-os e, não o encontrando, dirigi-me ao vestiário, onde eles tinham pendurado seus casacos. Meu olhar recaiu sobre um homem gordo e desconhecido, que, atrás dos casacos, estava tranquilamente sentado, com as mãos cruzadas. O excesso de gordura, que tornava seu rosto irreconhecível e quase lhe fechava os olhos, recobria seus traços como uma máscara mortuária feita de carne. Satisfeito, ele disse: "Não é verdade que *assim* ninguém me achará?".[12]

Ainda em *Minha vida* (mas já numa carta para Tönnies, de 7 de janeiro de 1904), Lou lamenta que Paul, nascido e morto cedo demais, não tenha conhecido Freud. Não apenas a psicanálise poderia tê-lo salvo, como teria encontrado nele um dos raros eleitos "destinados a servir essa grande causa do novo século". Ele teria ao mesmo tempo encontrado a salvação psíquica e o desabrochar de suas forças intelectuais. Mas Rée se tornara um morto entre os vivos. Ele mesmo dizia isso a Lou. Numa carta a Malwida, de 1884, Nietzsche pronunciara o mesmo veredicto: "No que concerne Rée, ele me parece cada vez mais como uma pessoa cuja chama vital está semiapagada".[13]

Lou nunca falou muito sobre as circunstâncias de seu encontro com Friedrich Carl Andreas. Provavelmente o vê pela primeira vez numa pensão berlinense na qual Andreas dá aulas de alemão para oficiais turcos. Ele tem quarenta anos; diplomado em línguas orientais, está aguardando sua nomeação para uma cátedra na Universidade de Berlim.

Suas primeiras cartas a Lou, entre agosto e setembro de 1886, são bastante convencionais e desenvolvem uma retórica amorosa discreta o suficiente para que Lou jamais sinta a necessidade de destruí-las. Mas logo ele se revela desconfiado, ciumento, e expressa um medo do abandono. Ele é um homem cujas origens e cuja vida são inteiramente determinadas pelo distante e pelo longínquo. Seu avô materno, o doutor Waitz, de origem norte-alemã, fora especialista em doenças tropicais infantis. Estabelecido na ilha de Java, casara com uma malásia. Sua filha casara com um armênio de Isfahan, descendente de uma família de príncipes iraniana do ramo dos Bragatuni. Devido a conflitos familiares, ele fora, segundo o costume iraniano, destituído de seu nome e tomara o patronímico Andreas. O casal se estabelecera à frente de uma plantação. De sua união nascera, em 1846, em Jacarta, o pequeno Fred-Charles (somente mais tarde ele se fará chamar de Friedrich Carl). Em 1852, a família emigra para Hamburgo. O menino é um aluno brilhante: depois de um liceu genebrino, o jovem frequenta as universidades alemãs de Halle, Erlangen, Göttingen, Leipzig; ele conclui em Copenhague seu doutorado sobre os manuscritos persas em 1868. Depois da guerra de 1870, em que participa da batalha de Mans, obtém um cargo de professor na Universidade de Kiel, para a qual trabalha com a língua pahlavi (médio persa). Financiado pelo governo prussiano, inicia uma expedição para a Pérsia em 1875 e é recebido como perito em epigrafia e arqueologia. Mas uma epidemia de cólera o reterá por seis meses na Índia, em Bombaim, onde estuda o zoroastrismo. Ao chegar finalmente à Pérsia, a expedição está quase encerrada e Bismarck o chama de volta para a Alemanha. Ele resiste, implora ao príncipe herdeiro Frederico Guilherme, mas em vão: sua remuneração é suspensa. Andreas decide ficar mesmo assim, por sua conta, e sua estadia durará até 1882. Convidado algumas vezes à corte de Isfahan, nela exerce seus múltiplos talentos: arqueologia, botânica, linguística, história e geografia. Ele é também um pouco médico, e a eficácia de seus remédios, apesar de pouco ortodoxos, lhe vale uma reputação de sábio, até mesmo de mágico. Ele vive a vida nômade dos beduínos e atravessa os desertos do Sul. Ao voltar para Berlim, depois de seis anos de expedição e apesar de sua sólida reputação de melhor iranólogo do país, ele se vê sem emprego. Ele dá aulas particulares e goza de grande prestígio junto a seus alunos, que admiram seu carisma. Esse prestígio, aliás, o seguirá sempre, mas será paradoxalmente inócuo em termos de carreira profissional. Sempre à espera de um futuro brilhante, ele continuará sonhando, aos setenta anos, com um amplo trabalho que seria sua grande obra e que jamais será publicado.

Lou e Friedrich Carl se casam no civil em 14 de junho de 1887, na prefeitura de Tempelhof, subúrbio berlinense. São poucos os convidados, e não há festa. As duas mães, viúvas, estão presentes, bem como a tia Caroline. As testemunhas do noivo são Dedeo Hermann, seu meio-irmão, e Franz Stolze, um amigo conhecido no deserto. Lou considera a cerimônia absurda, não queria que sua mãe se deslocasse e não enviara nenhuma participação de casamento. A cerimônia religiosa é mais estranha ainda – é celebrada pelo pastor Gillot em Zantpoort –, como a confirmação de Lou... Gillot não está em sua melhor disposição para celebrar a união, e Lou não hesita em recorrer à chantagem: se ele recusar, ela irá casar em São Petersburgo, na paróquia do pastor, e com isso o exporá de novo a rumores recém-abafados que cercam a antiga relação deles. Em Zantpoort, o público é mais esparso ainda: a mãe de Lou está em tratamento em Karlsbad, a de Friedrich Carl está imobilizada devido a uma luxação, e Caroline está retida em Hamburgo por uma morte. Em seu vestido de noiva, que se reduz a uma roupa de lã simples e um buquê colhido pelo noivo, Lou ouve a homilia de Gillot – este não escolhe nenhuma passagem das Escrituras, mas um excerto de *Combate por Deus*! Lou coloca em cena uma espécie de transmissão de poderes: o pacto intelectual e casto que a unia a Gillot é transmitido a Andreas, pois ela o fizera prometer que eles nunca teriam filhos. Andreas de bom grado aceitara, talvez acreditando que esse capricho passaria.

Ele pagaria um preço amargo por seu juramento. Às vésperas do noivado, uma discussão cujo conteúdo ignoramos já o levara a um gesto desesperado: segurando diante da esposa o canivete que nunca abandonava, atinge seu próprio peito. Diante das suspeitas do médico, que acusa Lou em meias palavras de ser uma assassina, o caso é abafado. Teria sido o gesto um último protesto às exigências desumanas de sua futura esposa? Em outra ocasião, nos primeiros tempos do casamento, um incidente perturbador e significativo acontece, relatado por Lou em suas memórias:

> Uma tarde meu marido tinha-se deitado num divã sobre o qual eu repousava, dormindo profundamente.
>
> Talvez fosse um repentino impulso de surpreender, de conquistar, que o induziu a isso. De qualquer modo, não acordei imediatamente. O que me despertou parece ter sido um ruído; um som débil, mas de tonalidade tão veemente e estranha que me pareceu vindo do infinito, de outro mundo.
>
> E eu experimentava também a sensação de não ter meus braços comigo, mas em algum outro lugar distante de mim. Então, abriram-se-me os olhos: meus braços rodeavam firmes um pescoço. E minhas mãos o envolviam com forte pressão, estrangulando-o. O som era um estertor.
>
> O que vi, olhos nos olhos, muito perto de mim, inesquecível para toda a vida, um rosto...[14]

Não sabemos o que pensar da extrema violência desse episódio. Em todo caso, parece que a castidade de Lou foi mais do que uma decisão consciente e decidida com maturidade, como consequência de suas concepções do amor e do casamento. Tudo em seu ser resiste, na época, ao ato sexual, inclusive nos meandros de seu inconsciente. A confusão de suas explicações sobre a decisão de casar corrobora o complexo e informulável nó de que ela é a manifestação. "O que é de natureza elementar e íntima não expressa nada sobre si mesmo. Assim, o que é essencial continua não expresso." É com essas palavras que inicia o último capítulo de *Minha vida*, escrito posteriormente (1933) com muitas dificuldades e hesitações. Ele fala do casamento com Andreas. Voltando ao mal-entendido com Rée, ela lamenta que ele não tenha estado presente no momento em que mais precisara dele, justamente no momento do casamento: "De fato, a coação que se exerceu sobre mim quando dei esse passo irreversível não me separou dele, mas de mim mesma". Com isso, Lou não está falando de uma coação social: "Essa coação vinha da violência de um sentimento *irresistível* ao qual meu próprio marido sucumbiu. Irresistível porque primeiro não se manifestou com a violência de um instinto, mas foi desde o início um *fato real* tangível". Lou não está falando de uma paixão violenta. É muito difícil entender o que ela tenta dizer nas páginas que se seguem. Fora o próprio Friedrich Carl quem tornara irresistível essa coação e indissolúvel a união deles: ela aponta três traços característicos que, todos, levam à mesma conclusão. Primeiro, sua aparência física, que passava ao mesmo tempo um sentimento de força gigantesca e violenta, e de fragilidade comparável à tênue vida de um pássaro. Depois, sua relação com o mundo animal, esse mundo ainda-não-humano com o qual ele tinha uma intimidade baseada em compreensão instintiva. Por fim, uma eficácia ilimitada na realização de trabalhos minuciosos, e uma impotência silenciosa diante da realização global de objetivos a longo prazo. "Talvez por esse aspecto secretamente trágico ele se expressasse em parte em sua maneira de ser, que subjugava – como se ele dominasse totalmente a realidade e o que jamais poderia ser realizado." Um texto anterior, retirado de seu Diário e datado de 31 de outubro de 1888, lança um pouco mais de luz sobre essa coação misteriosa exercida por Andreas sobre sua mulher:

> Meu amor por meu marido começou – não posso expressá-lo de outra maneira – com uma exigência interior. Esta despertou a crítica, uma crítica até a dor. A dor estava ligada ao interesse que seu resultado possuía, enquanto que esse resultado era mais indiferente diante de Rée. Isso me parece totalmente natural. Há uma diferença entre buscar algo que vincule tão só amigavelmente ou algo que se apresente como *laços de casamento*. Pois, nesse último, não só está incluída a simpatia incomparavelmente maior, como também *a disposição de renunciar a si mesmo como ser individual*. [grifo nosso] [...] Não se trata absolutamente de um atar, mas sim de um estar atado – da questão: há em nós alguma coisa na qual, de fato, já estejamos casados – algo que está mais além de todos os interesses amigáveis, muito mais profundo e elevado, como uma altura comum a qual nós ambos queremos atingir? Trata-se portanto de se saber se já se faz parte um do outro (e não somente se um já pertence ao outro), e, na verdade, em um sentido quase religioso, ou, pelo menos, puramente ideal do termo.[15]

A coação consiste em perceber que outro indivíduo nos leva a ultrapassar nossa própria individualidade, não por uma alienação passional, mas por uma *crítica* que revela a verdade superior à individuação. Basta citar mais uma vez o que Lou escreve a propósito do nascimento:

E eis que fomos lançados ao nascimento, nos tornamos um pequeno fragmento desse Ser e devemos cuidar, a partir de então, para não sofrer outras amputações e para nos afirmarmos em relação ao mundo exterior que se ergue a nossa frente numa amplidão crescente, e no qual, deixando nossa absoluta plenitude, caímos como num vazio – que em primeiro lugar nos despojou.

O casamento se torna, assim, com a ajuda de uma racionalidade crítica duramente adquirida, uma decisão de reabsorver em parte a amputação existencial de cada indivíduo. A decisão de casar responde a uma exigência ética e ontológica, uma *ideia*. Portanto, a sexualidade não passa de uma ilusão grosseira quando levada em correlação com a união matrimonial: "Decerto o amor em si mesmo não é puramente ideal, mas – por Deus – nunca entendi por que as pessoas se casam quando se amam, sobretudo fisicamente".

Num ensaio importante datado de 1900, *Reflexões sobre o problema do amor*[16], Lou Andreas-Salomé desenvolve uma teoria que se inscreve no prolongamento de sua concepção íntima. Partindo (como Rée) do egoísmo fundamental de todo indivíduo, ela o estende ao altruísmo, que não passa de um "egotismo ampliado". Interesse egoísta ("quero ter tudo") ou altruísmo ("quero ser tudo") participam de uma mesma "aspiração secreta fundamental": "o desejo, do indivíduo, de possuir a totalidade da vida que o cerca, de entrar nela, de ser invadido por ela". Ora, todas as relações eróticas derivam desse desejo fundamental. No entanto, "a vida sexual, em nós, se localizou com tanta precisão no corpo e se isolou das demais funções quanto, por exemplo, a digestão no estômago". A paixão sensual, incompleta e parcial é assim relegada à forma mais baixa, não moral mas fisiologicamente, de acesso à totalidade. Pois na medida em que se chega à vida total, o amor se espiritualiza: "A cada olhar que lançamos sem preconceitos sobre a essência do erotismo, assistimos de certa forma a um espetáculo dos primeiros tempos, das origens – o nascimento pelo qual a vasta matriz universal da fisiologia engendra a vida psíquica, em todo seu esplendor". Uma paixão sensual com a ilusão de realizar-se no cotidiano conjugal, tal qual uma "Cinderela", só levaria a amargas decepções: "Vida e amor se confundem, depois se fazem tristes concessões, cujo direito de continuar a existir eles precisam pagar". Eis argumentadas as razões profundas de por que a sexualidade e o casamento não podem ter nada em comum. A primeira é arranjo específico do corpo, o segundo é união ideal.

Com isso, surge a questão da fidelidade conjugal. Através dessas mesmas reflexões, o adultério necessariamente se coloca. Só podemos compreender a "frivolidade" de Lou quando considerada dentro de uma concepção global do amor, dos encontros e das relações. Alguns anos mais tarde, no *Diário de um ano* (1912-1913), que ela manterá no momento de seu encontro com Freud e a psicanálise, Lou dedicará um capítulo inteiro à infidelidade. Nele, formula mais claramente uma visão que se afirma de maneira tácita a partir do casamento com Andreas, e mesmo antes, em sua relação com Rée, e que é tratada junto da união física e espiritual:

> Uma vez, durante uma conversa, Tausk [discípulo de Freud] disse que as faculdades espirituais de uma mulher, o "unir-se espiritualmente muitas vezes", eram uma espécie de poliandria elaborada (sublimada). (Talvez a falta de ciúme entre na mesma categoria e provenha de uma incompreensão de laços duradouros para si.) No entanto, às vezes podemos observar duas particularidades: em primeiro lugar, que indivíduos que não são "fiéis" não abandonam, apesar disso, um indivíduo por outro, mas *com frequência obedecem ao impulso de voltarem a si mesmos* e, partindo disso, a toda hora, como surgidos do espaço, reaparecem entre os homens. É por isso que sua infidelidade não é uma traição. Mas, em segundo lugar, o fato de nos separarmos de indivíduos aos quais nos ligamos não necessariamente precisa ser considerado um gesto de abandono – melhor, pode perfeitamente ser um gesto de respeito que os devolve ao todo; não se trata, portanto, de uma recusa por eles serem limitados ou insuficientes, mas de posicioná-los nos infinitos encadeamentos que imediatamente se fecham atrás deles e os acolhem em sua grandeza.[17]

Essa afirmação de liberdade se combina de maneira complexa, em Lou, com certa dimensão masoquista da relação matrimonial, que é como a manifestação extrema do doar-se, da renúncia à individuação, a "crítica até a dor". A submissão voluntária da esposa será o tema dominante e perturbador de uma novela publicada em 1898, *Uma longa dissipação*, que inicia com uma recordação de infância que evoca a ama de leite apanhando do marido, ao qual se submete com humildade. A narradora, Adine, é noiva de Benno. Ela sente que o laço que a liga a essa figura masculina (que mais uma vez apresenta várias características de Gillot) não é de amor. Trata-se de uma decisão consciente e dolorosa, cujo primeiro efeito é a renúncia à arte, sua verdadeira paixão. A doação matrimonial de si "tem os traços misteriosos do martírio e da ascese". A natureza masoquista da relação é explicitada pela seguinte confissão da personagem:

> Quanto mais eu me sentia incapaz de entender o que ele queria de mim, mais ele me parecia infalível e autoritário, e acreditei só poder merecer seu amor através de vitórias sobre mim mesma.
> Nesse estado de submissão violenta, doçura e sofrimento se mesclavam ao fluxo de minha paixão, com uma espécie de horror. Com certeza isso não acontece quando uma mulher é de fato muito inferior ao homem. Mas se não, isso pode se tornar um perigoso estimulante do amor, uma tão fantástica excitação dos nervos que o equilíbrio da alma se vê necessariamente destruído.[18]

Os romances são o que são, eles manifestam algumas linhas puras da inextricável complexidade da vida real. Podemos apenas constatar, em Lou, a propensão para a liberdade incondicional, a reivindicação da união livre (duplamente livre, expressa pela castidade ou pelo adultério) e, ao mesmo tempo, certo masoquismo da relação matrimonial, uma submissão ascética nos limites do intolerável. Nos dois casos, no entanto, trata-se de uma decisão *crítica*, concebida para testar os limites e a superação da individualidade, todo um gerenciamento de si que tem menos relação com a neurose do que com uma experimentação em que se manifesta uma saúde paradoxal.

Em Berlim, os esposos moram no apartamento de Friedrich Carl. Eles têm um gabinete em comum, mas quartos separados. Não conhecemos diários do período, mas em suas recordações Lou guarda desses dias a imagem de uma felicidade doméstica pura, enquanto o amor de seu marido lhe parece inesgotável. Ela admira sua proximidade com o mundo animal, já o dissemos, e dá um exemplo em *Minha vida*: completamente nu, ele se aproximava do cachorro deles escondido, como um predador, com uma habilidade que surpreendia o animal e o impedia de reconhecer seu dono naquela fera estranha. Ele também sabe imitar o canto de qualquer pássaro, dom que aprendeu em suas viagens. Friedrich Carl empresta ao estilo de vida de Lou uma nova tonalidade, também influenciada por sua vida de explorador. A jovem esposa se converte ao vegetarianismo, usa roupas de lã crua, permanece quase sempre de pés descalços, ávida de ar puro e frescor. Sem dúvida essa vida menos citadina dará a Lou melhores armas para atravessar, mais tarde, as rudes paisagens das campinas russas. Não sabemos o que pensar da imagem quase pastoral desses primeiros meses de casamento. Ela não se harmoniza direito com a pressão extrema exercida sobre Andreas e seus desejos, com o ferimento no peito que mantém viva a lembrança da mais violenta paixão, com a recusa cheia de pânico de Lou de deixá-lo aproximar-se... Talvez esses dias tenham sido a calmaria depois da tempestade. Talvez Andreas tenha assumido a necessidade do grande sacrifício que lhe fora exigido, para que aquele casamento fosse simplesmente possível. Talvez a felicidade doméstica aceite compromissos inevitáveis e violências surdas que a pressupõem. Em todo caso, Lou acredita na legitimidade de seu compromisso naquela forma. Esse casamento "branco" não deixa de gerar rumores e intrigas: Lou fica indignada e repete a quem quiser ouvi-la que a dimensão sexual do amor é ridiculamente superestimada. O casal viaja, vai para os Países Baixos, pois Andreas às vezes trabalha na Universidade de Leiden, ou organiza uma excursão pelo Harz. Falam até mesmo de uma expedição ao Oriente, que permanecerá um projeto. Em março de 1888, Lou e Friedrich Carl se mudam para Tempelhof, nos subúrbios de Berlim, para morar numa casa com jardim. Apesar do novo conforto, o casal leva "uma vida de cão", junto, aliás, de Leo e Lotte, dois cachorros que nessa época são suas únicas companhias. Andreas volta-se para dentro de si: não poupa esforços em pesquisa, mas pouco a pouco tudo o afasta da universidade. Em 1889, perde a cátedra de línguas orientais na universidade de Berlim; será excluído definitivamente da universidade em 1891. Algo escondido em Lou sugere um balanço e uma renovação. Certa nostalgia do passado se manifesta na necessidade de classificar seus papéis (as cartas de sua prima Emma, de Gillot, de Rée e de Nietzsche, fotografias), também na aproximação sensível e na afeição redescoberta pela mãe e, através dela, pela Rússia. Mas novas forças estão em ação: a classificação da correspondência com Nietzsche dá início ao trabalho sobre o filósofo (cujo colapso psíquico ocorre em 1889); de artigo em artigo a redação levará à monografia de 1894; a leitura das peças de Ibsen, que Andreas traduzira para ela, desembocará num ensaio coerente que ela pela primeira vez assinará, orgulhosa, com o nome de Lou Andreas-Salomé. O inverno de 1890, bastante moroso, não deixa de ser, no entanto, o prelúdio para uma vida social e intelectual reencontrada, em que Lou de novo mergulhará "entre os homens".

> E ficar imóvel na invernal paisagem
> Esperando a primavera me chamar.[19]

"Lou se torna um pouco mulher" (1890-1897)

Em 1890, Lou e Friedrich Carl aderem à Associação do Théâtre-Libre. Esta acabava de ser criada em Berlim, nos moldes da associação parisiense, fundada em 1887 por André Antoine. O Théâtre-Libre francês promovia o teatro naturalista, inspirado nas teorias de Zola, rejeitadas na totalidade pelo Odéon ou pela Comédie-Française. A associação berlinense, fundada entre outros por Bruno Wille, Wilhelm Bölsche e Otto Brahm, tenta confundir a censura prussiana que assola o naturalismo europeu: encena-se Tolstói, Strindberg e Ibsen. O Théâtre-Libre está em contato direto com o Círculo de Poetas de Friedrichshagen, graças a Wille e Bölsche, que também são fundadores deste. Essa colônia de artistas, no sudeste de Berlim, reúne de maneira informal escritores, pintores e cientistas em torno de questões estéticas e sociais do naturalismo.

O propósito do Círculo de Poetas de Friedrichshagen consistia na ligação entre os seguintes temas: a solidão campestre à margem da agitação das metrópoles, boemia literária, ideias sociais e anarquistas, louca ambição de levar uma vida livre e sem privilégio, camaradagem entre intelectuais e operários entusiastas, mas também com a burguesia esclarecida, um amor criativo pela arte, ligada à sociologia, às ciências naturais, à filosofia e à religião.[1]

Podem ser encontrados em Friedrichshagen, sempre de passagem, Gustav Landauer, Julius e Heinrich Hart, Richard Dehmel e August Strindberg, os pintores Leistikow e Fidus. Mas a figura central será Gerhart Hauptmann (1862-1946), um dos mais importantes dramaturgos naturalistas em língua alemã (que ganhará o prêmio Nobel em 1912). Como Lou tinha o costume de destruir as cartas mais íntimas, não sabemos exatamente o teor do laço que manteve com Hauptmann. Restou-nos apenas um bilhete, assinado "Gerhart": "Querida e admirável mulher, é preciso que você me permita vir!". O tom, em todo caso, é exaltado. Talvez um personagem de Hauptmann, em *As almas solitárias* [*Einsame Menschen*], que escreve em 1891, reflita a influência de Lou sobre o dramaturgo: uma senhorita espirituosa e charmosa, Anna Mahr, entra na vida de Vockerrat, um jovem artista que se sente incompreendido. O modelo é transparente: de origem báltica, ela estudara filosofia em Zurique. Sua presença será extremamente estimulante para Vockerrat; mas a partida de Anna o fará mergulhar na loucura e o levará ao suicídio. A paixão de Hauptmann por Lou, apesar de não ter deixado vestígios epistolares, parece se revelar na ficção. Rilke faz um belo retrato do dramaturgo em seu diário de 1900:

> Um pouco de fadiga nas pálpebras e nas comissuras dos lábios. Mas os olhos, lá embaixo, são claros e sonhadores, como lagos tranquilos por onde passa a sombra das nuvens, e a boca ligeiramente caída ainda segue com graça e suavidade os mais sutis movimentos das palavras.[2]

Lou também faz amizade com Wilhelm Bölsche, que tem a mesma idade e exercerá uma influência inegável sobre ela. Crítico e romancista, ele também é um naturalista engajado na difusão do darwinismo. Na época em que se conhecem, ele está preparando um amplo estudo sobre a *Vida erótica na natureza*, que mais tarde Freud louvará como um "livro precioso" em sua *Introdução à psicanálise*. Ele expõe uma teoria do "amor" generalizado a todos os estágios da vida biológica; atribui ao menor bacilo, à menor célula, uma forma de "consciência", uma *psyché* dotada de memória. Lou comenta a obra de Bölsche em seu ensaio de 1898, *O amor físico*. Ela necessita, de fato, de uma concepção infraindividual do desejo, prolongada à natureza inteira, que alie sua problemática da individuação à da união com o todo.

Graças a Bölsche, Lou e o marido são introduzidos nesse círculo, onde a jovem mais uma vez desperta admiração. Logo, a seu pedido (para melhorar a situação financeira do casal, bastante precária já que Andreas não é titular de nenhum cargo), é convidada a colaborar com diferentes revistas literárias: primeiramente, na jovem *Tribuna Livre* (*Die Freie Bühne*) e no venerável *Jornal de Voss* (*Vossiche Zeitung*). Nas colunas da *Tribuna livre*, órgão ligado ao Théâtre-Libre, Lou publica, em 10 e 17 de setembro, um primeiro estudo sobre Ibsen (que prenuncia a obra futura, *Figuras femininas em Ibsen*), depois, em janeiro de 1891, os primeiros artigos sobre Nietzsche, que depois serão integrados a sua monografia. Nos dois casos, os artigos conduzirão a obras mais amplas; nos dois casos, essas publicações serão acolhidas com entusiasmo e admiração. A monografia dedicada a Ibsen, publicada em 1892, é o segundo livro publicado por Lou depois de *Combate por Deus* (1885), e o primeiro ensaio. Trata-se de uma obra de mestre. A força da análise, a beleza do estilo e a modernidade do olhar conquistam a admiração de seus primeiros leitores. Além do entusiasmo de Wilhelm Bölsche, não são poucas as críticas elogiosas. Em vários aspectos a obra sobre Ibsen marca uma etapa significativa.

Ibsen não era um desconhecido das vanguardas literárias alemãs; o sucesso do dramaturgo norueguês na Alemanha culminara com a representação de Espectros, em 1889, no palco do Théâtre-Libre. Os críticos europeus logo focaram no tema da mulher no teatro de Ibsen, talvez porque suas personagens femininas encarnavam justamente a insuportável tensão entre o ideal e a realidade, entre as aspirações à liberdade e a alienação burguesa. As peças de Ibsen são dramas do confinamento doméstico e do jugo matrimonial. Nada surpreendente, portanto, que a problemática chamasse a atenção de Lou. Seu marido foi o primeiro a apresentar-lhe esse teatro, pois lera o original e arranjara tempo para traduzir as peças para Lou, antes da publicação, durante longas sessões de leitura. Os laços do casal com a Associação do Théâtre-Libre os aproximam de Ibsen, e Lou se lembra em *Minha vida*: "Os dois 'Théâtres-Libres' foram criados, um conseguiu se impor, Brahm assumindo com Ibsen e Hauptmann a frente de uma corrente cujo sucesso se confirmava". A obra de Lou Andreas-Salomé (ela publica pela primeira vez com esse nome) consiste na análise de personagens femininos de seis peças de Ibsen, que ela escolhe por seu caráter de "dramas familiares"*. Lou inicia o livro com "um conto como introdução". Retomando o tema de *O pato selvagem*, ela descreve um viveiro de aves na mansarda de uma casa. Entre galinhas e pombos, há um pato selvagem, uma ave "verdadeiramente selvagem". Lou faz então a pergunta: "Um pato selvagem numa mansarda será necessariamente uma tragédia?". E enumera depois os seis destinos possíveis para esse animal em semelhante situação de clausura, sendo que cada destino corresponde ao de cada personagem feminino estudado. Ao fazer isso, ela produz verdadeiros retratos psicológicos, que Theodor Heuss (futuro primeiro presidente da República Federal Alemã) qualificará em 1908 de "psicogramas". O estudo feito por Lou é revelador de pelo menos dois traços fundamentais. O primeiro chama a atenção logo de início: o estilo é superior, e seu espírito de uma elegante pertinência. Entre o relato ficcional e a análise psicológica, Lou demonstra toda uma capacidade de síntese e de evocação, bastante penetrante para iluminar a leitura de Ibsen e aberta o suficiente para levar o leitor a mobilizar toda sua inteligência. Mais uma vez, percebemos

---

* Trata-se de *Casa de bonecas* (1879), *Espectros* (1881), *O pato selvagem* (1884), *Rosmersholm* (1886), *A dama do mar* (1888) e *Hedda Gabler* (1890). (N.A.)

o benefício do convívio com Nietzsche, e também a predisposição premonitória da psicanálise. Mas ficamos impressionados, acima de tudo, pela autonomia intelectual da jovem mulher, que invoca apenas seu próprio entendimento das situações e das almas. O segundo traço nos esclarece sobre sua visão da mulher. Apesar de Lou ser uma "mulher moderna" (expressão usada por Bölsche ao ler seu estudo), não pode ser classificada entre as "feministas" pois, quando critica o casamento, o faz à medida que ele se mostra medíocre e não consegue se tornar para a esposa o quadro de um projeto ou de um ideal. As mulheres casadas são infelizes quando são incapazes de conciliar ideal e realidade, de fazer nascer o ideal na própria realidade. Ora, a mulher, esse pato selvagem caracterizado pelo instinto de liberdade, está destinada a transcender seu estado social pela riqueza de sua vida interior. Combate estranho e doloroso, com e contra o esposo, mas um combate no qual Lou embarcara por conta própria e com rara coerência. Toda sua produção literária, de ficção ou ensaística, terá como função enumerar as manifestações dessa exigência extrema no contexto de uma alienação consentida. Não é o momento de fazer um julgamento sobre a parte de estagnação social implicada em tal concepção da feminilidade. Em todo caso, não é fora, mas dentro do próprio casamento que Lou conhece sua força de emancipação e utonomia. Alguns dirão que não é suficiente, mas é preciso reconhecer que seu casamento, sendo um quadro de experimentação quase ascética, em grande medida se esvazia de seu significado tradicional e burguês. Quem, entre Lou e Andreas, teria sido a verdadeira "vítima" da alienação matrimonial?

Logo um homem aparece para colocar à prova esses "laços indissolúveis" entre Lou e seu marido. O primeiro contato do desconhecido com a jovem mulher, na primavera de 1892, durante um dos inúmeros saraus berlinenses de seu círculo literário, não deixa de ser um pouco irônico: "Por que você não usa aliança?", se indignara o homem, cujo nome Lou nem mesmo conhecia. Trata-se de Georg Ledebour (1850-1947). Aos 42 anos, ele é jornalista e escreve para o Théâtre-Libre, depois de ter dirigido a publicação da Berliner Volkszeitung e colaborado com o célebre jornal social-democrata Vorwärts. Marxista engajado, organiza cursos de formação para operários berlinenses e seduz com seus talentos de orador, ora cruel, ora caloroso. Quando de seu encontro com Lou, acabara de cumprir uma pena de prisão, por dissidência. Espírito vivo, ele sem dúvida sentira em Lou o inextricável nó de suas coações ascéticas e matrimoniais. Abordar a jovem lembrando-a de seu dever de assinalar com uma aliança sua condição de esposa é uma estratégia ao mesmo tempo cruel e sutil. É preciso a intervenção de uma terceira pessoa bem-intencionada, que não deixa de lhe lembrar sua temporada nas prisões de Plötzensee, para que Ledebour não seja o único a marcar um ponto. "Não demoramos a nos tornar amigos, e depois de algumas semanas, ao voltarmos de uma reunião a que ambos tínhamos ido, ele me confessou seu amor, acrescentando as seguintes palavras, incompreensíveis para mim, mas que supostamente o desculpariam: 'Você não é uma mulher, é uma menina'."[3] O que ele queria dizer, e de que maneira essa observação desculparia sua declaração? Nos escritos de Lou não há nenhum indício de que ela tenha tido relações sexuais até então; aos 31 anos, parece firmemente apegada às uniões espirituais, e apenas em relação a Rilke ela mais tarde expressará a emoção da intensidade sexual. No entanto, não arriscamos a certeza de alguns biógrafos para quem a virgindade de Lou na época não é dúvida. Ninguém escreve tudo o que faz, e Lou Andreas-Salomé menos ainda. É impossível dizer até que ponto se manifestou a intimidade com Rée, e em que medida encontros furtivos sem qualquer compromisso espiritual não pontuaram sua juventude. Em todo caso, não há motivo para que Ledebour soubesse de alguma coisa; é de se pensar que a observação desse homem perspicaz poderia dizer respeito à insustentável posição de Lou no quadro de seu casamento. De tanto infligir-se coações ideais, ela deve ter manifestado uma perturbação desmesurada. Para que ainda faça alusão a isso, em *Minha vida*, com um desapego que não engana ninguém, Lou com certeza deve ter se apaixonado violentamente: "O temor que me inspirou essa incrível intuição superou qualquer outro sentimento, tanto que mais tarde não me dei conta exatamente de minhas disposições para com esse homem. Não é impossível que tenha sentido algo por ele". Talvez a contradição entre essa perturbação e os princípios severos de uma indissolúvel união matrimonial tenha feito Ledebour dizer que Lou era uma menina e não uma mulher; seja rechaçando-o ou cedendo a seus avanços, ele exige que ela o faça como uma mulher que usa um anel no dedo – esposa virtuosa ou mulher adúltera. Mas Lou recusa essa alternativa grosseira: "Os laços do sacramento e das instituições teriam pouco peso diante dos laços indissolúveis que, devido ao caráter e ao temperamento de meu marido, excluíam qualquer dissolução". O que foi vivido como insuportável e pueril pelo amante e pelo marido foi a dissociação radical entre a união espiritual e a instituição matrimonial, entre a violência do desejo deles e a da recusa. Pois para ambos o que estava em jogo era a consumação, não apenas como simples satisfação de um desejo frustrado, mas também como prova da realidade concreta da relação, casamento ou adultério. E, de fato, esse novo trio conhece violências extremas. "Os estados de agitação de meu marido, que não permanecia cego e, contudo, preferia a cegueira, decidido a apunhalar o outro, mas não a dirigir-lhe a palavra, dominavam completamente o quadro da situação." Quanto a Ledebour, ele logo se viu "as emoções e os temores que ele experimentava por minha causa agravavam seu estado até uma imoderação que afligia e torturava, ferindo-me ainda mais, como uma segunda violência".[4] Essa chaga dolorosa é a do intransponível mal-entendido entre Lou e os homens que a amaram, uma fatal mistura de ciúme, rivalidade e frustrações que nunca deixaram de esbarrar num rigoroso e incompreensível ideal. Sabe-se que, no dia da mudança de Tempelhof para Schmargendorf, Lou precisa enfrentar, no jardim, uma violenta explosão de Andreas, esgotado dos nervos. Pouco depois, durante um jantar na casa de Bölsche, em Friedrichshagen, Andreas e Ledebour se veem frente a frente: a tensão é tal entre os dois homens que a agressividade cria um incidente público. Depois de nove meses de uma relação tumultuosa, Lou, cedendo às exigências do marido e sem dúvida para seu grande alívio, se separa de Ledebour, sem que se saiba exatamente o que foi rompido nesse rompimento. Uma coisa é certa, em todo caso: Ledebour manterá um rancor feroz para com Lou, a ponto de mais de vinte anos depois, quando se tornar deputado socialista do Reichstag, lhe devolver através de seu secretário uma carta em que ela pedia ajuda para obter notícias de sua família russa, da qual está separada. No envelope, uma simples palavra: "recusada".

Lou, como sempre, ainda expressa gratidão no conflito, e amor na separação. Ledebour fora um meio para outra coisa, para outra busca: "Portanto, a força e a coragem no casamento só me vieram dele, e jamais me esqueci disso por um instante: era minha maneira de agradecer-lhe e amá-lo! Mas era uma maneira bastante particular: ela se expressava justamente pelo fato de que eu tirava força e coragem de uma renúncia que ele devia partilhar comigo".[5] No entanto, será preciso registrar o que foi revelado de seu casamento com essa ligação. Em Minha vida, apesar da afirmação reiterada de seus laços indissolúveis com Andreas, ela descreve uma profunda reviravolta na vida do casal.

> Esse episódio revelou o verdadeiro significado de nosso casamento, demonstrando que prosseguir a união, como até o momento havia sido, era humanamente impossível. Um divórcio no exterior, tanto antes quanto agora, estava fora de cogitação, pois o modo de pensar do meu marido excluía essa possibilidade, não porque ele tivesse esperança de que as coisas mudariam no futuro, nem porque estivesse convicto de que os erros do passado pudessem ser corrigidos, mas simplesmente pelo fato de ele ter-se fincado em algo irrefutavelmente *real*, presente. Sempre me permaneceu gravado o momento em que me disse: "Não posso deixar de *saber* que você é minha mulher".
>
> Depois de meses de dolorosa convivência, entremeados de separações que ajudaram a evitar a solidão a dois, ficou assentada a nova situação. Exteriormente nada havia mudado, por dentro, tudo.[6]

A ausência de relações sexuais continua no centro do problemático laço conjugal dos dois, a ponto de Lou ainda expressar, em suas recordações, seu desejo de que Andreas tivesse encontrado uma charmosa, deliciosa amante, "como um maravilhoso presente de Natal". Instaurou-se então entre os dois "um grande e inviolável silêncio", que jamais será rompido. Até a morte de Andreas, a brandura, a intimidade, a cumplicidade que mesmo assim reinaram entre eles, e que Lou evoca com emoção, só foram possíveis com esse silêncio, essa "solidão a dois".

Sem dúvida faltara a Lou, até então, poder colocar sua experiência e suas concepções da vida conjugal à prova de uma mulher capaz de entendê-la. Nem sua mãe, nem Malwida von Meysenbug tinham visões suficientemente progressistas nesse sentido para dispensar-lhe outra coisa além de conselhos edificantes. Algo diametralmente oposto se daria quando ela conhece Frieda von Bülow, em 1892. Ao mesmo tempo fundamentalmente diferente de Lou e suficientemente próxima para estimular nela um impulso de emancipação, a baronesa Frieda von Bülow é uma personagem ambígua. Nacionalista pangermanista, antissemita convicta, ela pregara a superioridade da raça branca e agira à sua maneira para a política imperialista de Bismarck. Seguindo os passos de seu amante Carl Peters (1856-1918), célebre colaborador da expansão alemã na África Oriental, cria ambulatórios e plantações nas regiões da atual Tanzânia, alternando suas expedições com conferências na Europa sobre as virtudes da colonização. Mas ela também é uma escritora de talento, uma inteligência vivaz e, acima de tudo, uma figura notável do feminismo. Frieda von Bülow nasce em Berlim, em 1857, numa família de antiga nobreza. Seu pai, Hugo, é conselheiro de legação no Consulado Alemão de Esmirna. Ela tem por sua irmã Margarete uma imensa afeição, e desde cedo elas partilham talento e paixão pela literatura. Com ela, Frieda vai estudar na Inglaterra, depois em Berlim. Que jovens alemãs façam estudos superiores, como vimos no caso de Lou, já é sinal de um progressismo audacioso. Frieda logo soma a este o de frequentar os círculos políticos femininos, e desenvolve uma sólida amizade com a professora Helene Lange, que em breve será a figura de destaque do movimento feminista alemão. Mas em 1884 a vida se turva para Frieda von Bülow: Margarete se afoga num lago gelado, ao tentar salvar uma criança que rompera a camada de gelo. Com a morte de Margarete, Frieda perde a extraordinária afinidade eletiva que a ligava à irmã. Esse luto impossível será trabalhado pela romancista no fim da vida, em *As irmãs. História de uma juventude* (1909). É justamente com a morte da irmã que Frieda von Bülow começa a se envolver nos negócios coloniais. É também o ano da Conferência do Congo, em que Bismarck se faz a ponta de lança da colonização europeia. Em 1885, Frieda conhece Carl Peters e se apaixona por ele. Peters era um dos defensores mais populares do estabelecimento de colônias na África e o cofundador da Sociedade para a Colonização Alemã. No ano seguinte, Frieda funda com o amante a Missão

Evangélica para a África Oriental Alemã. Ela e Martha von Pfeil são as duas únicas mulheres no comitê de direção, que conta com dezoito homens. No impulso da fundação, ela cria (sem Peters, mas com seu apoio) a Associação Nacional das Mulheres Alemãs para auxílio aos doentes nas colônias. Na África, dentro dos territórios, sua ação sanitarista acompanha a dominação diplomática e militar dos alemães. Longe de passar por simples enfermeira, a aristocrata se impõe como uma organizadora autoritária e a introdutora eficaz dos métodos mais modernos de tratamento. Por outro lado, esses ambulatórios são prioritariamente destinados aos colonos brancos, apesar de – em sua defesa – Frieda von Bülow não deixar de ampliar os cuidados aos negros e árabes colonizados. Sua temporada africana durará de maio de 1887 a abril de 1888. Paralelamente, Carl Peters estende as conquistas territoriais na região, com todos os meios possíveis de negociação e violência. Sua relação apaixonada com Frieda é rompida em dezembro de 1887, mas a troca de correspondência entre os dois continua. Aquele que começa a ser chamado na imprensa de "o homem com sangue nas mãos" exasperará tanto o Ministério das Relações Exteriores e o *Reichstag* com seu zelo feroz, que acabará sendo suspenso de suas funções; apesar de tudo, Frieda guardará admiração por ele e louvará seu "gênio" no romance *Na terra prometida* (1899). Este e outros textos e outros, e mais largamente as memórias de Carl Peters, serão recuperados em grande medida pela propaganda nazista. Mas, por enquanto, o escândalo em torno de Peters atinge Frieda, que é acusada de levar uma vida dispendiosa e corrompida. Dispensada de sua missão, é obrigada a voltar para a Alemanha. Retida em Bombaim por uma violenta crise de malária, acaba chegando a Freiburg em abril de 1888.

Quando de seu encontro com Lou, em 1892, em Paris, Frieda está passando por um período difícil. Sua mãe morrera no ano anterior, seu irmão Albrecht, militar, tombara no monte Kilimanjaro. Seu irmão Kuno, vítima de um amor infeliz, se suicidará no ano seguinte. De maio de 1893 a abril de 1894, a baronesa volta à África, onde assume depois de Albrecht a gestão de um palmeiral e de uma pedreira perto de Tanga. Primeira mulher a ter semelhante atividade, e apesar de alcançar certo sucesso, precisa renunciar à propriedade, informada pelo Ministério das Relações Exteriores que ainda não é da competência do Estado apoiar a propriedade privada na colônia africana. É ao voltar pela segunda vez da África que Frieda começa a se dedicar seriamente à escrita. Ela publica inúmeros ensaios, romances e novelas, combinando o gênero colonial (que contribui a criar em língua alemã) com uma temática feminista pronunciada: defesa da vida moderna e do amor livre pontuam uma reflexão sobre as relações entre homens e mulheres. Veremos surgir, depois dela, toda uma geração de escritoras interessadas em literatura ao mesmo tempo colonial e feminista, como Clara Brockmann, Ada Cramer, Margarethe von Eckenbrecher, Helene von Falkenhausen e Elsa Sonnenberg. Dito isso, a ideologia colonial em Frieda von Bülow nunca conduz a uma solidariedade entre as mulheres, para além das distinções de raça. Ela segue os velhos estereótipos de lascívia estupidificada das mulheres negras e não hesita em glorificar a superioridade da burguesa alemã. No entanto, se aceitarmos ignorar, por método, a indignidade de suas posições políticas, sua análise da feminilidade não deixa de apresentar certo progressismo na Alemanha conservadora da virada do século. Os títulos de suas obras de psicologia e de sociologia feminina sugerem a influência de seu encontro com Lou: romances como *Mulheres solitárias* (1897), *A mulher estilizada* (1902), *Fidelidade feminina* (1910), ou ensaios como *A mulher em sua individualidade sexual* (1897) e *O julgamento masculino sobre a poesia feminina* (1899). Apesar de frequentar os círculos literários vanguardistas (Hermann Bahr, Richard Beer-Hofmann e Hugo von Hofmannsthal), prefere o classicismo de Goethe ao *páthos* nietzschiano. Mesmo assim, Frieda qualifica sua amizade com Lou de "Domingo de sua existência", e a celebra numa coletânea de quatro textos: *As mais belas novelas de Frieda von Bülow sobre Lou Andreas-Salomé e outras mulheres*, que também evoca as personalidades de Helene Lange, Anita Augspurg e Sophia Goudstikker.

Sophia Goudstikker é uma feminista homossexual ativa em Munique sob o nome de "Puck". Frieda e Lou farão diversas viagens com ela. A companheira de "Puck", Anita Augspurg, é uma feminista militante a quem devemos a abertura em Zurique, em 1899, do primeiro escritório de assistência jurídica a mulheres. Puck, sua irmã Mathilde (que será uma importante correspondente de Rilke) e Anita abrem em Munique um estúdio de fotografia, o Studio Elvira, mantido pelo próprio rei Luís II. Nesse estúdio é tirada, em 1897, a famosa fotografia de Lou de perfil, vestida com um casaco de pele e musselina. Frieda faz o retrato de "Puck" numa novela de 1898, Tratemos de esquecer, assim como o de Lou um pouco depois, em Ronda das jovens: a personagem principal é uma jovem homossexual travesti, com o nome de Hans. Comparando as duas evocações, constatamos mais uma vez que Lou tem uma propensão para suavizar todo elemento concreto "provocante" em proveito de uma interioridade psíquica mais pronunciada. As duas amigas sempre têm debates violentos sobre a concepção da mulher. Lou opunha a Frieda – que pregava uma posição social firme, uma independência material e a possibilidade de fazer atividades geralmente legadas aos homens –, uma visão espiritual e introspectiva da liberdade feminina que não levava à provocação e ao escândalo. Diante das ambições profissionais da amiga no âmbito da literatura, Lou a censura. Para ela, a escrita é uma dimensão da vida interior de uma mulher, e não uma questão de estatuto público. Além disso, apesar de começar a publicar, Lou nunca se considera escritora profissional, protegendo-se numa espécie de ideal aristocrático que faz pensar na relação que, na França do século XVII, Madame de Sévigné ou Madame de Lafayette tinham com suas produções literárias. Era possível publicar, mas como um luxo para divertimento, uma prática mundana sem qualquer envolvimento profissional. Num artigo publicado em Die Zukunft, em 11 de fevereiro de 1899, intitulado "Heresias sobre a mulher moderna", Lou é rigorosa com a amiga: "Ela não deveria se levar tão terrivelmente a sério. Ela deveria considerar seu trabalho literário como uma coisa suplementar e não essencial para a plenitude de uma mulher".[7] Mas em seu romance *A casa*, escrito em 1904, Lou faz uma homenagem a Frieda na magnífica personagem de Renate, a amiga de infância de Anneliese:

> Da mesma forma que, bem jovem, soubera interessar um salão na sociedade, ela soubera mais tarde comunicar uma ideia aos meios humanos mais diversos, parecer concentrada, e não era raro que suas conferências, felizmente sustentadas por seu aspecto aristocrático, causassem sensação. Brandhardt [marido de Anneliese], também amante do trabalho eficaz, admirava a atividade dessa mulher doentiamente delicada "que com certeza levara mais de um homem à ruína", como ele dizia. Mas Anneliese sabia o quanto Renate era na verdade ainda mais digna de admiração, pois apenas ela conhecia os nervos cansados que haviam sido legados a sua amiga por uma linhagem antiga, a ponto de extinguir-se, apenas ela conhecia o combate que Renate fazia consigo mesma com "o resto de uma força desperdiçada". Apenas ela honrava, na "virilidade" de Renate, que atraía a esta amigos e inimigos, um verdadeiro heroísmo.[8]

Sem dúvida é no heroísmo doloroso da vida de Frieda que Lou pensa ao escrever as seguintes linhas de *Fenitchka*:

> A mulher que organiza sua vida e a toma em mãos como um homem passará naturalmente pelas mesmas situações, pelos mesmos conflitos e tentações que ele, com a diferença que o longo passado das mulheres, moldado de maneira tão diferente, lhe causará sofrimentos muito maiores.[9]

No entanto, essa concepção das "mulheres superiores", de que Lou fala em seu relato, contradiz a ideia de uma "natureza" feminina em proveito de uma visão histórica do gênero, marcada ao mesmo tempo pelas opressões exercidas sobre as mulheres e a indiferença relativa do sexo perante as determinações do modo de vida social. Vemos desenhar-se em Lou Andreas-Salomé, de maneira ambígua, a contradição entre duas concepções diferentes da mulher. De um lado, a visão naturalizante que postula uma natureza ou um eterno feminino, e do outro um pensamento construtivista do sujeito feminino histórico, cuja presença obscura já evocamos em Nietzsche ao comparar tal pensamento às teorias contemporâneas de gênero. Só é possível compreender essa contradição em Lou se aceitarmos dizer, seguindo Nietzsche, que a história fabrica "segundas naturezas", tipos biológicos como consequências das determinações históricas, sociais e morais. Lou às vezes chega a esse pensamento genealógico ou, para falar em termos freudianos, filogenético da história cultural da mulher em ação na "natureza" de cada mulher em particular. Assim, em *Uma longa dissipação* (1898), ao evocar a lembrança de sua ama de leite, surrada por um marido violento, ela descreve a confusa volúpia do instinto feminino de submissão:

> Não sei, talvez não seja nem o acaso, nem a voz de um pequeno pássaro mágico que murmura a nossa volta, mas hábitos transmitidos há séculos, beatitudes de escravas de mulheres mortas há muito tempo murmurando e cochichando em nós mesmas: numa língua que não é mais a nossa e que só entendemos em sonho, arrepio, tremor nervoso.[10]

Lou censura de maneira implacável sua correspondência com Frieda von Bülow. Quando esta morre, em 1909, Lou pede para sua irmã Sophie que lhe devolva todas as suas cartas, conservando apenas algumas. Apesar dessa pequena quantidade, é notável a intimidade das palavras encontradas: "Beijo tua boca, teu peito, teus olhos". Trata-se de uma retórica antiga e frequente nas amizades femininas, e nenhum indício permite concluir que Lou tenha tido relações homossexuais, apesar de defender, quando chegar o tempo da psicanálise, a ideia de uma bissexualidade (psíquica) fundamental no âmago de todo ser humano. No entanto, a conjunção do encontro com Rilke, em 1897, que desperta sua sensualidade e a arranca de seu ideal ascético *in eroticis*, e dos círculos vanguardistas de inúmeras mulheres homossexuais assumidas pode ter criado condições favoráveis para experiências lésbicas. É claro que Lou jamais falou sobre isso. O fato é que a relação das duas foi alimentada por um complexo de modelos diferentes sutilmente articulados: sem dúvida Lou despertou em Frieda a dolorosa lembrança de sua irmã Margarete, também lhe oferecendo a oportunidade de ser uma figura ao mesmo tempo materna e masculina. Frieda chamará a amiga de *Loukind* ("criança Lou"); aliás, ela com frequência assina suas cartas, com a expressão *Dein schwarzer Junge*, "teu jovem garoto escuro", uma imagem da virilidade que, segundo suas concepções raciais, tem a ver com um erotismo poderoso.

O termo feminismo corresponde, para a Alemanha do século XIX (que prefere a expressão "movimento das mulheres", *Frauenbewegung*), a uma realidade complexa e heterogênea. Em toda a Europa, a ideia de uma defesa do direito das mulheres se expressa em paralelo à dos direitos do homem enunciados pela revolução Francesa. O código civil francês de 1804 influencia a condição legal da mulher na Alemanha napoleônica. De maneira geral, as primeiras feministas se afirmavam no embalo dos movimentos democráticos e nacionais. Aquilo que as mulheres francesas conheceram durante a Revolução (como a fundação de clubes políticos), a Alemanha conhece em menor medida com a Revolução de 1848, em torno de Louise Otto, por exemplo, que funda o jornal *Frauenzeitung*, cujo slogan indica um anúncio: "Recruto cidadãs para o reino da liberdade!". A emancipação feminina foi amplamente veiculada na Alemanha pelos movimentos confessionais, tanto do lado do protestantismo livre quanto do movimento católico alemão. Freada pela contrarrevolução, a organização feminista realça seu voo no início dos anos 1870, com a guerra franco-prussiana. No entanto, já em 1865, Louise consegue organizar uma reunião que ela chama de *Frauenschlacht von Leipzig*, a "batalha das mulheres de Leipzig", que encontra importante publicidade em todo o país: as mulheres se atribuem o direito até então estritamente masculino de falar e organizar-se publicamente, e fundam a associação *Der Allgemeine Deutsche Frauenverein*. Na Alemanha, o antagonismo de classe é particularmente marcante: as associações de operárias se aliam ao partido socialista assim que as leis antissocialistas foram revogadas em 1890. Em 1896, a ruptura entre as mulheres socialistas e burguesas se dá no Congresso Feminista Internacional de Berlim. As socialistas se recusam a colaborar com as conservadoras, inclusive na questão do direito de voto, e criam sua própria organização dentro do partido socialista. A emancipação feminina se baseia em alguns pontos essenciais: a dependência conjugal, o direito de voto (obtido em 1918), o direito à educação (muitas líderes feministas alemãs, por volta de 1900, são professoras, como Helene Lange ou Anita Augspurg), o direito à autodeterminação de seu corpo (aborto, prostituição, homossexualismo, maneira de vestir), o direito à independência econômica e profissional.

Lou Andreas-Salomé nunca teve participação ativa nos movimentos feministas alemães, mas necessariamente seguiu de perto seus desenvolvimentos, mesmo que apenas por várias de suas amigas estarem envolvidas. É o caso, por exemplo, de Helene Stöcker (1869-1943), que pertencia ao ramo radical do movimento. Nos anos 1890, ela milita pela educação das mulheres; em 1901, se torna um dos membros fundadores da União Alemã para o Sufrágio das Mulheres; em 1904, também assumirá a frente do grupo das Abolicionistas, que prega a proibição da prostituição e lança a campanha da Nova Moral, favorável à liberalização do divórcio, a legalização do aborto e da contracepção, a igualdade jurídica e os direitos das mães solteiras. Lou quase não se manifestará sobre o feminismo militante e, embora dedique uma vasta reflexão à questão da mulher, está ocupada demais com a introspecção e a realização espiritual das mulheres para ser capaz de pensar concretamente as dimensões sociais, jurídicas e políticas de sua emancipação. Algumas feministas não se enganam ao alfinetar Lou, em flagrante delito de conservadorismo. É que sua posição, como vimos, é ambígua. Em 1899, Hedwig Dohm publica, em *Die Zukunft*, um artigo intitulado "Reação ao movimento das mulheres", no qual acusa Laura Malcolm, que destinava a mulher ao serviço do homem, e Ellen Key, que a destinava ao das crianças; sobre Lou, ela é mais sutil:

> Em Lou Andreas-Salomé, encontramos frases que deixam os cabelos de uma mulher emancipada em pé, ao lado de frases que, por sua vez, poderiam muito bem servir a causa feminista.[11]

Apesar de sua afeição por Lou, Hedwig Dohm censura sobretudo sua recusa em conceder à mulher a possibilidade de realização através da atividade profissional. Sem dúvida a vida profissional representava para Lou uma excessiva exterioridade, e ela sempre preferia a esta a interioridade do pensamento reflexivo.

À morte de Frieda von Bülow, em 1909, Lou se aproximará de sua amiga Ellen Key, outra figura importante da reflexão e da luta pela emancipação feminina. Escritora sueca de renome internacional, dedicara suas considerações à questão da educação, mas seu estilo vivo e entusiasta, suas críticas pertinentes e às vezes visionárias também abrangeram a literatura e a arte, a religião e a política, o voto das mulheres e a questão do casamento. A obra mais importante e conhecida de Ellen Key sobre educação é *Barnets århundrade, I et II* (1900), traduzido para o francês em 1910, com o título *O século da criança, I-II*. Ellen Key cedo se interessa pela ideia de uma "escola popular de adultos". Ela se fixara o objetivo de criar e gerenciar um estabelecimento desse tipo para as mulheres de seu país. Mas o projeto não vinga. Em 1880, precisa aceitar um modesto cargo de professora numa escola particular para moças em Estocolmo. Mesmo assim, ela logo encontraria em matéria de "educação do povo" outro centro de interesse: a partir de 1883, dá aulas no Instituto dos Trabalhadores de Estocolmo. Essas aulas, sobre história, literatura, arte e correntes intelectuais da época, ocupam-na até 1903, data em que renuncia ao ensino para viver de sua escrita. Marcada pelo darwinismo e pelo positivismo, mas também por Nietzsche, que lê a partir de 1889, Ellen renuncia ao cristianismo de sua infância; republicana convicta, ela evolui nos anos 1890 para o socialismo. No âmbito da educação, Ellen Key defende os princípios de um "lar ideal" e de uma missão materna que concebe como vocação:

> Isso significa necessariamente que nosso espírito deve estar constantemente ocupado pela criança, como o homem de ciência está possuído por sua pesquisa, o artista por seu trabalho. A criança deveria estar em nossos pensamentos, quer estejamos sentadas em casa, caminhando na rua, deitadas ou em pé.[12]

Em relação à mulher, Ellen Key pensa que ela possui qualidades diferentes das do homem por natureza; esse "princípio feminino" deveria ter um papel especial nas finalidades ulteriores da sociedade. A exemplo da maioria dos pensamentos femininos da virada do século, é a partir desse naturalismo dos gêneros que ela luta pela emancipação das mulheres: tal naturalismo é indispensável para a realização e para a liberdade do indivíduo. Concretamente, Ellen Key defende o direito de voto das mulheres. Suas reflexões sobre o papel da mulher, o casamento, a religião e a política provocam vivas controvérsias na Suécia. Seu radicalismo muitas vezes esbarra em fortes resistências, e algumas vezes a própria Ellen Key é alvo de ameaças e perseguições. Em contrapartida, suas ideias sobre a educação por muito tempo passaram despercebidas e somente mais tarde começam a ser postas em prática nas escolas suecas. É na Alemanha que a obra de Ellen Key encontra maior repercussão: em 1926, ano de sua morte, a versão alemã de *O século da criança* já terá tido 36 edições.

Dez anos depois da publicação de *Combate por Deus*, Lou retorna à ficção com *Ruth*, iniciado em 1892 e publicado em dezembro de 1895. Não é sem interesse que esse romance preste testemunho da relação de Lou com Hendrik Gillot, num momento em que o mito matrimonial ruiu violentamente. A fotografia do pastor é colada na capa do manuscrito e, na ocasião, Lou volta a mergulhar em devaneios adolescentes. Ruth é uma estudante órfã, repleta de vida mas estranha, com jeito de menino; nasce uma relação amorosa entre ela e o professor Erik, no sentido em que Lou a entende, feita de admiração idólatra, laço filial e sensualidade ignorada, ou fingidamente ignorada. Perturbado, Erik a envia para estudar no exterior mas, quando ela vota, ele está divorciado e pede sua mão. O filho de Erik também está apaixonado por Ruth, e perde os sentidos ao surpreender o pedido do pai. Ruth decide deixar pai e filho, vai embora como uma aparição se afastando, prometendo a Erik continuar para sempre sua "criança". Reconhecemos as temáticas caras a Lou Andreas-Salomé. A escritora faz da escrita um meio de introspecção que sintetiza e filtra a violência dos sentimentos vividos, para reconquistar a dimensão espiritual de sua existência. Ao terminar o manuscrito, ela deixa Berlim e vai a Paris.

Lou chega em 28 de fevereiro de 1894 à capital francesa e se hospeda num hotel da Rue de Monsigny. O motivo de sua visita está ligado a suas atividades de publicista junto ao Théâtre-Libre: ela deve submeter ao Théâtre Antoine (onde Hauptmann já triunfou) uma peça do dramaturgo e filósofo Fritz Mauthner, próximo do círculo de Friedrichshagen. Ela organiza vários encontros com Thorel, tradutor de Hauptmann, ou ainda com o crítico Henri Albert, eminente germanista e tradutor de Nietzsche (e também correspondente da Die Freie Bühne, que dedicará todo um número ao Nietzsche de Lou). Ela frequenta os teatros parisienses, os museus, os cafés, visita Montmartre e entra em contato com a colônia russa. Em Paris, tem um encontro singular com o famoso dramaturgo alemão Frank Wedekind. *O despertar da primavera* fora publicado em 1891. O primeiro contato dos dois repousa num mal-entendido, do qual a novela *Fenitchka* se faz eco. Tendo a acompanhado até seu hotel, depois de uma noite inteira passada num café, ele teria se mostrado inoportunamente insistente: "Essa noite em claro que eles tinham passado havia excitado sua curiosidade amorosa chegando à dor nervosa [...] Ele foi invadido por uma espécie de raiva silenciosa, torturado pela impossibilidade de compreender essa jovem. Seria imaginável que ela se confiasse a esse ponto a um jovem totalmente desconhecido – se não por coquetismo?".[13] O gesto excessivo que ocorre nos corredores desertos do hotel espanta Lou profundamente, fazendo-a suspirar pela boca de sua personagem: "Que pena...". Mais uma vez, a liberdade de conduta da jovem para com os homens, que todos os censores da mulher concordariam em chamar de escandalosa, cria um mal-entendido em que o desejo dos homens se extravia. Aceitaríamos os preconceitos de seus contemporâneos se postulássemos uma perversidade que faria de Lou o que hoje chamam de "provocadora", no melhor dos casos. Por outro lado, é impossível acreditar em sua perfeita ingenuidade e na veracidade de seu espanto sempre renovado. É como se Lou provocasse de propósito tais mal-entendidos pela dupla necessidade de afirmar sua alta concepção da amizade entre homem e mulher, e de praticar uma espécie de pedagogia pelo exemplo, que obrigaria os homens a se posicionarem de maneira diferente em relação a ela. De fato, Wedekind se desculpa com embaraço no dia seguinte, e eles se tornam amigos o suficiente para pensarem em escrever juntos um drama. Os diários de Lou indicam primeiro uma colaboração, depois parece que ela prossegue a elaboração do mesmo até sua conclusão, em fins de agosto de 1894. Mas, desde essa data, não se sabe mais nada sobre a peça, e nenhum manuscrito foi conservado.

Apesar da abundância de suas atividades culturais em Paris, Lou manifesta em suas cartas a Frieda ou Mauthner certa melancolia e um sentimento de vaidade: "Paris não passou para mim de uma moldura sem nenhuma tela dentro – uma moldura rica e bela, com certeza, que não nos cansamos de contemplar. Mas vezes demais meus olhos deixavam a moldura para fixar o vazio".[14] É preciso dizer que as amizades amorosas se sucedem com homens que logo não deixarão vestígios. É o caso do jornalista Paul Goldmann, que terá o mérito de colocar Lou em contato epistolar com Schnitzler, e do russo Saveli Kornhold, por quem ela se deixará convencer a passar alguns dias numa cabana perto de Zurique, a se alimentar de leite e frutas, e a subir as montanhas com os pés descalços. Nada sabemos sobre a natureza da intimidade deles durante esse "idílio alpino".[15] Lou traduz uma peça dele, *Um coração para todos*. Ironia do tema: uma mulher mora com dois homens e coloca no mundo uma criança a quem cada um dos dois quererá atribuir-se a paternidade. Tudo acaba na mais perfeita harmonia. Lou só poderia entusiasmar-se com essa fórmula trinitária enfim vitoriosa...

Em 26 de agosto de 1894, Lou volta para Berlim, onde reencontra os amigos Frieda e Fritz Mauthner. Depois de retrabalhar o manuscrito de *Ruth*, ela o oferece à editora Cotta, que o aceita. Em março de 1895, passa seis semanas em São Petersburgo com Frieda. Lou mostra a ela as maravilhas do Hermitage e do monastério Nevski. Mas ela lhe mostra sobretudo as emoções mais preciosas de sua infância. Frieda é apresentada à sra. Von Salomé, aos dois irmãos e suas famílias (Frieda não fica insensível ao charme de Eugen), à avó, às tias e à família Brandt, por quem Lou tem uma profunda e constante gratidão. E há Gillot. Depois de transfigurar, em *Ruth*, as recordações desse encontro fundamental, Lou sente a necessidade de passar algum tempo com o pastor. Ela assiste a vários cultos e, no último antes de sua partida, Gillot escolhe a liturgia em lembrança à celebração da união mística deles em Zandport.

Depois as duas amigas pegam o trem para Viena, onde Lou viverá entre 1895 e 1896 mais de seis meses. Para Lou, a capital austríaca é uma "confluência da vida intelectual com a erótica".[16] Graças a seus contatos berlinenses, sem dificuldade conhece os artistas mais importantes dos círculos literários vienenses: o poeta e dramaturgo Beer-Hofmann, o escritor Peter Altenberg, o jovem romancista Felix Salten (que cinquenta anos depois será o pai do famoso Bambi), ou ainda Hugo von Hofmannsthal. Todos esses homens gravitam ao redor da personalidade de Arthur Schnitzler, que para sempre será o grande evocador de uma

Viena crepuscular e, segundo a opinião do próprio Freud, o precursor literário da psicanálise. As trocas com Schnitzler giram em grande parte em torno da questão feminina. De Paris, Lou já lhe escrevera, em 15 de maio de 1894:

> Estou impressionada em ver a que ponto o homem faz triste papel em suas obras. Quer se passe pelo mais sábio ou pelo mais medíocre, ele sempre aparece, comparado com a mulher, menos interessante.

O teatro de Schnitzler, como o de Ibsen, representa o drama da dependência feminina. Mas de maneira mais hábil ele também entende essa alienação como coextensiva à do próprio homem, preso aos jugos familiares, militares e profissionais extremamente opressivos. A causa da mulher, portanto, também passava pela emancipação do homem.

A modernidade vienense[17] se articulou, entre outras, a uma crise das identidades sexuais. Houve nas elites intelectuais um movimento duplo de "protesto viril" contra a feminilidade que se manifestava no homem, e um culto do feminino ligado ao profundo questionamento dos valores masculinos. Numa obra de 1903, *Sexo e caráter* (que Freud qualificará de "imponderada"), Otto Weininger expressará seu mais profundo desgosto diante da "bissexualização" da cultura contemporânea; em certa passagem, ele reconhece: "O ódio da mulher não passa de ódio mal dominado do homem contra sua própria sexualidade".[18] Alguns meses depois de *Sexo e caráter*, o jovem escritor, misógino até à paranoia, se mata. Aos 23 anos. Hofmannsthal confessara a Schnitzler que suas obras lhe inspiravam um medo profundo das mulheres e evocava em seu romance inacabado, *Andreas*, a mudança dos códigos sexuais e a redistribuição dos papéis ligados ao gênero. É justamente a propósito de suas reflexões sobre os poetas vienenses, em particular Peter Altenberg, que Lou Andreas-Salomé constata em *A humanidade da mulher* (1899):

O que é certo, em todo caso, é que o artista do sexo masculino, como artista, se encontra espantosamente próximo da mulher e, portanto, a entende muito bem, em virtude mesmo de suas capacidades de criador [...] Não é por acaso que encontramos com tanta frequência nos artistas qualidades femininas, ou que joguem na cara deles a censura de afeminação.[19]

Em seu diário, no dia 11 de maio de 1895, Schnitzler escreve como em resposta ao "você não é uma mulher" de Ledebour: "Lou se torna um pouco mulher"...

Em Viena, graças a Mauthner, Lou Andreas-Salomé passa a conhecer Marie von Ebner-Eschenbach. Essa condessa, nascida na Morávia, se estabelecera em Viena em 1856. Perita, estranhamente, na arte da relojoaria, dedica a maior parte de sua vida à escrita de dramas, novelas ou romances. Apesar de seu pessimismo parecido com o dos moralistas franceses, tem esperanças numa mutação profunda das mentalidades, em particular sobre a questão social. Nascida na nobreza, mas com uma formação de artesã, escritora profissional, Marie von Ebner-Eschenbach trabalha pela independência material e intelectual das mulheres: ela receberá, em 1898, a mais alta distinção civil austríaca, a Cruz de Honra em Arte e Literatura, e será nomeada dois anos depois doutora *honoris causa* pela Universidade de Viena. Ainda podemos creditar-lhe o posicionamento a favor de Dreyfus no momento do caso, engajamento que partilhará, aliás, com Malwida von Meysenbug. Lou dedica a Marie von Ebner-Eschenbach uma fiel amizade até a morte da venerável condessa, aos 85 anos, em 1916.

Depois de Viena e um retorno a Berlim (onde "o desejo de solidão logo voltava a dominar-me"[20]), Lou decide passar um tempo em Munique, na companhia de Frieda. Lá, ela encontra Helene von Klot-Heydenfeldt, que no ano seguinte passará a usar o nome do marido, Otto Klingenberg. Lou fora atraída por sua obra, *Uma mulher. Estudo segundo a natureza* (1890). Em *Minha vida*, ela indica que Helene se tornaria sua "segunda amiga íntima", ao lado de Frieda. De fato, trata-se de uma amizade que durará até a morte de Lou, ainda mais depois da morte de Frieda em 1909. Helene representa, para Lou, em oposição a Frieda, um modelo doméstico ideal:

> E se a sede de ação de Frieda a impulsionava para o mais distante, o destino de Helene estava, por assim dizer, intimamente predestinado à onipotência do amor para ser mulher e mãe – ela desejava como epitáfio as palavras bíblicas: "A sorte obsequiou-me com o amoroso".[21]

Em 1899, Helene e Otto Klingenberg se estabelecerão em Berlim, onde terão dois filhos; Lou ali encontrará, na companhia de Rilke, um lar caloroso em que gostarão de ficar. Lou sempre sentirá por Helene uma "afinidade secreta e profunda", apesar da distância que separa seus modos de vida. "Isso não nos importava, porque sua natureza fortemente amorosa tolerava-me sem reservas, como eu era, mesmo quando era um monstro."[22]

Em Munique, o círculo de Lou é mais restrito do que o de Viena ou Paris, a vida é mais provinciana, no sentido em que parece menos agitada para Lou, em proveito de mais discretas reuniões domésticas entre amigos. Nelas participam o jovem escritor naturalista Keyserling, que só terá sucesso a partir de 1903; Ernst von Wolzogen, fundador em Berlim de um cabaré aos moldes do Cabaret Montmartre parisiense; Jakob Wassermann, cujo romance *Os judeus de Zirndorf* Lou aprecia e que se tornará famoso graças ao livro *A história da jovem Renate Fuchs*, de 1900; August Endell, por fim, jovem arquiteto que está construindo uma magnífica fachada para o Studio Elvira e logo se tornará um dos fundadores do *Jugendstil*. Lou depois se encontra com seus amigos vienenses nos campos bávaros. Uma breve ligação a une então a Beer-Hofmann, com quem faz uma excursão pelas montanhas, a sós. Uma breve alusão de seu diário parece indicar que ela lamenta essa intimidade.

Seja em Berlim, Paris, Viena ou Munique, há sempre um momento em que os círculos mundanos e culturais acabam se organizando em torno da personalidade de Lou Andreas-Salomé. Esse poder de sedução com múltiplas armas, do encanto de sua personalidade à vivacidade de sua inteligência, parece sem limites. Na primavera de 1898, Frieda lhe escreve uma carta em que se articulam de maneira ambígua as duas expressões do poder plástico de Lou – a luminosidade e a predação:

> E você, minha feliz e inesgotável maravilha, que não cessa de viver experiências magníficas, presa numa teia de acontecimentos maravilhosos, excitantes, surpreendentes. Você é para mim a ilustração mais manifesta da evidência de que o indivíduo constrói seu mundo e sua vida. Como a aranha, você tece a rede de sua fina teia a partir de si mesma, você se instala em seu centro, feliz e espantada, capturando ao acaso moscas e mosquitos para devorá-los. Mas não leve a mal a comparação, pois você é bela, luminosa e calorosa como um *sol*.[23]

Lou novamente passa o inverno de 1895-1896, e temporadas regulares ao longo do ano, em Viena. Graças a Marie von Ebner-Eschenbach, os círculos literários femininos lhe são familiares. Ela desenvolve uma sólida amizade com Rosa Mayreder, que fora pintora, depois escritora, e que desde 1893 preside a Associação das Mulheres austríacas. Rosa logo apresenta a nova amiga à pintora Broncia (ou Bronizlawa) Pineles, mais conhecida pelo nome de Broncia Koller-Pinell depois de seu casamento com o médico Hugo Koller, nesse mesmo ano de 1896. Broncia é filha de uma família judia da Galícia, nos confins poloneses do Império Austríaco. Estabelecida em 1870 em Viena com seus pais, ela estuda pintura com Robert Raab e Alois Delug, depois na Academia de Artes

Plásticas de Munique, com Ludwig Herterich. Suas primeiras exposições, em Munique, Leipzig e Viena, logo a deixam famosa, a ponto de, na virada do século, se tornar uma das artistas mais importantes da Áustria, ao lado de Olga Wisinger-Florian, Tina Blau e Marie Egner. Seu estilo, que segue os movimentos da modernidade, evolui do impressionismo ao Jugendstil, depois do expressionismo à Nova Objetividade. Ora, Broncia tem um irmão, Friedrich, que a acompanha nos saraus passados em companhia de Lou e Rosa. Friedrich Pineles, então com 27 anos, é um homem robusto, barbudo, de traços orientais. Desde sua mais tenra infância, quando sua ama de leite o cuidava, é chamado de Zemek, que significa "o filho da terra". Zemek exerce a neurologia e a endocrinologia no Hospital Geral de Viena. Além de seus talentos de pesquisador, que se manifestam em importantes publicações, ele possui uma vasta cultura e frequenta os meios artísticos, em particular os de Gustav Klimt, que é seu amigo fiel. Interessado, em 1892 fora um dos primeiros ouvintes das conferências de Sigmund Freud, mas Lou ainda não sabe disso. Por volta de 1900, quando Freud publicará *A interpretação dos sonhos*, Pineles recusará aliar-se à psicanálise, para grande pesar de seu inventor, que via nele "um homem agradável, fino e de vasto saber".[24] Lou é logo convidada a se hospedar na casa dos pais de Broncia e Zemek, numa propriedade nos arredores de Viena. Lou e o jovem médico se dão bem, a ponto de fazerem uma excursão pelas maravilhosas paisagens de montanha e lagos do Salzkammergut. Sem dúvida é nesse período que ele se torna seu médico, e talvez seu amante. Mas ainda não é o momento para uma ligação mais séria, e Zemek saberá esperar sua hora.

É que Lou, sempre muito cercada, aspira em segredo a uma solidão mais livre. Sua busca, infalivelmente questionada pelas convicções das feministas que ela frequenta, constitui uma via singular que ainda não se encontrou de verdade. Recusando tanto a via matrimonial quanto a provocação pública das mulheres emancipadas, recusando profissionalizar-se como escritora ou engajar-se de maneira ativa nos movimentos feministas, Lou permanece como que presa a uma experiência espiritual que consistiria mais em "ser" do que em "fazer". Esse "ser-mulher", cujos contornos em sua própria existência lhe são tão difíceis de definir, ela busca entendê-lo através da ficção. Entre 1895 e 1898, escreve dez novelas que, depois de publicadas separadamente, formarão a coletânea *Os filhos dos homens*, de 1899. Os personagens femininos dessas novelas têm em comum o fato de se afastarem do amor por um homem em prol de uma experiência de comunhão com a natureza e a totalidade. Fala-se apenas de neves imaculadas e sóis radiantes, para os quais as heroínas retornam como a um todo original: sempre a superação da individuação e a aspiração quase mística pelo indiferenciado, que Lou sente desde a infância. Desse ponto de vista, a novela mais significativa sem dúvida é *Retorno ao Todo*, de título evocador e típico do espírito de fim de século. Irène, que só aspira à companhia silenciosa dos animais e das paisagens, é uma representação da *indiferença*. Contrária ao casamento, é assediada por uma feminista corpulenta e caricatural, que tenta ganhá-la para a causa militante. Proprietária de terras, Irène acaba renunciando a elas, cedendo seus bens à amiga Ella. Depois de um frio beijo de adeus, Irène mergulha no crepúsculo e desaparece no horizonte, sem que saibamos exatamente qual será seu destino. "Faço de fato, talvez, um pouco do que vocês todos tentam fazer, em vão, na onda sem fim das sensações e paixões novas: fundo-me com o que me cerca." Esse retorno ao Todo, que não está muito longe do ascetismo filosófico de Schopenhauer, é nas novelas de Lou Andreas-Salomé uma pose literária que não evita certo número de lugares-comuns. Porém, se a sublime atitude de Irène tem algo de afetado, ela não deixa de manifestar a ilusão existencial que silenciosamente acompanha a vida mundana de Lou, sempre solicitada pelas atenções dos homens e pelos discursos das feministas, pela imagem divinizada do homem-deus e pela insustentável, e portanto indissolúvel, coação que a liga a seu marido.

"Você é meu dia de festa"
(1897-1903)

Na primavera de 1897, Lou recebe em Munique vários poemas anônimos. Ela reconhece o autor quando este se identifica numa carta de 15 de maio, finalmente assinada: René Maria Rilke, um jovem poeta de Praga de 21 anos. Eles tinham se conhecido no dia 12, na casa do romancista Jakob Wassermann. Em uma carta à sua mãe, Rilke atesta sua admiração pelas "duas mulheres maravilhosas" que conhecera: Frieda von Bülow, "exploradora da África", que em 6 de maio fizera na capital bávara uma conferência sobre a questão colonial, e Lou Andreas-Salomé, "famosa escritora" cujo ensaio *Friedrich Nietzsche em suas obras* e o romance *Ruth* são admirados na Alemanha. Rilke está ávido por personalidades excepcionais, capazes de arrancá-lo de sua solidão. Depois de quatro anos traumatizantes numa escola militar (1891-1895), o jovem pudera se inscrever na faculdade de Filosofia de Praga graças a um pequeno suporte financeiro de seu tio. Mas em setembro de 1896 ele se instala em Munique, onde espera encontrar um pouco de reconhecimento. No momento em que reúne coragem para escrever a Lou Andreas-Salomé, ele já publicara diversas antologias de poemas, *Leben und Lieder e Larenopfer*, em 1894, *Traumgekrönt*, em 1896, e acabara de entregar ao público *Advent*. Ele trabalha em três pequenos cadernos, *Wegwarten*, cujo prefácio revela frágeis esperanças: Paracelso conta que, a cada cem anos, a chicória (*Wegwarte*) se transforma numa criatura viva – "a lenda se realiza sem esforço nesses poemas; talvez despertem para uma vida mais elevada na alma do povo". As famosas Cartas a um jovem poeta explicarão um dia com sabedoria o caminho de ascese necessário para chegar à poesia; mas, por enquanto,

Rilke se debate violentamente consigo mesmo para ter acesso a "uma vida mais elevada". Um relato desse período, Ewald Tragy, retraça os esforços de um adolescente para arrancar-se de um meio familiar insensível à arte; exilado voluntário em Munique, o jovem Ewald, que procura alguma coisa mas não sabe o que, passa dos disparates dos incultos à vaidade dos literatos mundanos. Em toda parte estrangeiro e em toda parte excluído, é "ele mesmo de um lado, o resto do mundo do outro".[1] "É como se lhe faltasse algum órgão importante, sem o qual é impossível avançar."[2] A novela se encerra com a escrita de uma carta, na qual Ewald, sem saber a que destinatário endereçá-la, lança um apelo urgente a quem quiser acolher seu destino:

> Ele começou exigindo a realização de um dever e, antes mesmo de se dar conta, suplica que lhe concedam uma graça; ele espera um presente, ele espera calor e ternura. "Ainda há tempo", escreve ele, "ainda sou maleável, posso ser como cera entre tuas mãos. Pega-me, dá-me uma forma, conclui-me..."
>
> É um apelo ao amor materno, que não se dirige apenas a uma mulher entre outras, mas que vai muito mais longe, até o primeiro amor, no qual a primavera aprende a alegria e a despreocupação. Essas palavras não se dirigem a ninguém, elas se precipitam, braços abertos até o sol.[3]

Rilke encontrará em Lou, com estranho abandono, tudo o que sua espera inquieta reclamava. Ele acaba de ler o ensaio sobre a religião que a discípula de Nietzsche publicara no início do ano: *Jesus, o judeu* apresenta uma figura trágica de Cristo, gênio solitário encarregado dos sofrimentos do mundo e *realmente* abandonado por seu Deus. É de uma falta de fé sem esperança que Lou faz nascer no redentor um amor absoluto e total. Rilke vira nesse texto uma afinidade profunda com seu ciclo poético ainda inacabado, *Christus*, no qual o redentor volta à terra e se vê, em onze "visões", cada vez mais despossuído de seu caráter divino e destinado à errância humana. Ele usa esse pretexto para dirigir-lhe uma carta na qual revela sua identidade e se precipita na exaltação de uma revelação:

> Tive a sensação de que, com esta convicção de pedra, com a força implacável dessas palavras, minha obra fora sancionada, consagrada. Eu era como alguém que vê acolhidos, em sua plena carga de bem e de mal, grandes sonhos; pois seu ensaio era para meus poemas o que o sonho é para a realidade, o desejo para sua satisfação.[4]

O que se inicia aqui, nesta primeira carta, Rilke não cessará de repeti-lo em sua correspondência com Lou: o sentimento de uma consagração e de uma bênção, que desperta todo um vocabulário idólatra. À ternura amorosa se mescla uma espécie de pavor místico, que eleva Lou à categoria de divindade, de Madona. Fonte para o sedento, ela é vida nova para quem, antes, tudo não passava de morte e desolação. Três semanas depois de sua primeira audácia, Rilke, completamente embevecido, se entrega à sua deusa:

> Que grande revolucionária a senhora é. – Não derrubou nenhum trono em mim. Mas passou sem barulho, sorrindo, na frente do único trono à espera.
> Para subir mais alto.
> E meus desejos, que abundavam há pouco como rosas selvagens ao redor do trono vazio, agora crescem como brancas colunas ao redor da sala, nesta paz de templo de onde a senhora examina minha alma sorrindo, e bendiz minha nostalgia.[5]

Um dia depois da primeira carta, Lou e Rilke se encontram para irem juntos ao teatro da Gärtnerplatz assistir a uma representação de uma peça de Chévitch, *Forças obscuras*. Em 30 de maio, ele tenta cruzar com ela "por acaso" pelas ruas de Munique, para oferecer-lhe um buquê de rosas. As imagens de flores poeticamente trançadas em coroas, oferendas amorosas e sinais de uma nova primavera, povoam a correspondência desses primeiros tempos e ornamentarão ainda por bastante tempo seus passeios e viagens em comum. Enquanto durar esse idílio, as flores serão sempre signo de um amor vivido como uma festa, núpcias místicas que Rilke evoca em sua carta de 5 de setembro: "Não é apenas precioso que dois seres se reconheçam, é capital que eles se encontrem na hora certa e celebrem juntos profundas e silenciosas festas que os soldem em seus desejos, a fim de estarem unidos diante das tormentas". Essas núpcias perpétuas, serão cantadas de novo em sua coletânea *Dir zu Feier*, "Para te festejar", escrita para Lou entre maio de 1897 e maio de 1898. Em pouco tempo, portanto, Lou e Rilke se tornam amantes. Como era seu costume, Lou destruiu suas respostas às declarações do poeta apaixonado, e não sabemos de que maneira recebeu suas declarações. Apesar do filtro do tempo, a lembrança que ela tem é viva, em todo caso, e também marcada pelo selo de uma bênção: o amor chegara, confessa ela em suas memórias, "sem desafio nem sentimento de culpa, um pouco como descobrimos uma coisa bendita pela qual o mundo se torna perfeito". E Lou dá um novo nome a seu amante: René, o nome da infância, se torna Rainer, como uma injunção para a reapropriação da língua alemã, da qual ele será um dos maiores poetas; terá Lou brincado com a homofonia de *Reiner*, "o puro"?

No mês de junho, Lou, Rilke e Frieda decidem alugar uma pequena casa rústica em Wolfratshausen, nos campos de Munique. Ao lado de uma colina, a casa tem três peças no primeiro andar, acima de um estábulo. Andreas e o cachorro logo chegam, para ficar cinco semanas. Além de Jakob Wassermann, August Endell também os visita (batizando esse eremitério de "Loufried" – a Paz de Lou –, aos moldes do wagneriano Wahnfried), bem como o escritor Volinski, que ajuda Lou a aperfeiçoar seus conhecimentos em literatura russa. Eles se instruem na arte do italiano e trabalham juntos nos poemas de Rilke. O grupo volta para Munique em setembro, depois para Berlim, onde Lou retorna ao domicílio conjugal de Schmargendorf. Rilke fixa residência num subúrbio próximo, perto do casal, em cuja casa passa a maior parte do tempo. Sob o mesmo teto de Andreas, os dois amantes vivem um amor não dissimulado; mais uma vez, não sabemos qual pode ter sido a reação do marido. Seu silêncio e o de Lou sobre esse ponto dissimulam mal os sofrimentos mudos que devem ter sido vividos por Andreas. Em todo caso, trata-se de um idílio: os passeios pela floresta se enchem, para Rilke, de todos os lugares-comuns da literatura romântica, a natureza tornando-se "santuário" e cúmplice de seu amor:

"Não, não vos trairei, sagrados mistérios, minha alma vos ama demais. Mantive-me como fiel devoto nesta solidão consagrada que começava para além de tantas árvores, e senti que havia cem muros espessos entre mim e qualquer coisa ruidosa. Nesta hora discreta, apenas tua alma estava junto a mim, e é devido a ela que posso tirar de todas as coisas tão grande alegria, é por sua graça que estou tão rico, por seu amor que estou tão feliz".[6]

Lou não se deixa enganar pelas efusões do jovem poeta e, embora aprecie a musicalidade de seus textos, ela julga com severidade seus excessos sentimentais. Mas mais do que com as imperícias de um aprendiz, Lou se preocupa com as violentas mudanças de humor de Rilke, sucessivamente entusiasmado e profundamente abatido. Tudo nele manifesta um estado depressivo, que o faz ter comportamentos infantis; irritada, ela um dia o aconselha a mudar de profissão e ser carteiro. O problema de Rilke, que marca toda sua evolução criativa, é o de uma espécie de superexposição intolerável à realidade. Aberto demais, receptivo demais ao mundo, o poeta se consome e se perde. Esse será o tema de *Os cadernos de Malte Laurids Brigge*, a partir de 1904. Mas em 1914 ele ainda evocará a dor de sua existência:

> Sou como a pequena anêmona que vi há pouco em Roma, em meu jardim; ela se abria tanto de dia que, à noite, não conseguia mais se fechar. Era assustador vê-la na campina escura, bem aberta, continuando a oferecer seu cálice freneticamente escancarado, com a noite acima dela, que não poderia virar outra coisa [...] Eu também estou incuravelmente virado para fora, portanto distraído de tudo, não recusando nada, meus sentidos passam, sem me consultar, para o lado de qualquer intruso.[7]

Usando como pretexto uma visita à mãe em Arno, no lago de Garda, Rilke decide, na primavera de 1898, passar um mês sozinho em Florença. Sem dúvida Lou o convence a desafiar sua solidão e a experimentar a conquista de certa independência. Por sua vez, ela é obrigada a ir para São Petersburgo, para onde a agonia de seu querido irmão Genia a chama. Fica combinado que os dois amantes se reencontrarão em Sopot, perto de Danzig. Essa primeira separação, como Lou previra, dá forças a Rilke: apesar de não conquistar sua autonomia propriamente dita, ele se conscientiza das forças encontradas nesse amor. Em *O diário de Florença*, que mantém em sua intenção, Rilke concebe Lou tanto como uma mãe protetora capaz de tranquilizar uma criança assustada, como um deus de quem o poeta se faria profeta. O mais importante é que, através dela, ele encontra forças para criar sua linguagem e se apropriar da vastidão do espaço que o poeta precisa fatalmente abranger:

> Conheço em mim alguma coisa que você ainda não conhece, uma nova grande clareza que dá à minha linguagem força e profusão de imagens [...] Ó, maravilhosa, como você me tornou vasto! De fato, se esses dias na Itália me encheram de tesouros, foi você quem fez lugar para eles em minha alma,

até então saturada de sonhos e angústias. Você me deu um humor festivo.[8]

O fim de *O diário de Florença* apresenta uma mudança repentina de tom, e Rilke parece recapturado por suas angústias. Mas o que está em jogo dessa vez é a batalha silenciosa entre um instinto de liberdade e uma vontade de submissão, a experiência de uma força nova e o temor de emancipar-se. Várias vezes há um esboço de revolta, logo reprimida: "Dessa vez, gostaria de ser rico, aquele que dá e convida, o senhor, e você teria vindo flanar, conduzida por minha solicitude e meu amor, em minha hospitalidade. Ora, me encontrava como o último dos mendigos ao pé de seu ser, esse edifício construído sobre tão largas e sólidas colunas. De que serviria revestir minhas palavras com os festejos habituais?". Em outra passagem, Rilke se compara ao jovem que abandona precipitadamente a fazenda, em plena noite, para ir à cidade encontrar o remédio que curaria sua irmã doente; mas seduzido pela claridade da manhã e distraído pelos jogos, ele volta sem a ajuda esperada. Que doença um dia ameaçara a figura onipotente de Lou? De que outro mal, além do seu, o poeta tenta fugir e esquecer, chamado para junto de uma "irmã" cuja saúde, pelo contrário, o levava ao arrependimento e à consciência pesada? Não há dúvida de que a superioridade soberana de Lou possa ter alimentado os tormentos de Rilke ao querer curá-los, e que sua insolente aptidão para a felicidade tenha sido um obstáculo inibidor para aquele que a admirava. Numa frase que diz muito, Rilke reconhece: "Odeio você como uma coisa grande demais".[9]

Em 1º de agosto de 1898, Rilke aluga uma casa perto da de Lou e Andreas, a Villa Waldfrieden. Os dois homens parecem manter relações bastante cordiais, Rilke admira o conhecimento e a sabedoria do orientalista, passa bastante tempo na casa do casal e adota de bom grado sua saudável vida vegetariana e rústica. Lou trabalha no manuscrito de *Uma longa dissipação* e multiplica suas participações em revistas literárias. Ela e Rilke estudam com ardor a língua, a literatura e a geografia russas. Eles de fato têm um projeto de viagem para a Rússia: em 25 de abril de 1899, Lou, Rainer e Andreas pegam o trem para Moscou. Apesar de suas origens e de sua infância em São Petersburgo, Lou pouco conhece seu país natal. Os laços que a unem ao vasto império se concentram em torno do restrito círculo da família: sua mãe, seus irmãos, sua prima Emma Flörcke (com quem mantém uma vasta correspondência) e, é claro, Gillot, vivem em São Petersburgo, cidade cosmopolita e mais integrada à rede de grandes capitais europeias do que à sua própria periferia. Apesar de seus esforços, Lou nunca falará o russo tão bem quanto o alemão. No entanto, as duas viagens para a Rússia (a primeira de 25 de abril a 18 de junho de 1899, e a segunda de 7 de maio a 28 de julho de 1900) são o resultado de um desejo sempre crescente de descobrir a imensidão de sua terra natal. Desde 1885, com Andreas, ela visita sua família todo ano, na Páscoa; depois de seu encontro com Turguêniev, durante sua temporada em Roma, ela decide mergulhar na literatura russa, e a leitura de Tolstói, a partir de 1891, será decisiva. Desde 1896 ela está em contato com a editora do *Messager du Nord*, Lioubov Jakovlena Gourievitch, relação que levará à tradução russa de seu *Nietzsche*. Ela também conhece Akim Volynsky, influente crítico russo de dança e historiador da arte, que colabora na mesma revista. Eles escreverão juntos um relato romanesco, *Amor*, que será motivo de uma séria desavença. Já em 1898, Lou pensara em seguir seu marido à Pérsia, numa expedição que passaria pelas regiões transcaucasianas, mas Andreas não conseguiu a missão. No ano seguinte, Lou tem o projeto de encontrar seu amigo escritor dinamarquês Georg Brandes em São Petersburgo para as celebrações do centenário da morte de

Púchkin. Esse conjunto de circunstâncias torna necessária uma viagem para a Rússia.

Chegando a Moscou na primeira semana de Páscoa, Lou, Rainer e Andreas são recebidos pelo grande sino do Kremlin, que lhes causa forte impressão: "O sino de Ivan Véliki", confidenciará Rilke a Alexei Suvorin três anos depois, "batia com tal força e potência que me parecia estar ouvindo os batimentos cardíacos de um país que espera a cada dia seu futuro".[10] Recém-instalados num dos mais belos hotéis da cidade, o Bolchaia Moskovskaia Gostiniza, localizado na praça Voskrenskaia, eles começam suas visitas às personalidades junto às quais têm recomendações. Eles entram em contato com o pintor Leonid Pasternak e o escultor Trubetskoi. O primeiro está ilustrando o romance *Ressurreição*, de Tolstói, enquanto o segundo trabalha em duas esculturas do grande escritor. Os três viajantes, portanto, não terão dificuldade em conhecer Tolstói: dois dias depois de chegarem, são convidados a tomar chá em sua casa moscovita.

Aos setenta anos, com a barba patriarcal que Anatoli Marienhof dizia ser a alma russa[11],Tolstói trabalha como um mouro: ele tem em andamento uma dúzia de projetos simultâneos, sobretudo *Ressurreição*, que escreve na urgência de uma publicação. Ele quer levantar fundos para apoiar a causa dos Dukhobors, seita russa obrigada a exilar-se no Canadá, pois o serviço militar ao qual queriam submetê-los contradizia seus preceitos. Mais do que nunca o romancista tem uma ambição apologética e social: nele, a palavra do Evangelho reforça a denúncia das injustiças cometidas com o povo russo. Essa dupla dimensão parece ter escapado a Lou, assim como a Rilke. Ocupados em sentir e exaltar a alma do povo, sua grande proximidade da Natureza e de Deus, eles se enganam sobre a mística tolstoiana: diante do romancista, iniciarão a conversa com o relato comovido da Páscoa do Kremlin, a pulsação original dos sinais e a comunhão mística dos russos. A resposta de Tolstói é cortante: ele os previne contra a superstição e imediatamente se vira para Andreas, cujos trabalhos etnológicos o interessam infinitamente mais; a história da seita babista, movimento islâmico nascido na Pérsia nos anos 1840, desperta sua admiração: progressistas, os babistas pregam uma fraternidade internacional, certa emancipação das mulheres (restrição da poligamia e abandono do véu) e uma educação menos severa para as crianças. Tolstói pedirá a Andreas para remeter-lhe sua obra: o envio, a cargo de Rilke, e ao qual acrescenta suas próprias *Histórias praguenses* e *Os filhos dos homens*, de Lou, não recebe resposta. A distância entre o que Lou e Rilke esperaram de Tolstói e a decepção do encontro revela um profundo mal-entendido, e mostra o quanto os dois viajantes estão longe de conhecer a realidade do país sonhado, suas tensões profundas e o germe de revoluções. Lou critica em seu diário russo "o racionalismo moral, ao qual tende a prática de Tolstói. Este se opõe à superstição como a um mal; ele não se dá conta de que sua eliminação sem dúvida iluminaria o julgamento, mas nivelaria as almas".[12] Ao longo de toda a viagem, e mais ainda durante a segunda, Lou e Rilke não brilham pelo realismo de seu olhar ou pelo progressismo de suas convicções. Por ora, os viajantes passam seis semanas em São Petersburgo. Recebida por seu irmão Roba e por sua mulher, Lou revê a família, Caroline e sua tia Sophie; ela reencontra Friedrich Fiedler, tradutor russo e cronista (que deixaria um retrato pouco lisonjeiro de Lou acompanhada de seu "pajem": ele a compara a um "simbolista decadente" e fala de uma beleza envelhecida, negligenciada, um tanto insolente). Os encontros mais importantes acontecem nos círculos artísticos. Em 1895, Lou conhece o pintor Alexandre Benois, que lhe abre os horizontes para a nova escola russa. Ela frequenta então o grupo dos Peredvijniki, ou "Ambulantes", e o de Abramtsevo, do qual é próximo o pintor Ilya Repin (1844-1930). Formado na arte religiosa do ícone, oposto ao academismo petersburguense de onde saíra, o pintor ucraniano procura representar a vida do povo russo, os esforços de seu labor e a miséria de sua condição. Nele, a preocupação social é inseparável de uma visão da Rússia eterna, que também se traduzirá em grandes cenas históricas e retratos de artistas, entre os quais um prodigioso Tolstói, de 1887. Não é por acaso que, depois de Revolução, Repin se torne o modelo essencial do realismo soviético; se Tolstói, mais em seus ensaios do que nos romances, podia reivindicar a emancipação e dramatizar um destino russo cheio de futuro, Repin e os Ambulantes fatalmente fixariam o povo numa postura de eternidade, não importando qual o enfoque de sua condição: a pintura contempla o povo russo. Ora, o *Diário da Rússia* revela o quanto a própria Lou tem uma percepção pictórica e contemplativa de seu país natal: incapaz de pensar a história e a potencialidade de um devir revolucionário, ela condena a Rússia a uma espiritualidade intemporal.

> Dada a simplicidade do natural russo, a distância entre o sentimento e a ação é muito pequena. Cada circunstância assim o manifesta e autoriza a concluir numa energia mais ou menos grande nos seres. Por que a literatura e a vida os mostram tão frequentemente desprovidos de vontade, capazes, por exemplo, de tanta passividade, à imagem desses trabalhadores nervosos e musculosos, que não se revoltam internamente na medida em que a pura contemplação lhes basta para satisfazer necessidades espirituais cheias de nuanças e refinamentos? A resposta me parece consistir no seguinte: as necessidades dos russos, seres espiritualmente ricos, são de uma natureza altamente contemplativa que exclui a passagem à ação.[13]

É sem dúvida por esse motivo que Lou não se entusiasma com São Petersburgo, agitada demais, intelectual demais, em suma, ocidental demais. Com seus companheiros, ela se autoriza uma nova escapada de três dias para

Moscou, para rever os esplendores ortodoxos do Kremlin, visitar a galeria Tretiakov, vagar pelo mercado de pulgas. Ela conhece o pintor Viktor Vasnetsov, próximo a Repin, que colocara seu talento a serviço da arte religiosa. Desde 1884, ele era o encarregado de pintar os afrescos da catedral São Vladimir, de Kiev, afrescos que o crítico Dmitri Filosofov dirá colocarem "a primeira ponte acima dos duzentos anos que separam as diferentes classes da sociedade russa" e que o célebre Vladimir Stasov julgará blasfemos. Em seu diário do ano seguinte, Lou julgará Vasnetsov com relativa severidade: comparada aos antigos ícones, "sua pintura religiosa representa quase um mal-entendido. Ele se mantém com razão pertíssimo da antiga tradição, mas o laço mantido com ela por suas figuras pintadas, mas não vestidas, é no fundo estranho à fé do povo e esteticamente supérfluo".[14] Quando se trata da Rússia, Lou demonstra uma espantosa recusa da modernidade e quer encontrar em seu país apenas o que foi buscar: uma ligação fantasmática com uma fonte original, cuja construção teria, tanto para ela quanto para Rilke, uma importância decisiva. Os motivos e efeitos dessa busca de si serão mais bem revelados durante a segunda viagem à Rússia.

Voltando a Berlim, em 22 de junho, Lou e Rilke se preparam para uma nova viagem, que dessa vez farão sozinhos, e seguindo um itinerário muito mais amplo. É com um zelo sedento de conhecimento que preparam a partida. Eles se fazem convidar, na ocasião, por Frieda von Bülow, que precisa, por bem ou por mal, suportar esse frenesi: "Eles tinham se atirado de corpo e alma nos estudos russos e passavam o dia se instruindo com aplicação fenomenal – língua, literatura, história da arte e história política e cultural da Rússia. Quando nos encontrávamos na hora da refeição, eles estavam tão cansados e esgotados que não conseguiam nem manter uma conversa".[15] Rilke lê poetas menores, Drojine, Fofanov, mas também as obras-primas de Lermontov, Tchékhov, Tolstói e Dostoiévski. Juntos, eles devoram O romance russo de Melchior de Voguë, publicado em 1886, que revelara a cultura russa aos países ocidentais e abrira ao positivismo cultural as profundezas turvas da "alma russa". De volta a Schmargendorf, a vida camponesa adquire tonalidades idílicas: em pleno inverno, caminham de pés descalços na floresta, se entregam ao vegetarianismo, e o poeta se aventura no corte da madeira e nas tarefas domésticas. Mas também se trata para ele de um fecundo período de produção literária. Rilke, em um mês, conclui o *Livro da vida monástica* (que será o primeiro livro do *Livro das horas*), em uma semana completa suas *Histórias do Bom Deus*, muito influenciadas pela experiência russa, e em uma noite ele faz brotar um texto cuja posteridade ultrapassará todas as suas expectativas: o romântico *Canto do amor e da morte do cornetim Christophe Rilke*.

Lou, por sua vez, inicia um novo romance, *Ma*, que será publicado em 1902 na coletânea *O país intermediário*. Ela escreve para Ellen Key, em outubro de 1899: "Quase terminei um relato mais importante, ligado a um assunto que tratamos oralmente: ultrapassando o amor que sente pelo companheiro e pelos filhos, uma mulher mergulha nas mais altas esferas religiosas".[16] Ma é uma personagem maternal por excelência; viúva e mãe de duas filhas, está prestes a ver uma nova vida começar para si: suas filhas são adultas, e um novo pedido de casamento lhe abre a perspectiva de uma felicidade emancipada da maternidade. Mas determinada em tudo por seu papel de mãe, ela recusa esse futuro assustador e conquista uma espécie de maternidade superior, totalizante, universal. Essa decisão, vivida nas ruas de Moscou como uma ressurreição, encerra o romance com uma imagem sugestiva: Ma se levanta do banco onde as dúvidas a torturavam e vai embora como que transfigurada, sob os olhos de um jovem poeta profundamente abalado por essa aparição. Amar sem amar um homem em particular, ser mãe sem filhos, é assim que se delineia cada vez com mais nitidez a busca de Lou Andreas-Salomé, ou seja, sentir um desejo sem outro objetivo além da própria vida, um desejo que tira seu molde do sentimento amoroso e materno sem se limitar a eles, que se eleva acima deles revelando-se como a própria fonte deles. Como Lou criança, que precisara da morte de seu Deus avô, a Lou adulta precisa da morte simbólica do amante, e da morte do desejo do próprio desejo de procriação, para chegar a uma forma superior de amor. Algo está em ação e se realizará em breve na relação de Lou com Rilke. A segunda viagem para a Rússia será a ocasião para tal.

Dessa estadia nos resta um testemunho fundamental, graças ao diário de viagem mantido por Lou, que será publicado postumamente com o título *Na Rússia com Rilke*[17]. Como seu editor francês, Stéphane Michaud, lembrou, esse diário é tão premeditado e organizado quanto *Minha vida*, e transforma a viagem numa evolução interior, um caminho que passa por um retorno às origens para produzir uma etapa essencial de maturação. Se o nome de Rilke brilha no título como uma homenagem, a autora é bastante discreta, no texto, sobre seu companheiro de viagem. No entanto, seu estilo é mais livre, brincando com as formas do inventário ou da descrição, e comunicando uma intimidade raramente compartilhada a esse ponto em Lou Andreas-Salomé.

Nesse mesmo inverno, em Berlim, Lou e Rilke haviam feito visitas cotidianas a Sofia Schill, convalescente de uma operação; ela logo será a guia deles em Moscou, onde passam as três primeiras semanas da viagem, no mês de maio de 1900. Sofia Nicolaievna Schill (1861-1928) trabalha e publica em Moscou sob o pseudônimo de Sergei Orlovski. De origem alemã, fizera uma parte de seus estudos em São Petersburgo e adquirira uma forte consciência social pelo contato com seus dois mestres, Tolstói e o filósofo cristão Vladimir Soloviev (1853-1900). Sofia ensina literatura russa aos operários moscovitas na rua Pretchistenka. É para um desses cursos que convida Lou e Rilke, e apresenta-lhes quatro de seus alunos. Evidentemente, recebem as respostas que suas perguntas pedem, e os dois visitantes ouvem tudo o que esperavam: um camponês de Smolensk, bastante engajado politicamente, começa a louvar as cotovias e o orvalho que acompanha seu duro labor. Num texto dedicado a sua amizade com Rilke e Lou, Sofia Schill se revela extremamente lúcida sobre o mal-entendido ocorrido então:

"Esse raro contato entre nossos camponeses e operários e as mais belas joias da cultura europeia foi interessante. Os dois não se interessavam muito pelos primeiros esforços dos operários russos para tomar parte ativa na vida política, mas sim por suas vidas cotidianas, pelo que conservaram de suas aldeias, por suas saudáveis raízes – a alma do arado, que a cidade e as barracas operárias ainda não tinham deformado completamente".[18]

Não que a discípula de Tolstói recusasse ao povo sua profundidade mística e seu enraizamento numa Rússia eterna, mas ela tinha a concreta consciência da situação contemporânea, urbana, proletária, que só podia exacerbar as fortes contradições que cegavam Lou e Rilke:

"Eles procuraram e viram em nosso país apenas um idílio, enquanto se reuniam as nuvens anunciadoras da tempestade e já rugiam os primeiros trovões velados. Eles viram tudo o que o povo tinha de puro e de luminoso, e era verdade. Mas eles se recusaram a ver a outra verdade, tão verdadeira quanto essa – que as pessoas definhavam sem direitos, na miséria e na ignorância, e que se deixavam vencer pelos vícios dos escravos: preguiça, sujeira, ilusões, bebedeiras. Quando evocávamos tudo isso com profunda tristeza, sentíamos que desagradávamos a nossos amigos; eles desejavam (com muita legitimidade) alegria e milagrosa tranquilidade".

Lou e Rilke deixam Moscou em 31 de maio. No trem, cruzam por acaso com Leonid Pasternak e sua mulher, que vão para Odessa; o filho deles está junto, o pequeno Boris, de dez anos. O menino teria ficado bastante impressionado pelo encontro com o estranho casal, pois quando adulto, ao tornar-se escritor, evoca a recordação da cena na abertura de sua autobiografia, *Salvo-conduto*:

> Numa quente manhã do verão de 1900, um expresso está a ponto de sair da estação de Kursk. No momento de partir, alguém se aproxima de nossa janela. Ele usa um casaco tirolês preta. Com ele, uma mulher alta. Provavelmente sua mãe, ou irmã mais velha. A três, com meu pai, eles falam de alguma coisa que conhecem juntos com o mesmo ardor, mas a mulher às vezes troca com minha mãe algumas palavras em russo, enquanto o desconhecido só fala alemão. Conheço perfeitamente essa língua, mas nunca a ouvi sendo falada daquela maneira. Além disso, naquela plataforma cheia de gente, entre dois apitos, aquele estranho parece um vulto entre os corpos, uma ficção no meio da realidade.[19]

Por Leonid eles ficam sabendo que Tolstói está em sua casa de campo, Iasnaia Poliana. Com obstinação, Lou e Rilke decidem fazer-lhe uma segunda visita. Pasternak os envia a seu amigo Boulanger, funcionário da estrada de ferro e discípulo do grande escritor. Eles telegrafam, se organizam: em 1º de junho, tomam o rumo da célebre "clareira luminosa", que se torna verdadeiro local de culto. O encontro com Tolstói não trará nada de bom. O dono da casa se faz esperar por bastante tempo, deixando a seu filho e depois a sua mulher, bastante mal-humorada, a tarefa de fazê-los esperar. Mas o diário de Lou deixa desse momento um testemunho que se inscreve, no fundo, em sua contemplação admirativa da primavera russa: "A paisagem tinham uma suavidade maravilhosamente russa".[20] Quando seu olhar, lançado para as vastas extensões, se fixa no velho, é para fazer dele uma imagem impressionante, olhar "atento à maneira como ele resumia a paisagem, como se inclinava de tempos em tempos para colher flores, primeiro centáureas amarelas, depois miosótis". Lou faz então um belo retrato de Tolstói:

> Os olhos vivos brilhavam no meio de um rosto infeliz e como que atormentado, sua vivacidade parecendo para além de todas as coisas, afastada de todas as coisas. Ele parecia um pequeno camponês encantado, um ser mágico, que o vento atacava com força pelo flanco, e que era colocado em seu verdadeiro meio por nossa caminhada – palha levada pela tempestade, misteriosa energia desafiando a tormenta. Em sua casa, é um solitário, profunda e completamente abandonado no centro de um mundo que lhe é estranho, *absolutamente* estranho.

Soberana, nada temendo do que a vida expressa e da relação com o mundo, Lou guarda desse momento a recordação de uma festa, concentrada no buquê de miosótis com o qual retoma a caminhada. A percepção de Rilke é mais traumática: trata-se de sua identidade de poeta diante do monstro sagrado da literatura russa. Ele precisa primeiro sofrer a afronta de uma porta violentamente fechada à sua frente, que deixa entrar apenas Lou. Quando Tolstói finalmente consente em dirigir-lhe a palavra, é para fazer-lhe com frieza uma pergunta terrível: "Qual sua atividade? Creio ter respondido, escrevi uma ou duas coisas...".[21] Essa torturante situação parece fazer eco aos tormentos de Ewald Tragy, incapaz de encontrar o caminho para uma afirmação de si. Vinte e cinco anos mais tarde, Rilke relataria esse momento a Charles du Bos[22], as perguntas cruéis de Tolstói e o abismo que se abriria se ele tivesse confessado que fazia poesia.

Lou e Rilke continuam seu caminho em direção ao sul, à Ucrânia. Eles fazem uma escala em Tula, que se estende pelas duas margens de um afluente do Oka: Lou fica impressionada ao constatar que uma usina reina no meio da cidade, relegando a igreja para fora das muralhas.

Então passam por Kiev: depois de deixarem por duas vezes hotéis lamentáveis, se hospedam no Hotel Florenzia, "um encantador hotelzinho situado numa colina, em meio a amplos jardins e parques".[23] Ali ficarão quase duas semanas. O povo de Kiev é insistente, desagradável e tolo; mas a entrada da cidade é grandiosa: "Kiev parece saída de um conto". O diário de Lou multiplica o número de relatos de visitas a igrejas e monastérios. Depois, em 10 de maio, embarcam no *Mogoutchi*, o "Poderoso", para descer o Dniepre, no qual tomam banhos regulares. Mais 24 horas de trem os conduzem à Grande Rússia, para o nordeste; eles chegam a Saratov em 23 de junho; dali, embarcam no Alexandre Nevski, que sobe o Volga até Nijni Novgorod, berço da antiga Rússia.

A alguns quilômetros de Iaroslav, tomam uma decisão pitoresca e na mesma linha da visão idílica que tinham do povo russo: se estabelecem por quatro dias à entrada da aldeia de Kresta-Bogorodskoie e, à sombra de uma isbá, se passam por camponeses. Deitados num enxergão e expostos aos mosquitos, se alimentam de uma "infame compota", sofrem com farpas sob as unhas; mas leem, costuram, percorrem as ruas com os aldeões, são inclusive abordados pelo idiota da aldeia. Rilke, quando da partida, recebe a bênção de Grichka, que tivera a bondade de lavar as roupas sujas deles: "Você também faz parte da gente simples", ela dissera afetuosamente ao jovem poeta.

A ilusão do ideal rústico é também alimentada por uma visita a Spiridon Dimitrievitch Drojine (1848-1930). Esse poeta-camponês, esquecido pelos manuais de literatura russa, mora em Nisovska numa modesta isbá que não passa de um estábulo. Lou e Rilke, deitados no feno, admiram, não sem certa ingenuidade, a perfeição da vida camponesa: "A simplicidade e a força desses seres, sua serenidade que quase não é desse mundo, por provir de uma alegre submissão, os tornam cativantes e comoventes[24]".

No entanto, o retorno a Novinki, uma pequena aldeia na confluência do Volga e do Sheksna, permite a Lou reavaliar, alguns dias e páginas mais adiante, o prestígio de Drojine: sua poesia não está à altura da beleza primordial do mundo rústico, não passa de um "embelezamento poético", "quase ridículo assim que comparamos o poeta camponês aos Tolstói tão cultos, originais e magnificamente calmos no fundo de si mesmos".[25] Nessas linhas, Lou de certa forma se trai, e revela a profunda estilização estética que determina seu olhar sobre o campesinato russo.

Lou trabalha bastante afirmando a plenitude, a completude, algo que pudesse dar conta da imprescindível unidade da vida. É o que vai procurar na Rússia: o fantasma da origem, da alma incorruptível dos povos, da fé nativa dos primórdios do mundo. A observação admirativa do isolamento de Tolstói, "absolutamente estranho ao mundo", não deixa de ser uma recusa instintiva de tudo o que separa. Essa busca é digna de cegueiras, sem dúvida. No entanto, através da exaltação desvairada desses dias de alegria, transparece nas lembranças de Lou a expressão de uma perda, de uma nostalgia no fundo da qual seria necessário construir uma vida. Dois momentos do Diário traem esse claro-escuro da vida: primeiro a primavera de Isnaia Poliana, que lhe lembra os dias da infância, durante a mesma estação, quando seus pais saíam do apartamento petersburguense para se instalar no campo, em Petershof. Os cheiros de laca e roupa de cama úmida, mas também o canto dos pássaros e o perfume das bétulas e dos lilases lhe davam uma consciência mais aguda do tempo que passa, "cada ano era preciso se misturar com mais dificuldade à vida alegre da natureza", enquanto a infância aos poucos desaparecia.

> Cada mudança fala de perda, de olhar para trás, de tempos revoltos, e provoca o temor [...] Cada primavera russa ressuscita em mim algo dessa nostalgia: não conheço nada mais

melancólico, nem mais penetrante, que sua aproximação e essas casas ainda semivazias.

Mas é sobretudo o deslocamento pelo interior da Rússia, de trem e mais ainda de barco ("De trem atravessamos a paisagem, de barco a acolhemos"), que indica o quanto o país natal que a recebe em seu seio lhe custa de separação simultânea. Diante da beleza sublime do Volga que a transporta, Lou sente a Rússia e o russo como amplos demais e íntimos demais ao mesmo tempo:

> Esse tipo de homem e esse tipo de paisagem fazem voltar em mim recordações de infância, parecem tanto um retorno às origens! O desenrolar do país sob meus olhos, a saudação rápida que dirijo com todo meu ser a cada margem em eterno adeus.[26]

A viagem à Rússia marcará uma página decisiva para o desenvolvimento de Lou Andreas-Salomé, uma etapa da qual tem clara consciência: até então, para ela, as viagens (como todas as coisas, como também a relação com Gillot) tinham sido "autocriações da vida", o sinal forte "de uma marca subjetiva". Mas a Rússia permite o acesso a uma visão mais objetiva, um olhar mais contemplativo em que as coisas aparecem em sua plenitude, mais generosas e exuberantes do que o indivíduo jamais poderá acolher em si. Para além da juventude que se afasta, é a infância que reaparece, essa infância ideal anterior à subjetividade e ao egoísmo, que sucumbe ao que, "independente de mim, amadureceu ao longo da vida". A paisagem do Volga fala com ela, e diz:

> Não estou aqui simplesmente para estabelecê-la em mim, nem para oferecer o mais nobre solo que convém à sua vida – represento para você uma realização pelo simples fato de existir. Minha paisagem dá forma a tudo que você desejou: simplesmente seu sonho não lhe revelou que o objeto de

seu desejo era uma paisagem, pois o destino não fez de você pintora e seus sonhos obedecem a outros modelos. Se não, você teria me conhecido, você teria me antecipado em imagens há muito tempo. Talvez você seja impedida de voltar às minhas margens ou volte doente, velha e infeliz, procurando um túmulo ou duvidando de tudo – não cessarei, no entanto, aconteça o que acontecer, de consolá-la com minha perfeição, com a calma profunda proporcionada por minha contemplação. Pois tudo o que você quis, suas diversas orações, seus risos, seus sonhos, canções ou lágrimas, tudo isso sou eu.[27]

Na conta da subjetividade e do egoísmo – repetem os ensaios e diários de Lou de maneira incansável – também devem ser colocados a vida mundana e o ato sexual, experiências violentas da separação e da guerra dos sexos. Uma simples alusão, no *Diário da Rússia*, à superação dessas correntes alienantes nos indica que algo está começando a se romper na relação de Lou e Rilke. Em todo o texto, o nome de Rainer não aparece, e o "nós" se apaga diante do "eu". É que Lou está muito à frente, e muito longe, enquanto o jovem poeta se debate com a busca mais dolorosa, a dependência maior, a incompreensão ainda manifesta diante das coisas e do mundo, cegado pelas tormentas de sua subjetividade, que com imprudência confiara a sua musa, sua mãe, sua Madona. Não devemos nos enganar, Rilke tentou de tudo para fazer dessa viagem a ascensão a esse novo olhar que reivindicará ainda por muito tempo, aos olhos de Lou, com seus desejos. Contemplando o Volga, ele escreve em 31 de julho de 1900: "Reaprendemos todas as dimensões. Percebemos que a terra é grande. A água é grande, e grande sobretudo é o céu. O que vi até agora não passava de uma imagem da terra, do rio e do mundo. Mas aqui, é tudo isso na realidade. Parece-me ter assistido à Criação: algumas palavras para o Ser total, as coisas à medida de Deus pai".[28]

Anos mais tarde, em *Minha vida*, Lou esclarece a experiência russa de Rilke à luz de um sentimento religioso original:

"Assim também Rainer, que sentia em si essa natureza suscetível de aceitar a vicissitude mais violenta. Esta fatalidade chamava-se, para esse povo, 'Deus', não um poder que das alturas do trono aliviava suas penas, mas somente uma proteção máxima, a não permitir que o coração fosse atingido por alguma destruição fatal".[29]

Ambiguidade, sempre, do olhar retrospectivo de Lou: discurso sincero, que revela uma verdade profunda, perceptível na poesia rilkeana da viagem russa, como *O livro das horas*, em que o verbo se faz *oração*; mas também, no momento em que ela mesma se tornará para ele essa ameaça de destruição, um acobertar que o impele retrospectivamente à mais severa resignação. Pois ao voltar da Rússia, no *Diário de Worpswede*, na data de 27 de setembro, Rilke faz uma constatação amarga: "A viagem à Rússia, com suas perdas cotidianas, foi para mim uma prova infinitamente angustiante da imaturidade de meus olhos, incapazes de acolher, de reter e mesmo de soltar, e que, cheios de imagens obsedantes, perdem tantas belezas para conduzir apenas a decepções".

O que acontecera? Em 7 de julho, Lou escreve a Sofia Schill dizendo achar que seria uma boa ideia Rilke passar todo o inverno em Moscou, mas sem ela: "Isso lhe faria mais bem que Schmargendorf. Tenho meu próprio ninho, lá, enquanto ele é um pássaro livre com um grande voo pela frente". Em 27 de julho, ela deixa bruscamente a Rússia e parte para se encontrar com a família de seu irmão em Rongas, na Finlândia, deixando atrás de si Rilke sozinho em São Petersburgo. Das três cartas que testemunham a ruptura, não conhecemos as duas primeiras: sabemos apenas que Rilke envia para Rongas uma carta que ele mesmo julgará "difícil" e "horrível"; que Lou, em *Minha vida*, explica que na carta ele se chamava de "quase como um réprobo por causa da pretensão de tuas orações"[30]; que Lou a responde de maneira que cada palavra "fizesse bem" a Rilke e o atingisse "como uma onda". Mas do conteúdo dessa carta não devemos esperar nada de bom nem de reconfortante, pois a resposta de Rilke manifesta uma alegria forçada e marcada de surdo pânico. A carta de 11 de agosto de 1900[31], que foi conservada, tenta de todas as formas permanecer na terna retórica dos amantes: ele se força a falar dos pequenos esquilos de vida tão ligeira e livre: "Como você vai fazer falta a esses pequenos. Estarão maduros o suficiente para correr sem você pelos bosques e pelo mundo?". Depois, pedidos de retorno, súplicas de reencontro, concluindo no caráter inabalável da confiança e da alegria que presidiriam invencivelmente o amor deles. No entanto, uma passagem central da carta expressa, com o mais sombrio desespero, o sentimento de exclusão e abandono, uma temível conscientização: ele, o poeta dilacerado por angústias, continuaria estranho e inoportuno no círculo soberano da sabedoria de Lou. "Hoje me é quase insuportável pensar que, no grande concerto que a cerca e no qual você encontra pequenas vozes de crianças, minha voz seria a única estranha e banal, a voz do mundo entre as palavras e os silêncios sagrados que tecem os dias. Será realmente assim? Tenho medo." Anos mais tarde, em *Minha vida*, Lou consideraria essa reação como uma "incompreensível recaída". Mas o tédio é cansativo e a solidão intolerável para um ser não apenas apaixonado, mas que se entrega por inteiro a esse amor como o único caminho possível para uma afirmação de si.

De 27 de agosto ao início de outubro de 1900, Rilke se fixa em Worpswede, uma pequena cidade da Baixa Saxônia, ao norte de Bremen, que desde 1889 abriga uma colônia de artistas de inspiração expressionista. Em 1895, o jovem pintor Heinrich Vogeler (de apenas 23 anos) ali se estabelece, numa casa apelidada Barkenhoff, que logo se torna o coração da colônia. Rilke conhecera Vogeler em 1898, quando de sua primeira estadia em Florença, e os dois tinham se tornado amigos. Em 1902, Rilke escreverá um longo artigo sobre Vogeler (demonstrando mais simpatia pelo homem do que admiração pelo artista), depois, no ano seguinte, um ensaio sobre Worpswede. O contato com a colônia de artistas servirá de laboratório aos escritos de Rilke sobre artes plásticas, do magistral ensaio sobre Rodin, de 1903, às *Cartas sobre Cézanne*, de 1907. Na casa de Vogeler, Rilke conhece Clara Westhoff, jovem escultora de 22 anos, aluna de Fritz Mackensen. Conhecida por Rilke no momento de sua ruptura com Lou, ela se tornará sua mulher, em 1901, e a mãe de sua filha, a pequena Ruth.

Por enquanto, Rilke volta a Schmargendorf, onde fica de 5 de outubro de 1900 ao fim de fevereiro de 1901. Esses meses de inverno perto de Lou, que o evita, são para o poeta um período de grave crise, e o doutor Pineles diagnostica um estado depressivo acompanhado por importantes manifestações ciclotímicas. No *Diário de Worpswede*, continuado em Schmargendorf, Rilke reinterpreta de maneira sombria o "país intermediário" que Lou identifica com a adolescência e que será o título da coletânea de novelas na qual ela trabalha. O país intermediário se torna para ele um estado entre a vida e a morte, um vazio mortal no coração da própria vida:

> Se a toda morte (como a toda vida) uma duração precisa foi atribuída, é preciso que dias como esses últimos me sejam contados e deduzidos. Foram de fato dias embaixo da terra, sob a umidade e a podridão.
> [...]
> Temo que dias assim não pertençam mais à morte do que à vida. Eles pertencem... Ó, país intermediário, se há, acima de ti, um espírito, um deus intermediário, é a ele que eles pertencem, a esse estranho estrangeiro. É isso o que ele

quer. Essa ausência de esperança, esse sufocamento da alma.
[...]
Acima da vida e da morte, há Deus. Mas não há nenhum poder acima do país intermediário que exista, a despeito de sua força e de sua presença, e que não conheça nem espaço, nem tempo, nem eternidade.

(13 de dezembro, na noite)[32]

Ao longo do mês de janeiro, o diário de Lou revela sua exasperação com Rilke; depois de suas caminhadas, e apesar de compartilharem diversos temas de conversa sobre a Rússia, arte e literatura, Lou se censura por suas mentiras e suas atitudes maldosas. Ela está no fim de sua paciência e não suporta mais a distância que se cria entre sua própria emancipação e a dependência nefasta de Rilke. Em 26 de fevereiro, ela lhe escreve uma carta que intitula "última chamada". Nessa famosa carta, muitas vezes se quis ver a prova da desenvoltura cruel da mulher fatal, ou a culpada condescendência de quem vive para si mesmo. No entanto, é preciso considerar as circunstâncias e o teor exato do texto. Rilke já tinha o projeto de se casar com Clara; Lou pensa que essa decisão poderia ajudá-lo a emancipar-se, e que seria responsabilidade dela não mais manter uma relação na qual o poeta fustigado pela depressão se perdesse mais do que se encontrasse. *Em Minha* vida, a propósito dessa última chamada, Lou se explica de maneira póstuma para Rilke: "Era agora urgente que conquistasse tua liberdade e teu espaço, e todo o desenvolvimento que te estava reservado".[33] Parece-nos importante que essa carta, que marca um ponto de ruptura fundamental, mas também a possibilidade da longa amizade que os unirá ainda por 23 anos, seja transcrita na íntegra:

Última chamada.
Agora que tudo é apenas sol e calma à minha volta e que o fruto da vida adquiriu sua consistência madura e doce, a

lembrança que com certeza ainda nos é cara dessa estadia em Waltershausen, onde vim a você como uma mãe, me impõe uma última obrigação. Deixe-me, portanto, dizer-lhe, como mãe, a obrigação que contraí há anos com Zemek depois de uma longa conversa. Se você se aventurar livremente pelo desconhecido, será responsável apenas por você mesmo; em contrapartida, no caso de um compromisso, você precisa saber *por que* repeti incansavelmente qual era o único caminho sadio: Zemek temia um destino do tipo Gárshin*. Aquilo que você e eu chamamos de "Outro" em você – esse personagem sucessivamente superexcitado e deprimido, passando de uma excessiva pusilanimidade a excessivos arrebatamentos – era um companheiro que ele temia por conhecê-lo demais, e porque seu desequilíbrio psíquico poderia degenerar em doenças da medula espinhal ou em demência. Ora, *isso não é inevitável*! Nos *Cantos de monge*, em vários períodos anteriores, no inverno passado, neste inverno, conheci você perfeitamente são! Compreende agora minha violência e minha angústia ao vê-lo derrapar de novo, ao ver ressurgir os antigos sintomas? De novo essa paralisia da vontade, entrecortada por sobressaltos nervosos que dilaceram seu tecido orgânico ao obedecer cegamente a simples sugestões, em vez de imergir-se na plenitude do passado para nele serem assimilados, elaborados corretamente e reestruturados! De novo essas alternâncias entre hesitação profunda e encolhimento de tom, afirmações brutais, sob domínio do delírio e não da verdade! Cheguei a sentir-me eu mesma deformada, desviada pelo tormento, sobrecarregada, caminhava como um autômato a seu lado, incapaz de arriscar um verdadeiro carinho, toda minha energia nervosa esgotada. Enfim, cada vez com mais frequência, o repeli – e se deixava você me puxar para si, era por causa das palavras de Zemek. Eu sentia: desde que aguentasse, você se *curaria*! Mas algo interveio – como uma espécie de culpabilidade trágica para com você: o fato de que depois de Waltershausen, apesar de nossa diferença de idade, não parei de ter que crescer e crescer de novo até o resultado que lhe confidenciei com tanta alegria quando

---

* Vsevolod Mikhailovitch Garchine (1855-1888), escritor e aristocrata russo. Gárshin, vítima de graves crises de angústia, se jogara do alto de uma escada e morrera, depois de cinco dias de agonia, aos 36 anos de idade. (N.A.)

nos deixamos – sim, por mais estranhas que pareçam essas palavras: até reencontrar minha *juventude*! Pois somente agora sou jovem, somente agora posso ser o que outros são aos dezoito anos: totalmente eu mesma. É por isso que a sua silhueta – ainda tão terna, tão precisamente consistente para mim em Waltershausen – se perdeu progressivamente a meus olhos como um pequeno detalhe no conjunto da paisagem – como as vastas paisagens do Volga, onde a pequena isbá visível não era mais a sua. Obedecia sem saber ao grande plano da vida que já estava pronto para mim, sorrindo, um presente além de qualquer expectativa e compreensão. Acolho-o com profunda humildade; e, lúcida como uma vidente, lanço a você o seguinte apelo: siga esse mesmo caminho ao encontro de seu Deus obscuro! Ele poderá fazer o que não posso mais por você, nem o podia todo meu ser há muito tempo: dar a bênção do sol e da maturidade. Através da longa, longa distância, dirijo-lhe a você essa exortação para que você se reencontre, não posso nada além disso, e para que evite a "hora mais difícil" de que falava Zemek. É por isso que fiquei tão comovida ao escrever em uma de suas folhas, quando nos separamos, minhas últimas palavras, *sem poder pronunciá-las: isso é tudo o que eu queria dizer então.**

Nada se ganhará ao ler a relação entre Lou Andreas--Salomé e Rainer Maria Rilke como o jogo cruel de uma mulher maternal e castradora, não mais do que evocar o penoso delírio de um jovem poeta cambiante e depressivo. Enquanto considerarmos a ligação sob o ponto de vista de um desequilíbrio, seja Lou abusando de sua força, seja Rilke se atraindo a infelicidade por sua fraqueza, perderemos a natureza de uma relação que, em suas rupturas e exasperações, é uma extraordinária vitória. Prova disso são os 23 anos de amizade que sobreviverá à separação dos dois. Pois, no fundo, se trata de uma dupla captura.

---

* "Se um dia, bem mais tarde, você se sentir mal, haverá em nossa casa um lar para a hora mais difícil." Citado *in* Rainer Maria Rilke – Lou Andreas-Salomé, *Correspondance*. Texto estabelecido por Ernst Pfeiffer (1975) e traduzido em francês por Philippe Jaccottet, Paris, Éditions Gallimard, 1980 e 1985, nota da p. 51, p. 458. (N.A.)

Na polaridade da plenitude e da falta, da autonomia e da dependência, há um contrato em que cada um expressa sua força, ancora sua posição para que seja reforçada a do outro. É notável a constante expressão de uma *gratidão* mútua. Quando, em sua "última chamada", Lou reivindica uma juventude enfim encontrada, entende com isso a felicidade de uma plenitude, isto é, que lhe foi dado vencer a infelicidade da individuação, sentir de novo a indeterminação das fronteiras entre o eu e o mundo; como vimos, a passagem à idade adulta precisa de abandonos em série, renúncias; o princípio de realidade é separação, corte, análise: eu e o mundo, um objeto e outro, o amor e o sexo, o amante e o amigo, separados pela morte do deus da infância, o Deus avô. Na Rússia, Lou redescobre a abundância da totalidade, da unidade reencontrada, da origem reconquistada. E o que lhe lembra Rainer, companheiro que precisa abandonar no caminho? A aspiração à união que caracteriza os seres separados, a distância infinita provocada pela proximidade de dois amantes. Rilke encontra seu *primum mobile* no vácuo criado pela falta, pelo afastamento de si mesmo, pelo espaço assustador aberto pelo mundo dentro da alma. Não há crueldade em Lou por querer, na "Última chamada", diminuir os sofrimentos psíquicos de Rilke por desordens físicas, pelo patológico: ela não o condena, ela tenta preencher de novo esse espaço doloroso, devolver a consistência do corpo, sugerir o traçado de um caminho mais saudável. O "deus obscuro", cuja direção ela aponta, é o da imanência, é a força de vida que ainda existe em qualquer doença, e que ela herdou de Nietzsche. Com certeza, o buraco negro no coração do poeta o coloca em perigo, ameaça sugá-lo e arrancar suas próprias forças. Mas nessa rejeição há um dom, há ternura nessa severidade. No entanto, há opacidade na plenitude de Lou, pois ela não é um deus, ainda que Rilke a ache. Há uma agitação silenciosa em querer preencher os espaços, em saturá-los de alegria e escurecê-

-los de certeza. Há solidão em aprofundar a distância não dentro de si mas ao redor de si. Rilke semeia a terra espessa de Lou, faz sulcos, pois ele é o criador, e ela sabe disso ("não sou uma artista"). Pela súplica quase vampiresca de seu amor doente, ele obriga Lou a fazer circular o fluxo que ela quer imobilizar. Ali onde Lou reivindica um mundo cheio, saturado, ele lhe abre um espaço, o espaço interior do mundo (*Weltinnenraum*) que será decisivo em sua poesia. Se Lou guardou quase todas as cartas de Rilke e destruiu quase todas as suas, é também porque lhe é extremamente difícil exibir sua alma esvaziada do espaço rilkiano; porque, sobrevivente, ela teve a palavra final, pôde escolher mostrar apenas o caminho dele, recobrindo com um véu de silêncio, ou com uma aura miraculosa, sua própria trilha: "O que dilacerava você profundamente quando se tratava de sua criação, para mim caíra do céu sem esforço de minha parte". Essa plenitude de Lou não engana: o amor de Rilke a desmascara, a obriga a enunciar o *corte* pressuposto por semelhante vitória:

> E contudo, isso, ao mesmo tempo, não me arrancava de ti? Daquela realidade de teus inícios, na qual havíamos sido como uma só imagem? Quem pode penetrar a escuridão da última proximidade e da última distância de dois seres! Nessa proximidade de ti estava eu, ardente e inquieta, e portanto fora daquilo que une um homem e uma mulher, e doravante isso nunca mais foi para mim de outra maneira. Irremediavelmente excluída do que restava, do que ia viver e crescer, até a hora da tua morte, até a hora da minha morte.
>
> Nada quero atenuar. Com a cabeça entre as mãos, lutei então muitas vezes comigo mesma para compreender. E fiquei profundamente estupefata no dia em que li, num antigo diário manuseado que pouco podia ainda falar de experiências, esta frase nua e crua: "Sou fiel para sempre às lembranças; jamais o serei às pessoas".[34]

Loufried
(1903-1911)

Dois anos e meio de silêncio se seguiram à "última chamada" de Lou para Rilke. Este se casa com Clara Westhoff em abril de 1901, e eles têm uma filha, Ruth, em dezembro. Rilke publica *O livro das imagens* e o ensaio sobre *Worpswede*. Desde agosto de 1902, ele mora em Paris, frequenta o ateliê de Rodin, e a impressão causada por este é tão forte que em algumas semanas ele conclui um admirável ensaio, *Auguste Rodin*: "[Esse] ensaio nada mais é do que uma experiência pessoal, um testemunho desse primeiro período parisiense, pois me sentia, sob o efeito de uma impressão desmesurada, um pouco protegido dos mil medos que viriam depois".[1] Esses medos, que logo serão enunciados em Os cadernos de *Malte Laurids Brigge*, são causados pela fervilhante vida urbana da capital francesa, sua violência e sua miséria, mas também pela profunda vulnerabilidade de sua relação com o mundo, que ameaça incessantemente suas faculdades de poeta, sua busca de um apoio sólido para se manter na vida, que ele pouco a pouco encontrará na densidade da escultura de Rodin, na plenitude da "coisa", na espessura concreta da vida material; "recorra às coisas que o cercam", aconselharia ele nas *Cartas a um jovem poeta*, fixando um novo ponto de partida à sua poética.

Porém, agora, Rilke está desesperado. Em seu quarto da Rue de l'Abbé-de-l'Épée, Rilke se lembra do bilhete que Lou lhe passara no momento da separação, do qual a última chamada não passa de uma longa variação: "Se um dia, bem mais tarde, você se sentir mal, haverá em nossa casa um lar para a hora mais difícil". Sem dúvida ele jamais o esqueceu, mas precisaria da coragem para reunir todas as suas forças para retomar o contato com ela e lembrá-la de sua promessa. Em 23 de junho de 1903, ele envia de Paris, logo antes de partir para Worpswede, um curto bilhete a Lou: "Há semanas que quero lhe escrever e não ouso fazê-lo, por medo que seja cedo demais; mas quem sabe se, na hora mais difícil, eu poderia vir".[2] No dia 27, Lou responde de Berlim, garantindo sua hospitalidade, mas lhe propondo "[se] encontrarem primeiro por escrito". Com o silêncio rompido, Rilke ousa uma longa carta, no dia 30. O tom é calmo, mas fervoroso. Ele aprendera a se tornar um pouco mais simples e paciente. O casamento e a paternidade ajudaram, bem como seu encontro com Rodin. Ele menciona o horror da cidade grande e a solidão de sua estadia em Viareggio. Fala da angústia que se apossa dele algumas vezes, cuja origem remonta à infância, o sentimento que sentiu de ser um estrangeiro sobre a terra, sem espaço possível, "como um homem morto muito longe de casa, sozinho, a mais, fragmento de outro conjunto". Ele espera muito da retomada da correspondência entre eles e promete a Lou que se sentirá melhor agora que lhe é permitido escrever. Ela o tranquiliza, escreve cartas cada vez mais longas, procura meios de ajudá-lo.

O restabelecimento dessa troca inaugura uma amizade que durará até a morte de Rilke, em 1926. Lou demonstra uma sutileza de análise e uma força de encorajamento excepcionais, e entende o pedido em forma de confissão de Rilke: "Somente você sabe quem eu sou. Somente você pode me ajudar, e senti desde sua primeira carta o poder que suas palavras calmas exercem sobre mim. Você pode me explicar o que me escapa, pode me dizer o que devo fazer; você sabe quando devo ou não me alarmar: devo me alarmar?".[3] Lou Andreas-Salomé coloca em ação ao mesmo tempo toda a herança de Nietzsche e a intuição do mundo psíquico que a conduzirá diretamente à psicanálise. Ela sabe estar falando com um criador, e é no terreno da criação, de suas relações com o sofrimento e a força, que aborda o medo do poeta diante da vida. Ela insiste no caráter psicológico de várias angústias, na continuidade entre físico e psicológico, na doença e na saúde como pontos de vista recíprocos; a questão nunca é a felicidade ou a verdade, mas a afirmação da vida, que transfigura a dor em alegria, o sofrimento em força criadora:

"Essa coisa 'mais real', à qual recentemente você escreveu que gostaria de se agarrar quando suas angústias interiores o esvaziam de qualquer outra sensação e parecem entregá-lo ao desconhecido – essa única coisa real, você já a tem em si, escondida como uma semente, e é por isso que você não se deu conta ainda. Você a possui porque se tornou um arpento de terra onde tudo o que cai, mesmo os menores fragmentos, os piores fracassos, torpeza e detritos, deve sofrer uma elaboração unificadora que constituirá o alimento dessa semente. Portanto, pouco importa que isso se apresente primeiro como um monte de sujeira derramado sobre sua alma: tudo se transformará em terra, em você. Você nunca esteve tão perto da saúde quanto hoje!"[4]

Lou, para Rilke, jamais mencionará Nietzsche abertamente, mas a concepção da criação e do poder vital do criador se refere profundamente a ele. O que tenta fazer Rilke reconhecer, essa elaboração unificadora de que fala, é a vontade de poder, como poder de avaliação, de legislação e de criação. Ela não cessará de professar as seguintes linhas a Rilke, que escrevera a propósito da afirmação vital, em *Friedrich Nietzsche em suas obras*, por tê-las entendido e assimilado por si mesma:

> Apanhados de maneira inextricável na rede da vida, acorrentados sem esperança a seu círculo fatal, precisamos aprender a dizer "sim" a todas as formas que assume, para podermos suportá-la: somente a alegria e o vigor com os quais proclamamos esse "sim" nos reconciliam com a vida, porque nos identificam com ela. Sentimo-nos, então, um elemento

criador de seu ser; melhor: tornamo-nos seu próprio ser, com toda sua superabundância de plenitude e forças. *O amor sem restrições pela vida*, essa é a lei moral única e sagrada do novo legislador.[5]

Em 1905, esse ensinamento se traduz concretamente na publicação do *Livro das horas*, que faz uma síntese da relação de Rilke com Lou. A primeira edição tem a seguinte dedicatória: "Depositado nas mãos de Lou". A experiência russa é onipresente no livro, e vemos desenhar-se a "elaboração unificadora" que transforma a pobreza em riqueza, o sofrimento em superabundância de vida. Rilke desenvolve o tema da pobreza, a forma da oração, a transfiguração da morte em afirmação superior (a "grande morte"). A dimensão religiosa da coletânea não deve enganar: o Deus de Rilke é relacionado ao de Lou, totalidade cósmica e imanente em que o indivíduo se realiza ao abrir-se ao "espaço interior do mundo", sob a maneira de uma *gratidão* fundamental. A figura do monge é, como em Nietzsche, o disfarce do artista, e "Deus é a obra de arte mais antiga" (*O diário de Florença*), divindade em devir, a criar. Numa conversão que tem o caráter de uma iluminação, a "hora mais difícil" se torna hora criadora, e o *Livro das horas* inicia nesse ponto de inversão:

> Eis que a hora declinando me atinge,
> Com seu golpe claro, metálico:
> Meus sentidos tremem. Sinto que posso –
> E agarro o dia plástico.[6]

Ao longo de seus anos de amizade, Lou procura encontrar as forças vitais de Rilke por trás dos desalentos, decifrando como uma incansável filóloga os poemas cuja gênese persegue. Ela acompanha a eclosão do universo poético rilkiano, que pouco a pouco encontra coragem para mergulhar em abismos, para abrir o céu e para convocar o anjo: chegando às *Elegias de Duíno* e os *Sonetos a Orfeu*, ápice de sua obra. Rilke terá outros amores, mas Lou jamais será destronada de sua posição única. E nessa amizade de 23 anos, fiel até a morte, Lou verá "o mistério da mais intensa proximidade e da mais extrema distância".

Enquanto isso, Lou voltara a ser amante de Zemek. Depois da ruptura com Rilke, ela passara o verão e o outono com ele, entre a Suíça saxã e Viena. Ao voltar a Berlim, fica sabendo da morte de Paul Rée, ocorrida em 29 de outubro de 1901. Ela escreve a Frieda von Bülow:

"Não consegui superar isso por semanas, devido a certas razões terríveis que só posso contar-lhe pessoalmente. Você sem dúvida sabe que ele sofreu uma queda mortal em Celerina (Alta Engadina), onde passávamos juntos os meses de verão e onde ele vivia sozinho há anos, verão e inverno. Reli antigas cartas e muitas coisas se iluminaram para mim. Todo o passado se tornou um presente fantasmático".[7]

Durante os últimos anos de sua vida, Paul mergulhara com ímpeto na ação, o que até então lhe faltara. Depois de fracassos renovados junto a universidades e junto ao público científico, ele começa a estudar medicina, e obtém seu diploma em 1890, em Munique. Ele então exerce a profissão em Stibbe, depois em Celerina, como médico dos pobres, obtendo uma reputação, lendária na região, de bondade e solidariedade. Paradoxalmente, o moralista que não cessara de denunciar o egoísmo inato da natureza humana, o ardil do interesse em toda moral altruísta, dava lugar ao médico completamente dedicado ao próximo e ao apaziguamento dos sofrimentos físicos. Na noite de 28 de outubro de 1901, Paul Rée é encontrado morto no fundo dos desfiladeiros de Charnadüra, na Suíça. Os mais recentes estudos biográficos sobre Rée[8] não estão em condições de determinar as causas exatas de sua morte. Não se sabe se a "queda mortal" citada por Lou em *Minha vida*, expressão lapidar carregada de homenagem implícita, é consequência de um acidente ou de um suicídio. Por falta de provas, só é possível conjecturar.

É certo que a ideia do suicídio sempre perseguira Paul Rée, e cada período de depressão o fazia considerar essa possibilidade. Por outro lado, também vimos o quanto, da chama vital semiapagada evocada por Nietzsche à máscara mortuária sonhada por Lou, a morte rondava em torno dele. Mas contra a hipótese de suicídio é preciso considerar dois tipos de argumento. Do estrito ponto de vista biográfico, catorze anos separam seu rompimento trágico com aquela que era tudo para ele, e sua morte. Durante esse período, ele se tornou útil, reconhecido e conquistou uma vida ascética e mais forte, que se contrapunha à eterna fraqueza de que se acusava constantemente. Do ponto de vista filosófico, também seria preciso evocar o pensamento de seu mestre Schopenhauer. É dele que Rée herda sua radical visão pessimista da condição humana. Mas Schopenhauer jamais se contentara em fazer uma obra de moralista. Havia em sua filosofia um conteúdo positivo; ele formulara uma exigência ascética como única extirpação possível à tirania cega do querer-viver na individuação: uma moral da piedade na qual, com o apagamento dos limites da individuação, o sofrimento podia ser vencido. Ao se dedicar ao sofrimento alheio, Rée podia experienciar a comunhão inata dos humanos no sofrimento e elevar-se acima de sua condição individual. No suicídio, pelo contrário, Schopenhauer via uma última vitória do querer-viver individual, que preferia destruir a si mesmo a encontrar forças de arrancar-se à individuação. De todo modo, médico dos pobres morto acidentalmente nas montanhas ou filósofo pessimista e desesperado levado ao suicídio, nos dois casos Paul Rée terá encontrado uma morte coerente com sua vida. Acaso tornado necessidade, diria Nietzsche.

Entre 1901 e 1908, Lou faz muitas viagens com Zemek. No início de maio de 1901, os dois amantes passam uma semana em Nuremberg, onde a irmã de Zemek, Broncia

Pineles, e seu marido Hugo Koller se estabeleceram; o verão de 1902 é dedicado a um périplo de Viena a Veneza, o verão seguinte a uma excursão pelas Montanhas dos Gigantes, na região da Boêmia, perto da Silésia. Em Berlim, Lou frequenta assiduamente Gerhart Hauptmann, cuja produção teatral ela defende nas revistas, por exemplo em seu artigo sobre *Michael Kramer*, às custas de certa injustiça para com os demais autores, como Maeterlinck, que julga com severidade. Trata-se de um período de grande fecundidade literária, essencialmente alimentada pela experiência russa. Em 1901, Lou publica *Ma*, seu romance escrito dois anos antes. Em 1902, reúne, sob o título de *O país intermediário*, "cinco relatos tirados da vida psíquica dos adolescentes". Essas novelas, dedicadas a Emma Flörcke em lembrança da infância das duas, enumeram os diferentes estágios da adolescência através de cinco personagens, jovens meninas de dez a dezessete anos. Essa idade ambígua e incerta, que Lou leva a sério (Mach, em "A irmã", se suicida), é isso, o país intermediário:

> Micha disse: estamos no país intermediário. Você já ouviu tamanho absurdo? Lá onde ninguém poderia ficar. Nem crianças, nem adultos. Quem somos, então? Meros fantasmas? Viver no país intermediário![9]

Entre a infância e a idade adulta, entre a ficção e a realidade, mas também entre a vida e a morte (essa é a acepção que Rilke guardara), a adolescência é uma presença difusa do passado no presente, como a recordação, o "presente fantasmático" de Paul Rée. Em "Volga" aparece o personagem de um médico, autoritário e protetor, que ajuda a pequena Lioubov (Amor, em russo), em sua descoberta do mundo. Reconhecemos um pouco o caráter de Zemek, e ainda o espectro de Gillot. Mas, em última instância, a Rússia é o personagem central, com seu Volga pacificador onde as angústias se afogam.

A primeira metade do ano de 1901 é dedicada ao início da redação de *Rodinka*, que será publicado apenas em 1923. O tema é amplamente autobiográfico, e também deve muito à experiência russa. A primeira parte retraça a infância de uma pequena alemã em sua família petersburguense, a segunda evoca o retorno à "pequena pátria" (*rodinka*), com o olhar da idade adulta. A ação é um pouco lenta e se resolve numa série rapsódica de retratos e evocações impressionistas. Marcante, sobretudo, é o personagem Vitaly, filho pródigo e revolucionário clandestino; idealista, homem de ação e de futuro, ele forma com a doce e familiar Moussia uma díade complementar, como as duas facetas da própria Lou. E é Vitaly quem, no fim do romance, desaparece ao longe nas planícies russas, como a personagem feminina de *Retorno ao Todo*. Angela Livingstone, em sua biografia, percebe uma ruptura entre as ficções de antes de 1900 e as do período posterior, até os anos 1910: ela chama as primeiras de "ficções do desejo", obras de introspecção e de projeções fantasmáticas; as segundas seriam "ficções de realização", numa tentativa de elevar a experiência a formas ideais. A exploração da psique serve então para a aquisição de uma habilidade e de uma sabedoria. É esse mesmo ideal ético que ela quisera partilhar, às vezes sem evitar certo tom doutoral, em todo caso sempre materno, com o Rilke preso na confusão sem distância de sua consciência imediata. As "ficções de realização" têm uma contraparte concreta na vida de Lou: a instalação na pequena casa de Göttingen, que será a partir de então sua definitiva "pequena pátria".

Em junho de 1903, Andreas é nomeado professor na Universidade de Göttingen, na Baixa Saxônia. Aos 55 anos, já sofrera inúmeros reveses acadêmicos, o último poucas semanas antes, uma recusa da Universidade de Berlim. Apesar do tratamento mais do que modesto, Andreas aceita de bom grado o cargo em Göttingen. Ele segue na frente para encontrar uma casa; a que fora colocada à disposição pela universidade não tem atrativos, localizada num bairro sombrio. Lou vai a seu encontro e visita com ele, sem convicção, uma casa às margens do Leine, que banha a cidade. Cansado de procurar, o casal se aventura pelos flancos do Hainberg. Eles percebem uma pequena casa que os seduz imediatamente, Lou se lembra da Rússia ("a paisagem reproduz em miniatura o que eu amava no Volga"[10]); eles batem à porta, e a proprietária, a senhora Pfannenberg, os faz entrar. Sucede que, apesar de muito apegada à sua casa, a senhora Pfannenberg precisa se mudar para Berlim, para acompanhar os estudos do filho. Depois de breves negociações, em que a proprietária ainda pode gozar algum tempo do jardim, a venda é combinada. Lou e Andreas se mudam em outubro de 1903. A casa será chamada de "Loufried" (a paz de Lou), em lembrança da estadia com Rilke e Frieda em Wolfratshausen, como August Endell assim chamara. Em julho de 1903, Lou conta a Frieda sobre um desejo realizado:

> Imediatamente vi que aquela pequena casa estava ali para mim, ela me dizia isso, e dizia ainda mais: "é aqui que você viverá, entre em sua casa, para sempre, sempre, sou seu retorno ao lar, sua familiarização ao lar, depois de todas as errâncias". [...] Agora, Göttingen é para mim o que precisava ser para uma realização perfeita: uma reviravolta e uma pedra que marca uma data, uma nova época de minha vida. É nessa pequena casa que quero morrer.[11]

Ela instala seus aposentos no primeiro andar, deixando o nível inferior para o marido. Seu gabinete, ornado com duas grandes peles de urso que seu amigo Willy Brandt* trouxera de caças na Rússia, tem uma biblioteca. Com simples prateleiras de pínus, essa biblioteca está em mal estado:

---

* Willy Brandt, que não deve ser confundido com seu homônimo, o futuro chanceler da Alemanha Federal (1913-1992), era membro da família de Emanuel e Ida Brandt, amigos zuriquenhos de Lou. (N.A.)

Há muito tempo me abstinha (com razão!) de fazer novas aquisições, porque era muito mais importante que meu marido pudesse aumentar a sua biblioteca, que era para ele não apenas uma necessidade, mas uma grande fonte de alegria. Eu deixara na Rússia o essencial de minha biblioteca de menina: havia de um lado as obras dos grandes escritores alemães e russos, e de outro os livros que eu precisara para meus estudos então semissecretos.

Mas há outro motivo para a precariedade de sua biblioteca: incomodada pelo peso dos livros quando lê deitada, Lou arranca suas folhas, que depois deixa pelo chão. Para ela, o conteúdo dos livros possui uma existência autônoma que não implica nenhum respeito específico por seu suporte. Quando não desmembra os volumes, é porque os deu ou emprestou sem pedir devolução.

Em 18 de janeiro de 1904, ocorre a Lou a ideia de um novo romance: depois de pensar em intitulá-lo *O casamento*, ela se decide por *A casa*. E, de fato, essa casa é de certa forma a personagem principal do relato:

> A casa situada no flanco da montanha tinha vista para a cidade ao fundo do vale e, em frente, para a longa cadeia de picos. Se chegássemos pela estrada que subia pela floresta descrevendo largas curvas, entrávamos no nível do primeiro andar, tanto a pequena casa branca estava incrustada na montanha.
>
> Assim escorada, ela olhava mais livre ao longe, para além do jardim escarpado, com todos os olhos claros de suas janelas, com todas as saliências ousadas de suas sacadas, excrescências de uma casa estreita demais na origem, o que lhe dava uma arquitetura um pouco estranha, mas também graça e leveza – como se tivesse apenas parado ali por um momento.[12]

Esse sedentarismo provisório, a leveza móvel de uma casa que no entanto se *apoia*, também é o tipo de liberdade vivida por Lou. Paul Rée a chamava com frequência, afetuosamente, de "meu pequeno caracol": Lou carrega sua casa nas costas, ela própria é uma casa, ela o fora para Rée, como para Rilke. O "em casa" assume para Lou uma importância primordial: "depois da grande pátria, a pequena habitação". É também por esse motivo que, convergem em *A casa*, personagens que têm a função de encarnar da maneira mais completa possível o universo psíquico de Lou, através de jogos de polaridade e complementaridade. A casa é ocupada por Anneliese, musicista que renunciara a sua arte para se dedicar à vida de mãe de família dedicada, e Frank, seu marido, médico compreensivo e protetor. Eles têm dois filhos: Gitta, dotada de uma espontaneidade que desarma e de uma turbulenta vitalidade, e seu irmão Balduin, um jovem poeta, muito próximo da mãe e da irmã, mas cuja relação com o pai é cheia de incompreensão. Nesse universo doméstico, a ação romanesca se limita ao casamento estranho de Gitta com Markus, a partida de Balduin para outros horizontes: o resto é apenas variação das configurações psicológica induzidas pela intrusão de Markus e de Renate, a amiga de Gitta, inspirada em Frieda von Bülow. Assim, Lou Andreas-Salomé explora sua própria psique, cujas tendências reconstitui através da polaridade dos diferentes personagens: Anneliese personifica o ideal doméstico e matrimonial, a submissão sublimada ao marido e ao filho. Gitta, pelo contrário, é rebelde, pouco afeita ao casamento; ela preza sua virgindade e sua liberdade, simbolizada por sua paixão pela natação. A personagem também se combina com o irmão Balduin; o tema da gemelidade ocupa um lugar essencial na sensibilidade de Lou. Basta dizer que Balduin é bastante inspirado em Rilke, marcado por sua vocação de poeta, sua "feminilidade", sua tendência a oscilar entre a afirmação de si e a depressão mais sombria, como enfatizam seu dois epônimos, "Príncipe sem Medo" e "Pobre Gaspar". Gitta também se combina com Renate, como a própria Lou na amizade e na oposição a Frieda. O pai lembra a personalidade de Andreas, enquanto Markus parece Zemek, e as referências ao judaísmo do personagem correspondem em grande parte às reflexões de Lou, em seu diário, sobre o de Zemek.

Não é difícil reconhecer os seres reais por trás dos personagens fictícios, o que é confirmado pelo diário de Lou, em 1917: ela quisera "colocar personagens reais (próximos ou não) em estreita ligação com a realidade de seus psiquismos, em situações variáveis e muitas vezes contraditórias".[13] Para ela, a ficção é uma maneira de retrabalhar a vida, uma forma de autoanálise por meio da escrita. A permeabilidade da ficção à realidade é observada também com nitidez no uso que Lou faz, às vezes literalmente, de excertos de seu diário, e até, a propósito de Balduin, de um excerto de uma carta de Rilke (empréstimo que ela aliás lamentará). Mas a ordem romanesca multiplica os efeitos das relações para prestar contas da complexidade de seu conteúdo afetivo. Assim, o laço com Rilke é retrabalhado tanto em seu teor fraterno, representado por Gitta e Balduin, quanto em sua dimensão materna, pelo amor quase incestuoso de Balduin e sua mãe Anneliese. Rilke e Lou não tinham interrompido esse simbolismo materno entre eles. Quanto à figura masculina, é construída de maneira complexa: Lou faz os personagens do pai, do marido e do irmão corresponderem a Andreas, Zemek e Rilke, mas não de maneira unívoca: as características e as funções circulam e se cruzam, e a esses três se une ainda a recordação do pai real, de Gillot, talvez mesmo de Rée, para formar uma figura masculina complexa e cambiante. Mais uma vez, Lou aborda a questão dos laços do casamento e dos graus de sua força, enumerados nos diferentes casais. Durante o período da redação desse romance, em 1904, Lou também está passando por uma das mais graves crises conjugais de seu casamento.

Lou escreve em seu diário: "AGOSTO. Iniciado por um acontecimento que jamais deveria ter acontecido dentro desta casa querida e que nos deixou com o coração pesado por muito tempo. No dia 7, saí de viagem, mas paizinho ficou para trás nessa atmosfera desagradável".[14] É que Friedrich Carl Andreas, cuja libido impedida deve ter-se exasperado, enganou a mulher com Marie Stephan, criada deles desde a época berlinense. Lou sai de casa imediatamente para viajar com Zemek, que os leva de Copenhague aos fiordes norueguesas, da Suécia a São Petersburgo. Surpreendentemente, Lou reage muito mal a esse adultério acidental. Não passara ela todo o mês de maio na Itália com seu amante? Não formulara o desejo de ver Andreas encontrar uma mulher que lhe desse o que ela lhe recusava? O ciúme é um sentimento irracional, sem dúvida, mas a cólera de Lou tem causas complexas: em primeiro lugar, ela fica indignada que Loufried tenha sido o palco de uma simples pulsão sexual, ali onde sonhava estabelecer a perfeição doméstica de um laço espiritual; depois, o gesto inédito de Andreas (em todo caso, o único conhecido pela esposa) denuncia de maneira crua o falso equilíbrio do modus vivendi deles, conquistado arduamente depois da crise suscitada por Ledebour. Lou se iludira, se recusara a questionar o caráter insustentável da situação que impunha ao marido. Além disso, com certeza não devemos negligenciar em Lou uma marcada consciência de classe: trata-se de uma empregada. Enfim, o adultério trará consequências: Marie Stephan está grávida de Andreas, e dará à luz uma menina, Mariechen. Lou jamais perdoará a mãe da criança e, em 1928, ainda afirmará que aquela empregada roubara vinte anos de sua vida! No entanto, e isso é significativo, ela não demite Marie, que continua morando em Loufried; e quando esta casar, em 1914, com um operário de Göttingen, este se mudará para lá. Sabemos, por uma carta de 1923 a Anna Freud, que Lou se recusava a ser servida por Marie: "Recuso-me a recorrer, para minhas coisas e para o andar superior, aos serviços de Marie".[15] Mesmo assim, fica com a criança, que cria como sua neta. Mariechen será uma fiel e discreta companheira da velhice de Lou, como outras jovens amigas consideradas suas "filhas adotivas". Não sonhara ela de fato com uma maternidade sem procriação?

Lou aproveita o pretexto do erro de Andreas para multiplicar as viagens com Zemek, que aliás devem ter virtudes terapêuticas para sua saúde frágil. Eles vão em 1905 aos Pirineus e ao País Basco espanhol, e se dirigem a Paris; passam regularmente por Oberwaltersdorf, uma pequena aldeia perto de Viena, onde logo se tornam celebridades locais. As excursões se repetem até 1908, quando Lou e Zemek organizam uma temporada na Bósnia-Herzegovina, na família de Zemek. É lá, provavelmente, que Lou fica grávida do amante. Ela não manterá a criança por muito tempo. Esse episódio decisivo para toda a concepção que Lou Andreas-Salomé se constrói da feminilidade e da maternidade nos reduz, no entanto, a fazer simples conjecturas. Ela jamais deixou testemunho escrito sobre sua gravidez; e é uma de suas "filhas adotivas", Ellen Delp, quem a revela nos anos 1960 a H.F. Peters, o primeiro biógrafo de Lou. Teria tido um aborto espontâneo ou decidira abortar? Nada sabemos. Os diferentes biógrafos cogitam a possibilidade de uma perda acidental da criança, causada por uma queda, enquanto Lou colhia frutas, em cima de uma escada. Mas Zemek, como médico, poderia ter feito um aborto sem perigo. Por outro lado, eles não concordam sobre a natureza de seu desejo por filhos na época: Michaud a avalia fiel ao que sempre pensara sobre a maternidade biológica, muito abaixo de sua forma espiritual. Mas Peters sugere que Lou poderia ter desejado ter a criança: ele lembra dos entusiasmos de Lou nas cartas a Broncia, a irmã de Zemek, que acabara de colocar no mundo uma segunda criança, a pequena Sylvia: "Que felicidade radiante deve ser a sua agora, querida mamãezinha", e ainda: "Tive por Sylvia uma afeição totalmente especial assim que vi seu adorável rostinho sonolento, como se fosse minha própria filha. Talvez ela se pareça com as que eu poderia ter tido".[16] É pouco provável que Lou tenha ficado marcada por esse esboço de maternidade, fracassada ou recusada, mas em todo caso concretamente próxima.

Em seus escritos, sejam ficcionais, teóricos ou privados, existe uma tensão permanente entre a maneira com que Lou Andreas-Salomé faz da maternidade a essência da mulher e, por sua vez, sua recusa obstinada de ser mãe. A esse respeito, *Minha vida* especifica e justifica o paradoxo:

> Afora toda problemática, uma grande saúde na mulher diz sim à transmissão da vida – até mesmo quando o instinto não se tenha personalizado no desejo consciente de fazer renascer, em si mesma, a infância do homem que ela deseja. Não poder viver isso exclui a mulher, indubitavelmente, do material feminino mais valioso.
> Recordo-me do assombro de alguém a quem confessei, já madura, durante uma conversa sobre essas coisas: "Sabe que nunca tive a ousadia de colocar um ser humano no mundo?". E, contudo, estou segura de que essa tomada de posição nem sequer provinha da juventude, mas sim de muito antes, de quando o entendimento ainda não se defronta com semelhantes questões. Conheci o Bom Deus muito antes que a cegonha, as crianças vinham de Deus e, em caso de morte, iam para Deus – quem, exceto Ele, lhes poderia possibilitar a existência? Não quero, no entanto, dizer que o desaparecimento de Deus, cheio de significações, possa ter sido a causa de minha resignação ou mesmo do aniquilamento da pequena mãe que havia em mim. Não, particularmente não queria ter dito nada disso.[17]

Para Lou, a procriação é apenas uma manifestação particular da *criação*. Longe de tomar a maternidade como um modelo da criação, ela faz o inverso: a vida em seu conjunto é primeiro criação, poder plástico por excelência (como a vontade de poder em Nietzsche), sempre capaz de fazer acontecer algo novo (como a evolução criadora em Bergson). E a maternidade não é, como se acredita, o feito de dois indivíduos, ela remete sempre ao Todo. Criar é o processo da própria vida, não individuada, e envolve todo ato criador individual, que apenas a manifesta. Lou renuncia às ilusões individuantes da maternidade, ligada a uma sexualidade tão ilusoriamente dissimulada sob as medíocres pulsões individuais; ela espera experimentar a maternidade espiritual, que exigirá tanto do poeta quanto do filósofo, e não se trata para ela de uma questão de sexo ou de indivíduo.

> Mas não se pode ignorar que o "nascimento" tem sua abundância de significados fortemente alterada conforme a criança provenha do nada ou do todo.
> Para a maioria das pessoas, as convenções habituais, as expectativas mais comuns – e também os sentimentos e desejos pessoais – ajudam a superar quaisquer dúvidas; e nada as impossibilita de espalhar à sua volta todo um otimismo sem compromisso, segundo o qual os filhos hão de chegar a ser a ansiada realização de todas as nossas ilusões perdidas. Mas o que há de perturbador no engendramento do ser humano não advém de considerações morais ou banais, mas sim da própria circunstância de sermos arrancados do pessoal e projetados no criatural; de sermos privados da própria decisão e dispensados dela, justamente no momento mais criador de nossa existência. Embora um equívoco parecido permeie inevitavelmente todos os nossos atos, já que subscrevemos aquilo que nos é imposto, esses dois elementos se entrechocam com extrema evidência exatamente naquilo que chamamos de ato criador (em qualquer campo!).[18]

Assim, a maternidade da mulher é valorizada enquanto tiver sentido no quadro das distribuições biológicas e sociais, em sexos e gêneros. Essas distribuições são tanto processos de individuação quanto de subjetivação. Nesse caso, é desejável que a experiência da maternidade eleve a mulher acima de sua individualidade e lhe confira certa superioridade sobre o homem, cegado pelos desejos pessoais. É com esse pressentimento da totalidade da vida que alguns personagens romanescos se realizam na submissão matrimonial e na procriação materna. Mas, assim que um ser experimenta a criação filosófica ou artística, de que lhe serve esse subterfúgio individual? Depois dela, pouco importa ser homem ou mulher, e apesar de suas fantasias de encontrar em Gillot ou Andreas o homem-deus, Lou jamais viveu suas relações com Rée, Nietzsche ou Rilke na modalidade de repartição dos sexos. Assim como observa em Nietzsche a propensão para se tornar deus ou mártir, em Rilke uma tendência para se tornar irmão ou filho, Lou pode se tornar homem, criança, mãe ou virgem. É uma questão de devir, devir múltiplo que se esboça no encontro, na medida da natureza e da qualidade daquilo que se *criou*, a um nível supraindividual. Desejo de sexualidade e de maternidade recuam, em Lou, na medida da intensidade criadora de suas experiências. Em seu diário, em 4 de junho de 1903, Lou escreve uma reflexão sobre os dois renascimentos da vida: o primeiro corresponde ao aparecimento dos sentimentos eróticos, o segundo resulta do recuo deles. Ela tem apenas 42 anos e sente em si a progressiva emancipação do desejo sexual. Talvez a relação com Zemek tenha sido apenas uma paixão sexual? Não sabemos; em todo caso, essa ligação não deixa nenhum vestígio em suas memórias e, segundo Ernst Pfeiffer, Lou lhe teria confessado que Pineles foi o único homem de quem jamais sentiu vergonha. Justamente o único de quem quase teve um filho. Em 9 de novembro de 1908, durante uma passagem por Trieste com Zemek, ela escreve de maneira lapidar: "Z. não imagina que encerro aqui nossa última viagem".

Em fins de maio de 1905, Lou recebe uma curta carta de Rilke, escrita de Worpswede no dia 23: "Querida Lou, não li uma carta: ouvi uma mensagem. Obrigado. Alegro-me. Sei que esse ano será abençoado e rico em dádivas, pois deve de fato me trazer isso".[19] Ela convidara seu amigo para ir a Loufried; eles não se viam desde que haviam rompido. Eles passam dez dias juntos, de 13 a 24 de junho: de Göttingen, partem juntos para as montanhas do Harz e são recebidos por alguns dias na casa de campo de Helene Klingenberg. A estadia deveria ser mais longa, mas Rilke é vítima de crises de angústia noturna, das quais a preocupada Helene é testemunha involuntária. Ele escreve à mulher dizendo que "as férias à alemã" lhe são insuportáveis. O poeta não está no fim de seus sofrimentos: longas e graves crises depressivas pontuam uma criatividade dolorosa, e sua correspondência com Lou testemunha o apoio indefectível da amiga, sem complacência e inteiramente preocupada em criar as condições para uma cura. Quando de uma de suas passagens por Berlim, na casa de Helene Klingenberg, Lou encontra várias vezes Clara, esposa de Rilke: isso ocorre em dezembro de 1906, enquanto Rilke está na Itália, e parece que Lou expressou a Clara sua desaprovação pelas longas ausências do poeta ao lado de sua mulher e filha. Os dois amigos só se reveem em maio de 1909, em Paris; Clara e Ellen Key também estão presentes. Rilke está mergulhado na redação de *Os cadernos de Malte Laurids Brigge*. Entre romance na forma de diário e ciclo de poemas em prosa, sem ação concreta, recordações de infância e vida parisiense se alternam, tornando impossível qualquer tentativa de separar a matéria autobiográfica do estranho "personagem inventado". Paris é vivida como uma espécie de monstro proteiforme, feito de violência, miséria e loucura usual. Lou se lembra de que, quando do encontro parisiense dos dois, Rilke "falava dessa embriaguez de realização que o subjugava a ponto de provocar uma perturbadora confusão com os personagens e episódios de sua obra – e também do fardo que continuava pesando sobre ele, porque, apesar de tudo, ele 'não efetuara sua infância', mas se furtara dela substituindo-lhe o imaginário".[20] E Lou não para de lutar contra a depressão do amigo. Em sua carta de votos para o ano de 1910, lhe aconselha "lecitina" para tratar os nervos, mas insiste sobretudo na necessidade de distinguir os bons dos maus sonhos, a criatividade das angústias, opostos que se entregam ao mais violento combate:

> De resto, não é isso mesmo que entendemos por "fantasma"? Uma coisa *que age como se ocupasse espaço*, enquanto não possui absolutamente nenhum, pois outros objetos o ocupam inteiramente de maneira positiva: *isso* é o horrível. E esta a contradição: que o horrível seja precisamente sua não realidade, seu não ser, e que um desvelar, uma espécie de confusão da imaginação lhe concede uma pequeníssima gota de sangue vivo – o suficiente para criar a ilusão e fomentar a contradição.[21]

A fiel amizade de Lou e Rilke lhes proporcionará raras vezes, no entanto, a ocasião de se verem. Por pouco não se encontram em 1904, na Suécia, e em novembro de 1910: Lou passava por Sistiano, perto de Trieste; mas Rilke acabava de sair do castelo de Duíno, bem perto, onde começava a encontrar a inspiração para suas famosas *Elegias*. Em *Minha vida*, Lou explica que esses longos períodos de separação física nunca modificaram a intimidade da relação deles:

> Porém muito mais importante parecia-nos o fato quase estranho de nós, por maior que fosse o tempo que passássemos sem nos avistar, ao nos reencontrarmos – seja em nossa casa ou na dele, em Munique, ou em qualquer outro lugar – sentíamo-nos como se, nesse ínterim, tivéssemos percorrido os mesmos caminhos, aproximando-nos dos mesmos objetivos, ou quase como se a separação tivesse sido anulada por uma secreta correspondência que absolutamente não tinha existido. Quaisquer que tivessem sido os acontecimentos exteriores, o ponto de encontro era sempre alcançado em comum e o próprio reencontro pessoal uma celebração desta circunstância, que transformava tristeza e preocupação em alegria transbordante.[22]

Em 12 de março de 1909, Lou perde a amiga Frieda von Bülow, morta aos 51 anos. Frieda, que fora uma aventureira ávida de ação, com a idade se retirara pouco a pouco para uma vida mais meditativa. Desde 1894, dividia sua vida entre Berlim e o campo, no castelo saxão de Lauenstein, e, com sua irmã Sophie, no de Dornburg, na Turíngia, onde morreu. Ela tinha consciência de que as forças a abandonavam prematuramente:

"Para as pessoas de grande superexcitabilidade nervosa, às quais pertenço infelizmente desde o nascimento, um excesso de excitação e de emoções fortes leva fatalmente a uma violenta reação, como uma febre. Às elevações de tensão psíquica sucede uma depressão. E enquanto os picos são breves e passageiros, a depressão das forças nervosas permanece, profunda e duradoura. Todas as capacidades vitais são ameaçadas".[23]

Rilke admirava em Frieda uma vontade de ferro que exigia ação, clareza, univocidade e ordem; mas lamentava que ela não soubesse tirar partido da "inação que caracteriza certas transições".[24] A mais bela homenagem de Lou a Frieda continua sendo a personagem de Renate, em *Fenitchka*.[25] Depois do retiro de Frieda e de sua morte, Lou se reaproxima de Ellen Key. Ela sente por aquela que Rilke chamava de "a brava Ellen" uma amizade "pacífica" e "agradável", como as temporadas juntas que ela descreve em suas cartas a Rilke, mas a relação delas nunca terá a intensidade da amizade com Frieda, apesar da importante carreira intelectual de Ellen, que evocamos antes.[26] Em *Minha vida*, Lou relembra: "Ellen Key tinha uma bondade tão humana para comigo que até suportava, com humor, minha aversão a seus livros".[27]

A primeira década do século é para Lou Andreas-Salomé um período rico em atividades literárias, filosóficas e mundanas. Sempre envolvida na defesa do teatro de vanguarda, personificado por Wedekind, Ibsen e Strindberg, Lou passa bastante tempo em Berlim, muitas vezes na casa de Helene Klingenberg, e segue de perto a produção das peças de Hauptmann junto com seu amigo Max Reinhardt, o famoso diretor do Deutsches Theater, que arranca da censura a autorização para montar Frühlings Erwachen*, em 1907.

> Minha impressão de Reinhardt foi a seguinte: enquanto a poesia só se viabiliza na voz que encontra, aqui, não raro, era como se ela fosse dispensada da cabeça de um poeta, ao expressar-se, *em vontade de poder*, o processo de trabalho com seres humanos vivos. Elemento onírico e momento de vontade uniam-se para juntos produzir o efeito expressivo, que brotava sob forma inteiramente pessoal, tornando visível o que ia sendo criado.[28]

A atividade teatral de Lou sem dúvida atinge o auge em 1909, quando ela é encarregada de apresentar a turnê na Alemanha da companhia russa de Stanislavski, que lhe abre os horizontes para uma nova concepção do teatro.

> [A companhia de Stanislavski] me fez descobrir algo totalmente diferente. Não era o líder, mas uma espécie de *vontade coletiva* que reunia todos saídos do mesmo meio e da mesma cultura, e foi isso o que mais fez falta até data recente. O temperamento russo apenas acentuou isso: mas muitas vezes pensei que apenas esses princípios e essa coesão podiam constituir a verdadeira base para uma renovação do teatro – pois eles provêm de uma necessidade profunda sentida por todos os homens, o teatro não sendo apenas o divertimento estético de alguns.

Nessa época, Lou se encontra numa nova fase de busca filosófica, de síntese entre seu próprio conhecimento, direto, da filosofia de Nietzsche e as correntes de pensa-

---

* *Frühlings Erwachen* (*O despertar da primavera*): tragédia de Frank Wedekind, de 1891. (N.T.)

mento contemporâneas. De fato, a sociologia, com Georg Simmel, as ciências do espírito, com Wilhelm Dilthey, a fenomenologia de Max Scheler ou Henri Bergson revisitam os fundamentos da filosofia da vida, deslocando o eixo da natureza humana.[29] Lou Andreas-Salomé lê esses autores, às vezes se encontra com eles, e vê confirmada sua concepção do homem criador, uma nova forma de individualismo em adequação com a totalidade do universo.

Em 1906, Lou conhece o filósofo Theodor Lessing e mantém com ele uma relação que talvez contenha mais do que amizade. Lessing acabara de publicar uma obra cara a Lou: *Schopenhauer, Wagner, Nietzsche*. Em 1930, quando ele publicar sua famosa obra sobre *O ódio judeu de si*, Lou não deixará de ficar comovida por ver citado como exemplo desse "*jüdischer Selbsthaß*", ao lado do caso de Otto Weininger, o de Paul Rée.

Em 1909, Daniel Halévy publica, em Paris, *A vida de Friedrich Nietzsche*. Esse homem culto, tradutor de Nietzsche, é amigo de Péguy (de quem se afastará em 1910) e demonstra um liberalismo que se aproximará do tradicionalismo mais suspeito.[30] O retrato que faz de Lou na biografia de Nietzsche não é dos mais lisonjeiros; ele fala de "uma aventureira intelectual um pouco audaciosa demais", mas não se alia ao ódio de Elisabeth Förster-Nietzsche. A publicação da obra atiça a vingança da irmã do filósofo. Lou fica desolada por ver a obra de Halévy resgatar a indigna querela.

Em 1910, Lou Andreas-Salomé escreve o ensaio "O erotismo" para a revista *La société*, que tem, à sua frente, o filósofo Martin Buber. Buber só concebe o homem na relação triangular com o Outro e com Deus, sendo essa sua maneira de pensar a totalidade, a união mística do humano com o todo. No mesmo período, Lou oferece a Helene Klingenberg, para o Ano-Novo de 1910, um manuscrito datilografado intitulado *O Deus*; esse texto retoma a experiência infantil de Deus, que para ela será sempre o modelo de toda participação no Todo. Em julho, sua atenção é atraída pela obra de um filósofo que invoca Spinoza: *A doutrina dos homens de espírito e do povo*, de Constantin Brunner, publicada dois anos antes. Entusiasmada com a leitura, Lou quer a todo custo entrar em contato com ele: o encontro acontece em outubro, em Berlim. Ela fica impressionada com seu carisma. Brunner, que tem apenas um ano a menos do que Lou, é filho de uma família judia ortodoxa. Ele estudara filosofia e história em Berlim. Inicialmente influenciado pelo neokantismo de seu professor Alois Riehl, Brunner pouco a pouco se afastara de Kant para se dedicar ao estudo de Hegel, depois Spinoza. Ele então se tornara fervoroso discípulo do filósofo da alegria e da substância eterna e infinita, a ponto de colocá-lo ao lado de Moisés, Sócrates, Jesus e Buda no espírito comum da vida verdadeira e ativa. O compêndio filosófico de Brunner, *A doutrina dos homens de espírito e do povo*, invalidava o moralismo kantiano em prol da ética spinozista. Sua crítica não poupava nem Darwin, nem Schopenhauer, nem Nietzsche. O spinozismo de Brunner, que não era corrente nas universidades alemãs, encanta Lou, para quem o filósofo holandês fora central desde sua juventude, ao lado de Gillot. Mas bastarão três dias de uma breve ligação, ao que parece, para que fique profundamente irritada com as contradições de Brunner, sua arrogância de profeta, sua agressividade para com Nietzsche e suas lamentações perpétuas. Alguns dias depois desse desgosto, ligado a um entusiasmo rápido demais, Lou encontra em Berlim seu amigo Fritz Mauthner. Apesar de evocar o mesmo "Fritz" de sempre, o diário de Lou sugere que a amizade dos dois assume uma forma ambígua, logo lamentada: "Complicações e erros; finalmente o deixo às 16h50; por falta de opção, me deixei beijar sem cerimônia por Fritz".[31]

De maneira geral, parece que o ano de 1910 foi para Lou um período de efervescência, inclusive em âmbitos além do espiritual. Em novembro, ela faz uma viagem, de saúde, que a conduz às costas mediterrâneas e às montanhas da Itália do Norte: ela é acompanhada por seu novo médico, sucessor de Zemek, o doutor Carl Haeberlin. Ele ama as excursões, o folclore... e as mulheres. A relação não impede Lou de escrever em seu diário sobre a beleza do porteiro do hotel. Em abril, ela já registrara de maneira concisa uma "pequena ligação" com um guarda florestal de Göttingen. Frivolidades talvez sejam o sinal de alguma instabilidade; no caso de Lou, pelo menos, manifestam antes um equilíbrio reencontrado, uma sensualidade mais franca, que faz essa mulher de cinquenta anos, ainda bela, esquecer a castidade que acreditava ser um "segundo renascimento".

Em 1911, Lou Andreas-Salomé dá uma rápida passada por Paris. Ela frequenta os meios intelectuais germanófonos, mas também vários "terroristas russos", provavelmente socialistas revolucionários levados ao exílio pelas perseguições brutais do primeiro ministro russo, Piotr Stolypin. A temporada parisiense é também para Lou ocasião de descobrir a obra de Bergson; professor do Collège de France, o filósofo publicara *A evolução criadora*, em 1907. Anotações de Lou, abundantes e em francês, atestam a seriedade de sua leitura dessa obra, e também do *Ensaio sobre os dados imediatos da consciência* e *Matéria e memória*. O pensamento de Bergson não poderia encontrar o de Lou sem nela suscitar o mais vivo interesse, e o pressentimento de uma verdadeira afinidade. Lou herdara de Nietzsche e das filosofias vitalistas de sua época o conceito de vida como movimento, impulsão de um princípio vital no coração da matéria; esse impulso é uma espécie de vontade sem sujeito, dotada de uma força infinitamente plástica, isto é, criadora: "Quando substituímos", escreve Bergson, "nosso ser por nosso querer, e nosso querer pela impulsão que ele prorroga, compreendemos, sentimos que a realidade é um crescimento perpétuo, uma criação que se mantém infinitamente".[32] O fato de o termo criação poder tanto dizer respeito ao nascimento da vida quanto ao surgimento de uma obra de arte oferecia a Lou a possibilidade de uma ampla continuidade da vida, onde fisiologia e psicologia, estética e ética podiam ser pensadas numa mesma linha de diferenciações infinitas, na qual o humano era apenas um grau específico entre o infraindividual e o supraindividual. Era acima de tudo poder afirmar a imanência, a participação mútua do indivíduo no Todo e do Todo no indivíduo. Spinoza – Nietzsche – Bergson: há uma linhagem de pensadores cujas afinidades, em graus diversos, não deixam de surpreender e formam, sem esgotar a originalidade, as condições do universo filosófico de Lou. Além disso, esse princípio plástico primário – chamado de poder, vontade de poder ou impulso vital, instinto, tendência ou impulsão – criava um campo de reflexão em que se articulavam a filosofia e a psicologia. Desse ponto de vista, as filosofias pós-nietzschianas do início do século ainda são tateantes. Na França, de 1905 a 1908, Bergson faz parte, em especial ao lado de Pierre Curie, da comissão encarregada pelo Instituto Geral de Psicologia de examinar os fenômenos produzidos por Eusapia Paladino, a famosa médium napolitana. Em 1913, ele será eleito presidente da SPR (Society for Psychical Research) e pronunciará na ocasião um discurso que pode ser considerado o "Discurso do método" das ciências psíquicas qualitativas. Ali onde o filósofo atinge seus limites diante dos mistérios do psiquismo, a psiquiatria francesa dá passos de gigante, em particular graças ao doutor Charcot, fundador da neurologia moderna e precursor da psicopatologia, morto em 1893. Nos países germanófonos, algo está acontecendo, mas Lou não sabe quase nada ainda. Ela não sabe que um quarto de século atrás, em 1885, enquanto ainda está impregnada da influência pessoal de Nietzsche, um jovem médico de nome Sigmund Freud fora estudar com Charcot em Paris. De psicologia, Lou só conhece os trabalhos do médico austríaco Hermann Swoboda, professor de psicologia na universidade de Viena, que em 1904 estabelecera uma teoria da periodicidade psíquica sobre um modelo fisiológico. Seu colega alemão, um certo Wilhelm Fliess, fizera o mesmo em Berlim. Lou conhecera Swoboda apenas de maneira superficial, mas ela se lembrará, em 1912, que fora em suas obras que vira mencionada pela primeira vez "a coisa freudiana".[33] Por enquanto, está à espera de algo – ela não sabe exatamente o que –, que deve realizar a grande síntese de suas afinidades intelectuais. Suas férias na Suécia, na casa de Ellen Key, durante o verão de 1911, lhe revelarão a natureza desse algo.

"Porque os homens brigam e as mulheres dão graças" (1911-1914)

Durante o verão de 1911, Lou passa as férias na Suécia, na casa de sua amiga Ellen Key. Lá ela conhece um médico de Estocolmo, o doutor Poul Bjerre. Ele tem 36 anos: é "atarracado, tem o pescoço curto e quase nada de espaço entre um crânio maciço e os ombros, as mandíbulas pronunciadas. Seu rosto alongado poderia ser desenhado num só traço".[1] Mas Lou se apaixona por ele. Nascido em Gotemburgo, em 1876, numa bem-sucedida família dinamarquesa, irmão de um iminente criminalista, Poul Bjerre é ao mesmo tempo médico, escultor e escritor: ele se formara em escultura com Carl Milles (e Kandinsky lhe prestará homenagem, em 1916, ao pintar para ele suas "Impressões da Suécia") e publicara peças de teatro, ensaios de estética e de filosofia; admirador de Nietzsche, escrevera em 1904 uma biografia do filósofo, *A loucura genial: um estudo em memória de Nietzsche*[2]; sua filosofia, influenciada pelo vitalismo fim de século, também se reveste de certo espiritualismo cristão. Em 1905, ele se casara com a mãe de sua nora, Gunnhild Posse, cantora e filha do compositor Gunnar Wennerberg. Dezessete anos mais velha do que o marido, ela contraíra sífilis, que a paralisaria progressivamente e obrigaria o casal a viver uma relação apenas platônica. Poul manifesta por ela uma dedicação doentia e uma admiração quase idólatra, até a morte de Gunnhild, em 1907. No mesmo ano, Poul reabre em Estocolmo o consultório do famoso doutor Otto Wetterstrand, especialista em hipnose. Sem renunciar completamente às práticas de hipnose, ele se volta para a psicanálise vienense, da qual queria ser o propagador nos países escandinavos. Em dezembro de 1910, encontra Freud em Viena, mas a abordagem do professor lhe parece fria e distante. Seus contatos com Alfred Adler serão mais calorosos, e essa preferência se manterá. Freud é menos crítico, mesmo notando em Bjerre certo rigor taciturno; ele o aconselha a integrar o grupo berlinense, "do qual a Escandinávia é o arrabalde natural"[3], e aceita publicar nos *Anais da psicanálise* (*Jahrbuch der Psychoanalyse*) um artigo de Bjerre sobre um caso de paranoia feminina. Lou e Poul, que passam juntos um verão sueco, saem de Estocolmo em 19 de setembro para irem ao 3º Congresso Internacional de Psicanálise, que acontece em Weimar. Trata-se do primeiro congresso público, pois os dois anteriores, em Salzburg em 1908 e em Nuremberg em 1910, foram acontecimentos particulares.

Na época, a psicanálise se institucionalizara e adquirira uma dimensão internacional. Para compreender o continente em que Lou desembarca, nesse outono de 1911, é preciso voltar àquele através de quem tudo aconteceu, àquele que concebia a si mesmo como o "conquistador" do inconsciente e que será para sempre, para Lou, a única autoridade incontestável: Freud. Sigismund Schlomo Freud nasce em 1856, em Príbor (Freiberg), numa família judia da Morávia, depois estabelecida no bairro judeu de Viena, em 1860; apesar da pobreza, os pais manifestam um sólido apoio aos estudos do filho mais velho. Em 1873, ele entra na Universidade de Viena, três anos depois, no Instituto de Psicologia de Ernst Brücke, junto a quem estuda histologia (biologia dos tecidos) do sistema nervoso. Sigmund Freud (ele abrevia seu nome em 1877) se torna doutor em medicina, em 1881. No ano seguinte, conhece Martha Bernays, com quem contrai noivado em abril (e com quem casará cinco anos depois). Ele entra, então, para a equipe do professor Nothnagel, iniciador em Viena da eletrofisiologia; o médico e pesquisador Joseph Breuer atrai a atenção de Freud, com o tratamento pelo método catártico de Bertha Pappenheim (mais conhecida pelo pseudônimo de Anna O.), que sofre de perturbações histéricas: sessões de hipnose permitem à paciente reviver seus traumas e assim eliminá-los. O caso de Anna O., mito fundador da psicanálise, será relatado por Freud e Breuer em *Estudos sobre a histeria*, de 1895. Freud pressente então que um trauma original pode ser a causa das desordens psíquicas, e que os sintomas histéricos revelam o trabalho ativo de uma força de recalcamento, que visa impedir a recordação e seu afeto de chegar à consciência. Até 1885, Freud está ocupado em diversos trabalhos sobre o cérebro, depois se interessa pelas virtudes antidepressivas da cocaína, da qual faz uso. De outubro de 1885 a fevereiro de 1886, estuda em Paris, no hospital da Salpêtrière, na equipe do grande neurologista francês Charcot, especialista em histeria e no tratamento por hipnose e sugestão. Voltando a Viena, Freud dá uma conferência sobre histeria masculina, particularmente mal recebida pelas autoridades científicas e médicas. Apenas o psiquiatra vienense Richard von Krafft-Ebing o apoia em seus trabalhos; em 1887, ele é admitido na Sociedade Médica de Viena. A experiência adquirida durante outra temporada em Paris, em 1889, diversas publicações e traduções lhe permitem abrir seu consultório no número dezenove da rua Berggasse, em Viena. Ele trabalha intensamente e encontra um importante estímulo junto a seu amigo berlinense, o rinologista Wilhelm Fliess: os dois amigos se encontram diversas vezes por ano em Berlim, Viena ou alhures, e organizam reuniões científicas particulares. Em 1895, Freud renuncia à hipnose, cujos efeitos lhe parecem incertos e pouco duradouros. Ele prefere um método sugestivo, que incita o paciente, por imposição da mão na fronte, a lembrar e contar sua infância. Mas é sobretudo com a publicação de *Estudos sobre a histeria*, escritos em colaboração com Joseph Breuer, que Freud reúne e ordena os elementos de sua pesquisa sobre o psiquismo humano e começa a elaborar a doutrina e o vocabulário da "psicanálise": o termo surge em 1896, num artigo em francês, sob a forma "psico-análise". Ele analisa seus sonhos e elabora uma teoria do sonho como realização do desejo. Em 1897, analisa suas próprias recordações de infância, descobre a hostilidade para com o pai e o sentimento amoroso que sente pela mãe: nasce o Complexo de Édipo. Ao mesmo tempo, renuncia a se limitar ao traumatismo real como causa de patologias e reconhece a força da imaginação. Dois anos depois, o clínico abandona a sugestão e emprega o método da associação livre, para confundir as resistências do paciente e libertar os afetos recalcados. Publicada em 4 de novembro de 1899, em meio à indiferença geral, *A interpretação dos sonhos* é uma obra maior, é "a via real que leva ao conhecimento do inconsciente na vida psíquica".[4]

Enquanto se afasta de Fliess, devido a divergências teóricas e a uma concorrência de paternidade em torno da ideia de bissexualidade psíquica, Freud reúne à sua volta um grupo de médicos do qual faz parte Alfred Adler: a Sociedade Psicológica da Quarta-Feira. Eugen Bleuler, psiquiatra zuriquenho, aplica a psicanálise há um ou dois anos em seu trabalho no Hospital de Burgholzli por influência de seu principal assistente, Carl Gustav Jung. Em 1905, Freud publica *Três ensaios sobre a sexualidade infantil* e *O chiste e sua relação com o inconsciente*. Otto Rank se une à sociedade em 1906, depois, em 1908, o inglês Ernest Jones, Karl Abraham, de Berlim, e Sándor Ferenczi, de Budapeste. Por influência de Jung, um Congresso Internacional de Psicanálise ocorre em Salzburg, em 1908, sob o título "Encontro dos psicólogos freudianos", com cerca de quarenta participantes de seis nações. Esse é também o ano da fundação do jornal *Jahrbuch*, dirigido por Bleuler e Freud, e que tem Jung como redator-chefe. Surgem então os primeiros sinais da rivalidade entre os vienenses e os suíços. A sociedade muda de nome para se tornar Sociedade Psicanalítica de Viena. Ao mesmo tempo, Karl Abraham funda a Sociedade Psicanalítica de Berlim. Em 1909, Freud viaja aos Estados Unidos em companhia de Jung e Ferenczi, e dá uma série de conferências na Universidade de Massachusetts. Em março de 1910, o segundo Congresso Internacional de Psicanálise acontece em Nuremberg, organizado por Jung. A proposta de Ferenczi, de designar esse último como presidente da Sociedade Internacional de Psicanálise, é vivamente rejeitada pelo grupo vienense. O conflito se resolve quando Freud propõe o nome de Adler como presidente do grupo vienense. Freud se torna o diretor de uma nova revista, a *Zentralblatt*, que deve concorrer com a *Jahrbuch* de Jung. Em 1911, Abraham A. Brill funda a Sociedade Psicanalítica de Nova York, Ernest Jones e J.J. Putman fundam a Associação Psicanalítica Americana.

Em 1911, a propagação e a institucionalização da psicanálise trazem consigo dissensões, polêmicas teóricas e jogos de poder. Freud, que antes fora um inventor solitário, defende a ortodoxia de toda sua autoridade, ao mesmo tempo revelando uma extraordinária leveza intelectual na elaboração de uma teoria infinitamente plástica. Como Nietzsche, Freud fora um Cristóvão Colombo, cuja *terra incognita* seria o Inconsciente. Trata-se de uma transformação profunda do pensamento humano; segundo a parábola freudiana, a psicanálise se inscreve na sequência da revolução copérnicana: o sujeito consciente não é o centro do mundo, ele gira como um satélite em torno de uma verdade pulsional inconsciente. Com isso, a psicanálise se alça a um estatuto radicalmente novo e central, e a "psicossexualidade" é essencialmente uma teoria dos conflitos: a pulsão produz uma alteridade interna, criando patologias legíveis através de sintomas. É preciso avaliar o duplo escândalo da invenção freudiana, pois além de derrubar a concepção humanista de um sujeito livre, racional e soberano, ela coloca em primeiro plano tudo o que a moral calara e reprimira: o corpo – sexual, sangrento, excrementício – e o desejo – perverso, incestuoso, parricida. Lou tem perfeita consciência disso:

> Mas quanto mais fundo cavava-se, mais se percebia que não apenas no ser humano patológico, mas também e precisamente no são, o substrato psíquico mostrava-se uma cabal exposição daquilo que chamamos "cobiça", "brutalidade", "baixeza" etc., ou concisamente daquilo que há de mais abjeto e do qual as pessoas mais vivamente se envergonham. Mesmo sobre os móveis da razão que nos guia, não se pode dizer nada melhor do que, sobre ela, já afirmou Mefistófeles*.[5]

O Congresso de Weimar, em setembro de 1911, marca um novo momento na história das escolas psicanalíticas. Ele é sem dúvida o canto do cisne da unidade dos discípulos em torno de Freud. Profundas dissensões estão sendo urdidas, apesar da satisfação expressada por Freud em sua história do movimento psicanalítico:

> Persigo a história dos congressos psicanalíticos. O terceiro aconteceu em Weimar, em setembro de 1911, e superou os dois primeiros no porte e no interesse científico. J. Putnam, que assistiu ao congresso, expressou, ao voltar aos Estados Unidos, sua satisfação e seu respeito pela *mental altitude* daqueles que participaram e fez o julgamento que eu faria sobre esses últimos: "Eles aprenderam a suportar a verdade". De fato, todos aqueles que estavam acostumados com congressos científicos só puderam ter uma impressão favorável dessa reunião de psicanalistas. Tendo eu mesmo dirigido os dois primeiros congressos, eu concedera a cada um o tempo desejado para sua comunicação, deixando a discussão assumir o caráter de uma íntima troca de ideias. Jung, que presidiu o Congresso de Weimar, deixou a discussão iniciar depois de cada comunicação, o que na época ainda não teve grandes inconvenientes.[6]

---

* De fato, no prólogo de *Fausto*, de Goethe, Mefistófeles apostrofava Deus da seguinte forma: "[O homem] viveria melhor, se você não lhe tivesse dado o reflexo da luz celeste; ele o chama de razão e a usa apenas para ser mais bestial do que todas as bestas". (N.A.)

Lou Andreas-Salomé e Poul Bjerre são recebidos em Weimar por Victor Emil von Gebsattel, um amigo muniquense de Rilke, futuro psiquiatra e psicanalista (ele fará a análise de Clara Rilke). Seduzido por Lou, Gebsattel percebe as tensões entre ela e Bjerre: com certeza a relação amorosa deles é tumultuosa, mas são sobretudo as divergências de abordagem teórica que os opõem. É notável, desse ponto de vista, que Lou, desde seu primeiro contato com a psicanálise, tenha tomado partido a favor da ortodoxia contra as condutas de discípulos sujeitos à fantasia. Pois Bjerre resiste ao freudismo, e defende uma teoria pessoal que chamara em sua obra de "psicossíntese", que postula o restabelecimento de uma harmonia original: relaxamento, hipnose, exercícios em posição fetal são as práticas terapêuticas que devem levar o homem para a natureza. Em seu prefácio à edição alemã da *Psicossíntese* de Bjerre, justamente, Gebsattel relembra uma observação pública de Lou dirigida a Bjerre durante o Congresso:

> Meu caro Bjerre, desista de uma vez por todas da palavra psicossíntese; entendo o que você quer dizer. Mas não colha os frutos antes que amadureçam. É impossível deter com um obstáculo o espírito cujo gênio o leva a descer a montanha por uma via que parece abrupta. A marcha psicanalítica será outra coisa, de resto? Deixe-a seguir seu caminho e, acredite em mim, ela está certa. Em alguns anos, talvez, se volte a falar na psicossíntese, mas não hoje. A análise precisa, primeiro, varrer tudo o que poderia ser-lhe um obstáculo.[7]

Lou desconfia cada vez mais de Bjerre. A relação dos dois amorna, e ela não o verá mais depois do Pentecostes de 1912, pedindo-lhe para destruir toda a correspondência dos dois. O duplo retrato que ela faz em 1913[8], opondo ponto por ponto Rilke e Bjerre, é de uma impiedosa severidade para com esse último: arrivista, banal, brutal, ele sofre de uma neurose obsessiva, "preso por mil fixações". Ela encerra sua descrição com uma reflexão em estilo notável:

"B[jerre] não consegue confessar nada a si mesmo; essa é a condição de uma vida em plena convulsão, e é por isso que em compensação a todos os horrores do segredo guardado de si mesmo, não há hora de graça, somente a sólida permanência de uma perfeição extenuante". O pressentimento de Lou estava certo, e a vida de Bjerre seguirá caminhos singulares: em 1913, durante o Congresso de Munique, ele se opõe frontalmente a Freud, afirmando o primado da consciência sobre o inconsciente. A ruptura com Freud é consumada em 1914. No entanto, ele trabalha assiduamente para a introdução da psicanálise na Suécia e comenta as teorias freudianas antes de expor as suas. Fascinado por Nietzsche, por motivos sombrios, segue com atenção a marcha dos nazistas para o poder e acaba proclamando, em 1934, que as três obras fundamentais da psicoterapia são *O sono provocado*, de Liébault, *A interpretação dos sonhos*, de Freud e... *Mein Kampf*, de Hitler.

Levando-se em conta a censura da correspondência deles, o repentino uso do "tu" e as palavras inflamadas das cartas que nos restam, é provável que Gebsattel tenha sucedido a Bjerre no coração de Lou, em 1913. Provavelmente substituído, por sua vez, por Victor Tausk, Gebsattel também se verá censurado por cair num espiritualismo difuso, influenciado pela antroposofia. Terapeuta reconhecido, ele passará os anos da guerra sem se comprometer demais e concederá um lugar crescente à teologia católica, até sua morte, em 1976. Mas não nos enganemos: os Bjerre, Gebsattel, Tausk, amantes inflamados e discípulos heterodoxos, são para Lou apenas degraus para chegar à pessoa de Freud e à descoberta da psicanálise. Somente esses objetivos, que formam um só, animam os esforços de Lou, que está vivendo a experiência mais importante de sua vida.

"Não me teria ocorrido, pelo menos nesse momento, em meu isolamento, que a psicanálise pudesse ter tal importância para outra pessoa, ou que alguém conseguisse tão bem chegar a ler nas entrelinhas", escreverá Freud a Lou, em 1915.[9] Em *Minha vida*, Lou explica os dois principais motivos que a tornam receptiva à psicanálise:

> Ter-me dado conta da excepcionalidade e raridade do destino psicológico de cada indivíduo e ter crescido em meio a um povo que libera sua intimidade sem maiores rodeios. Quanto à primeira, não vou voltar a referir aqui. A outra foi a Rússia.[10]

É em Rilke que Lou pensa ao evocar um destino psicológico único e extraordinário; se destaca na leitura da correspondência com o poeta e com Freud o quanto a busca avança de maneira paralela e complementar. Ernst Pfeiffer, amigo dos últimos anos de vida, afirma inclusive que Lou se voltara para a psicanálise apenas por preocupação com Rilke[11]; a hipótese é excessiva, mas significativa. Aos cinquenta anos, todas as reflexões e experiências anteriores de Lou parecem desembocar na descoberta da psicanálise: "Se olhar para trás", escreverá ela em 1926, "tenho a sensação de que minha vida estava à espera da psicanálise desde que saí da infância".[12] Poderíamos fazer a lista das noções que, nos ensaios de Lou, anteciparam a psicanálise e encontraram uma sistematização conceitual nela: por exemplo a "idealização", que em Lou tem afinidades com a sublimação freudiana, a relação entre o indivíduo e o todo, que se resolve no conceito de narcisismo; Lou teve a intuição de um masoquismo ou de uma bissexualidade originários em todo indivíduo, concedeu importância central à significação dos sonhos e aos determinismos da infância; ela inclusive vê em Spinoza um "filósofo da psicanálise" e em 1912 reconhece: "Sinto uma grande alegria em constatar que o único pensador com o qual tive, quase desde a infância, profundas afinidades intuitivas e uma espécie de adoração me reencontre aqui".[13] Ela sente, por fim, como veremos no próximo capítulo, a coerência profunda da comparação entre Nietzsche e Freud.

Em fins de abril de 1912, alguns meses depois do Congresso de Weimar, Karl Abraham anuncia a Freud que conhecera Lou Andreas-Salomé: "Devo dizer que nunca encontrei pessoa que tenha da psicanálise um entendimento tão profundo e sutil. Ela vem a Viena nesse inverno e gostaria de acompanhar as sessões". Em 27 de setembro, Lou se dirige pela primeira vez a Freud, e já manifesta um caloroso entusiasmo no tom de sua carta:

> Desde que no outono passado pude assistir ao Congresso de Weimar, o estudo da psicanálise me persegue sem descanso, e quanto mais mergulho nele, mais ele me prende. Eis que se realizará meu desejo de poder passar alguns meses em Viena: poderei então me dirigir ao senhor, seguir suas conferências e pedir-lhe para me conceder a autorização de tomar parte nas noites de quarta-feira? Dedicar-me em todas as acepções da palavra a essa causa é o único objetivo de minha estadia lá.[14]

Freud responde sem demora, no dia 1º de outubro:

> Quando a senhora vier a Viena, nos esforçaremos todos para torná-lo acessível o pouco daquilo que, na psicanálise, se deixa mostrar e comunicar. Eu já interpretara sua presença no Congresso de Weimar como um presságio favorável.

Lou chega a Viena no dia 25 de outubro, acompanhada de sua amiga Ellen Delp, uma jovem atriz da companhia berlinense de Max Reinhardt que entrara em contato com ela depois de ler *Ruth*, e que Rilke chamará diversas vezes de "a filha" de Lou. Por acaso, no dia seguinte a sua chegada ocorre uma sessão de quarta-feira, à qual ela assiste, sendo acompanhada até seu hotel, que fica bem perto, pelo próprio Freud. Lou conta em suas memórias que Freud zombara dela, como fizera no Congresso de Weimar, diante de seu ardor por estudar a psicanálise; dessa vez, ele se espanta que Lou ouse pedir-lhe para seguir também as sessões de Alfred Adler, que está se tornando o dissidente mais obstinado do mestre. Mesmo assim concorda, com a condição de que Lou seja totalmente discreta e não divulgue nada do que acontece em cada um dos dois grupos. Essa prova imediata de confiança surpreende num homem que certa solidão intelectual tornara extremamente desconfiado. E Freud rira, como rira em Weimar. Esses risos de Freud[15] não manifestam apenas o humor de um homem dotado para o chiste, eles informam sobre o espaço festivo que Lou tem a virtude de criar à sua volta; ela fora, desde o reencontro dos dois, uma festa para Rilke, ela se tornava, para Freud, uma celebração do pensamento, com a alegria infantil que sempre acompanhava sua extrema maturidade intelectual: "Mesmo quando falamos das maiores atrocidades, você as contempla como se fossem Natal".[16] Lou não deixa de viver essa "festa" comunicativa no contato com a psicanálise, e os testemunhos disso são numerosos. Freud pedira expressamente a seus colegas que nada mudassem em seus hábitos de trabalho na presença de Lou; diante de uma mulher, debatiam-se, portanto, analidade, masturbação, incesto e outros "horrores": "Mesmo que nos detalhes fossem chocantes ou assustadores, todos os dias de trabalho da semana, a meus olhos, eram um pouco domingo".[17] Em seu *Diário de um ano*, Lou dedica suas notas de 2 de fevereiro de 1913 ao "dom que é a psicanálise": um "perpétuo sentimento íntimo de ser cumulada de presentes... essa radiosa sensação de uma ampliação da vida através dessa sondagem, desse contato constante com as raízes pelas quais ela mergulha no grande Todo".[18]

Em Viena, Lou continua a frequentar os círculos literários de seus amigos Beer-Hofmann, Schnitzler, Salten, Ebner-Eschenbach, Brandes, Harden etc.; ela vai ao teatro e ao cinema. Ela frequenta as sessões de Adler, os seminários de Otto Rank e Hermann Swoboda, mas ao longo de toda sua estadia, de 30 de outubro de 1912 a 2 de abril de 1913, é aos "encontros de quarta-feira" da Sociedade Psicanalítica de Viena que ela dá prioridade. Apenas um pequeno número pode participar dessas reuniões iniciadas em 1902, e dos 42 membros inscritos em 1912-1913 (sendo quatro mulheres), somente quinze se reúnem de fato. Nessa época, encontramos personalidades como Federn, Ferenczi, Hitschmann, Jekels, Marcus, Nepallek, Rank, Rosenstein, Sacks, Sadger, Silberer, Steiner, Tausk, Weiss e Winterstein. Ela se sente na companhia de irmãos, e essa fraternidade é para ela o modelo perfeito de relação com os homens:

> De novo fiquei surpresa, como já era frequente, com o fato de que, sem levar em consideração o valor da conferência em si, a gente se sente aqui em tão boa companhia. Sob a presidência de Freud e graças ao rumo que ele imprime a tudo sem aparecer, faz-se um excelente trabalho que não fariam talvez espíritos mais importantes em número. E se quereria convidar os melhores espíritos para esses encontros, ao mesmo tempo sentindo uma grande gratidão de poder estar ao lado deles.[19]

Mas Lou raramente toma a palavra durante as sessões do Café Ronacher, ela prefere conversar a sós com Freud, tarde da noite, no caminho de volta, ou no domingo à noite em sua casa da Berggasse. Às vezes se irrita com as asserções peremptórias de alguns membros, com suas agitações polêmicas; em silêncio, ela observa Freud e admira sua paciência, sua extrema cortesia. Mas pressente e admira nele "um desejo de solidão, de fechar-se de certa forma em seus objetivos mais pessoais, que, em si, nada teriam de comum com o ensino e o público".[20] Se é verdade que existe em Freud a dimensão do explorador solitário, também é verdade que lhe foi necessária uma ampla estratégia para difundir e impor a psicanálise, e que ele desenvolveu uma hábil política de redes de influência. Assim, quando em janeiro de 1912 ele pede a Jung, redator-chefe da *Jahrbuch*, para aceitar a primeira contribuição de Lou, ele não esconde os interesses que presidem sua escolha:

> Seria uma etapa na direção da "secularização" da *Jahrbuch*, uma etapa a ser superada com grande prudência, mas que terá o efeito de aumentar o público de leitores e mobilizar as forças intelectuais da Alemanha, onde Frau Lou goza de considerável reputação literária devido a suas relações com Nietzsche.[21]

O artigo em questão trata do conceito de "sublimação". Não é um acaso: "Frau Lou" sempre se interessara pela continuidade dos processos de criação artística e pela transfiguração das forças pulsionais na vida espiritual. Assim, ela escolhe tratar de um fenômeno psíquico que Freud não inventara; ele já é encontrado, sob uma forma que lhe é própria, em Nietzsche.[22] É ao autor de *Humano, demasiado humano* e *Aurora* que devemos uma metáfora química que remete a essa volatilização dos instintos (de prazer ou de agressão) em formas ideais e desinteressadas; Lou parece inclusive, não sem uma ponta de provocação, enfatizar essa metáfora ao preferir o termo alemão científico *Sublimation* ao empregado por Freud – *Sublimierung*. Freud precisa negociar consigo mesmo dois sentimentos contraditórios: sua desconfiança costumeira em relação aos discípulos mais entusiastas que serão os primeiros a instaurar a dissidência dentro do movimento, e uma admiração imediata, instintiva, por essa mulher em tudo singular. É com seu amigo Ferenczi que se abre sobre a ambiguidade de sua percepção: Lou "é uma mulher de temível inteligência", escreve ele em 31 de outubro de 1912. O adjetivo "temível" deve ser levado a sério; outra confidência a Ferenczi, em março de 1913, revela de novo essa espécie de temor que Lou desperta em Freud: "Seus interesses são de fato de natureza puramente intelectual, é uma mulher eminente, mesmo que todos os sinais, nela, conduzam à caverna do leão e ninguém volte de lá". A alusão à fábula de Esopo sobre o leão e a raposa revelaria o temor de Freud de ser devorado por uma personalidade leonina?

Deixemos aos mais competentes o cuidado de analisar as formações inconscientes que determinaram a maneira com que Freud interpretou a mulher. Que baste observar o quanto é difícil para um burguês austríaco do início do século emancipar-se de uma visão naturalizante da mulher: inúmeras ocorrências na correspondência de Freud atestam sua convicção de que o destino natural da mulher é a maternidade e o lar conjugal. Mesmo tendo contato ao longo de sua vida com mulheres intelectuais (além de Lou, poderíamos citar Minna Bernays, Emma Eckstein, Loe Kann, Joan Rivière, Marie Bonaparte), Freud continuou cético sobre a educação das mulheres e suas virtudes emancipatórias:

> Creio que todas as reformas legislativas e educativas fracassarão pelo fato de que, bem antes da idade na qual um homem pode garantir-se uma posição em nossa sociedade, a natureza decide o destino de uma mulher ao dar-lhe a beleza, o charme e a bondade.[23]

No entanto, como Nietzsche, Freud é sensível demais aos processos psíquicos e culturais para ignorar que aquilo que chamamos de mulher, unindo natureza e gênero, é produto dos valores morais e da história das tomadas de poder; em uma carta a Ernest Jones, datada de 13 de maio de 1938, Freud reconhecerá:

> Você talvez se lembre que um dia atribuí a pretensa "fraqueza psicológica de espírito das mulheres" (Möbius) [neurologista de Leipzig] ao fato de que lhes proibiam pensar nas coisas sexuais, o que levara a uma aversão pelo pensar em geral.

Pois Freud, enquanto luta contra suas próprias representações, não deixa de saber que a compreensão das mulheres passa antes de tudo pela compreensão do ideal de feminilidade alimentado pelos homens. Isso é particularmente visível a cada vez que ele se manifesta sobre sua mulher Martha:

> Deveria eu, por exemplo, considerar minha doce e delicada amada como uma concorrente? Nesse caso, acabaria por dizer-lhe, como fiz há dezessete meses, que a amo, que faço de tudo para subtrai-la dessa concorrência e que lhe atribuo como domínio exclusivo a pacífica atividade de meu lar.[24]

Trata-se sim de concorrência, e do temor de ser suplantado em sua própria virilidade; no contato com uma mulher como Lou Andreas-Salomé, que vimos o quanto impressionava por sua "virilidade intelectual" assim que entrava nos círculos intelectuais de sua época, Freud duplica sua desconfiança natural de pesquisador com um silencioso temor mais amplamente masculino; em todo caso, nada permitiria conceber a hipótese de que Freud tenha tido qualquer sentimento erótico por Lou. Um quarto de século mais tarde, ao saber da morte de Lou, Freud escreverá a Arnold Zweig: "Eu gostava muito dela, mas, curiosamente, sem vestígio de atração sexual".[25] Essa ausência "curiosa" de ambiguidade será sem dúvida a condição para uma amizade duradoura e profunda. No entanto, se era preciso aplicar à relação deles a noção de sublimação, nada impede de pensar que a "volatilização" do desejo sexual tenha permitido a Freud avançar numa relação ideal: Freud admirava os ideais morais de Lou Andreas-Salomé a ponto de considerar que eles ultrapassavam sem dúvida os seus. Logo depois de se conhecerem, Lou passa a ocupar um lugar ideal, revelado na confissão de uma carta que Freud lhe escreve em 10 de novembro de 1912; na véspera, ela não pudera assistir à reunião a que ele próprio falara:

> A senhora me fez falta na sessão da noite passada e estou feliz em saber que sua visita ao campo da oposição masculina [o de Adler] não tem relação com sua ausência. Adquiri o mau hábito de sempre dirigir minha conferência a certa pessoa de meu círculo de ouvintes e não parei, ontem, de fixar como que fascinado o lugar vazio que lhe fora reservado.[26]

Esse lugar vazio é o mesmo deixado vago por uma ignorância que Freud teria confessado, segundo a lembrança de Jones, a Marie Bonaparte: "A grande pergunta sem resposta, e à qual eu mesmo jamais pude responder apesar de meus trinta anos de estudo da alma feminina, é a seguinte: o que quer a mulher?". A pergunta se coloca de modo ainda mais concreto porque Lou provavelmente nunca faz análise no sentido estrito; há muitas coisas que Freud não sabe nem entende de sua personalidade, a ponto de às vezes pedir um esclarecimento para Ferenczi. Ernst Pfeiffer afirma que, se houve análise de Lou por Freud, ela foi feita de maneira informal durante as longas discussões e caminhadas comuns. Nesses primeiros anos da psicanálise, ainda havia poucos constrangimentos formais para a sessão de análise, que nem sempre tinha a solenidade de um ritual. Em todo caso, Lou se abre pouco: ninguém em Viena soube que sua mãe acabara de morrer em São Petersburgo, em 11 de janeiro de 1913.

> Sempre semiausente por causa de minha vida com minha Muchka morta, o que aqui ninguém sabe para que ninguém toque no assunto (pois aqui ninguém a conhecia e cada um se acharia mesmo assim obrigado a dizer algumas palavras).[27]

Mãe e filha não se viam desde 1911. Em *Minha vida*, Lou se lembra que a intensidade do último abraço entre elas lhe deixaria para sempre a paz da recordação, para além do sofrimento da perda. Mas, naquele momento, é apenas a Rilke que ela conta a morte de sua mãe:

> Ainda preciso lhe falar de uma morte, diferente daquela de que seu diário fala, mas que também não é uma morte para mim. Minha mãe adormeceu pacificamente. Ela foi embora antes de entrar em seu nonagésimo ano. Ela o fez muito pacificamente, como num sonho. Não contei isso a ninguém, não quero receber as condolências de costume. Pelo mesmo motivo, tentarei evitar "trajar luto", é tão feio e indiscreto. Por ela, gostaria de me vestir toda de branco.[28]

Depois do artigo sobre a sublimação para a *Jahrbuch*, Freud pede a Lou, em novembro de 1912, para escrever um estudo sobre os problemas da vida feminina para a *Imago*; dirigida por Otto Rank e Hans Sachs, essa revista complementa a *Jahrbuch*, dedicada à psicanálise fundamental, propondo análises aplicadas e pontes com as ciências humanas. É nessa ocasião que Freud solicita uma longa conversa em particular com Lou, o que se tornará um hábito, momento privilegiado e renovado entre os dois amigos. A alusão da carta de 10 de novembro ao "campo da oposição masculina", personificado por Alfred Adler, lembra a inacreditável confiança em Lou que Freud exprime na ocasião. Que ela possa assistir às reuniões concorrentes de Adler sem despertar a irritação de Freud é um feito excepcional. Ela se mostrará digna dessa confiança, e não frequentará por muito tempo as reuniões adlerianas. Na verdade, Lou não tem afinidades com Adler mas, para ela, trata-se de uma maneira de aprender a se posicionar com mais clareza, no momento em que descobre a psicanálise. O *Diário de um ano*[29] relata trocas tensas e de singular falta de simpatia: "Primeira visita a Adler. Até tarde da noite. Ele é gentil e extremamente inteligente. No entanto, duas coisas me incomodam: que tenha falado de maneira pessoal demais das disputas em curso. Depois, que não tenha cara de nada. Como um pano de fundo de si mesmo". Além dessa alfinetada bastante espirituosa, Lou se opõe a Adler num ponto fundamental, o mesmo que fará de Adler um dissidente do freudismo: a noção do complexo de inferioridade. Para Adler, o feito psíquico e suas patologias devem ser atribuídos a um sentimento fundamental de inferioridade, superado no homem com um "protesto" a esse sentimento; não apenas essa generalização parece a Lou uma "síntese prematura e em consequência totalmente estéril", como se baseia num pressuposto amplamente suspeito: o sentimento de inferioridade não seria uma construção fantasmática, mas um dado biológico real. Baseado num nietzschianismo mal-entendido (podemos imaginar a irritação de Lou com isso), Adler confunde perigosamente determinismos psíquico e biológico, sentimento de inferioridade e deficiência orgânica, confusão na qual cai também sua concepção da mulher: "Ele não pode se impedir", observa Lou, "de atribuir um valor negativo ao 'feminino', mas uma coisa passiva (e agindo como tal sexualmente ou de maneira geral) é sempre positivamente retomada no que funda o Ego". A ruptura de Lou e Adler é consumada depois de uma troca tumultuosa em agosto de 1913[30]; no dia 12, ela lhe envia por escrito uma análise precisa de suas objeções, da qual se depreende que Lou não pretende contaminar por preço algum a vida com o espectro da negatividade; ela lhe dá inclusive uma aula de nietzschianismo, lembrando que a vontade de poder, mesmo movida por motivos de impotência, continua sendo sinônimo de vida, e que, por definição, não há negatividade possível na vida, "a qual, em tudo e por todos os meios, se impõe como o próprio eterno". Adler fica furioso: ele responde imediatamente, acusando-a de "imprudência", de fazer comparações "claudicantes". A última frase de sua carta revela uma decepção em que percebemos uma dimensão afetiva: "Minhas concepções talvez sejam falsas: será preciso, no entanto, que você me seja roubada?". Adler visivelmente tentara ganhar Lou Andreas-Salomé para sua causa, obtendo a caução da antiga amiga de Nietzsche. Contra Adler, e logo também contra Carl Jung (a quem censura a postulação de outras energias além das libidinais), Lou terá uma incontestável fidelidade a Freud. Em setembro de 1913, durante o difícil Congresso de Munique, que consuma a ruptura entre Jung e Freud, Lou publicamente toma partido por esse último, ficando a seu lado durante as sessões.

No entanto, Freud às vezes desejaria da amiga tomadas de posição mais nítidas; em 1914, em sua *Contribuição à história do movimento psicanalítico*, ele sentira a necessidade de esclarecer as dissidências no âmbito da psicanálise na ocasião, pedira a Lou para opinar sobre a obra. Mas a resposta conciliatória de sua interlocutora o decepciona; ele observa, não sem certa amargura: "[Suas críticas] são infinitamente mais agradáveis do que eu ousaria esperar. Mas imagino que deve haver um reverso para essa medalha, que a senhora ainda não mostrou. Pois o assunto nada tem de agradável".[31] Ele explica que, apesar de sua reticência em "acusar e denunciar, desmascarar e retificar", fora obrigado a preservar a pureza de sua missão; acrescenta que teria gostado de ver "um juiz, homem ou mulher", resolver todas as polêmicas, e que esperara poder atribuir esse papel a Lou. Em julho, esta lhe envia uma magnífica resposta, lembrando ao teórico da resistência psíquica que a luta e a rejeição fazem parte integrante da extraordinária aventura da psicanálise; ela reitera sua fidelidade e dá como prova sua disputa com Adler, ocorrida um ano antes, a qual revela só agora. Ao receber a correspondência entre Adler e Lou, Freud é definitivamente tranquilizado.

Em contrapartida, Lou Andreas-Salomé sente uma viva simpatia pelo psicanalista húngaro Sándor Ferenczi, e as afinidades dos dois são grandes. Homem sensível e brilhante, estabelecido em Budapeste, Ferenczi em 1908 conhecera Freud, que confiara a seu "querido filho" os casos mais difíceis, situações-limite e pré-psicóticas. Ferenczi sem dúvida foi um dos mais íntimos colaboradores de Freud, sobretudo depois da morte de Karl Abraham, em 1925. No entanto, a grande dependência afetiva de Ferenczi para com seu mestre, dependência que Jones chama de patológica, mas também o endurecimento de Freud com a idade, conduzirão os dois amigos à ruptura, no início dos anos 1930. Lou gosta da maneira de pensar "filosófica (sintética)" de Ferenczi; suas trocas são ricas, e as críticas frutíferas. Lou salienta em Ferenczi a noção de "tendência de morte" e seu inatismo, mas ela não espera reconhecer na vida qualquer pulsão do tipo:

> Tudo o que Ferenczi intitula em suas concepções de "tendência de morte" pode muito bem ser chamado de "tendência de vida", sem que nada seja alterado, exceto o ponto de vista pessoal. Pois para o que foi pensado como estando presente por trás das únicas estruturas vitais conhecidas por nós, podemos muito bem representar-nos tanto a "*quinta-essência de vida*" quanto o "*repouso* absoluto" – do qual permaneceria desconhecido apenas o primeiro "impulso na direção do movimento".[32]

A aluna de Nietzsche não deixa de saber que existe o niilismo, mas o concebe como certa expressão da pulsão de vida (da vontade de poder) voltada contra si mesma: essa inversão, como forma derivada, impede justamente de fazer dele um princípio primário. Assim, é preciso observar que, nessas mesmas páginas do Diário, o próprio Freud não é poupado dessa crítica, que voltará a aparecer na *Carta aberta a Freud*, de 1931; em momento algum Lou aceitará o conceito de pulsão de morte – a vida é uma realidade intransponível e não dialética:

> Não podemos rejeitar totalmente a ideia de que, nessa "tendência de morte" e "de repouso" – na qual Freud deixa o inatismo a todo ser vivo como sendo sua verdadeira natureza, e na qual ele se deixa perturbar a contragosto –, há uma apreciação da vida bastante neurótica. A versão exatamente oposta é também justificada: tudo o que foi dividido e entrou no curso da vida é uma parte do impulso vital originário que a realiza no ser e de onde ela não cessa de reemanar.

Durante essa primeira temporada em Viena, Lou frequenta com assiduidade Victor Tausk, outro "filho" de Freud. Ela conhece essa "grande fera loira", dezoito anos mais nova, em 30 de outubro de 1912, e manifesta por ela ao longo de seu diário uma grande afeição. Nascido em

1879, numa família judia eslovaca, Tausk fora como que salvo pela psicanálise: depois de um divórcio extremamente doloroso, deve a recuperação de sua depressão ao encontro com Freud, em 1909, e ao início de seus estudos de medicina no ano seguinte. Lou acompanha suas intervenções com interesse, sobretudo as que dizem respeito ao narcisismo, conceito sobre o qual ele a ajudará a trabalhar; como Tausk é residente em neurologia no hospital de Viena, Lou o segue, usando um jaleco branco, em suas consultas; eles gostam de falar de literatura e filosofia, de Spinoza em particular. Mas ela sente nele uma tristeza fundamental e deplora sua grande dependência em relação ao mestre: "Embora Tausk pareça curiosamente infeliz, segura ainda alto seu estandarte de dirigente. Em diversos debates, ele me pareceu freudiano de maneira servil demais[33]". No entanto, assim que esboça um gesto de revolta, Tausk é severamente repreendido pelo mestre. É curioso constatar o quanto a fidelidade de Lou para com Freud é sempre acompanhada por uma afirmação da necessidade de contradições e de pontos de vista independentes. Freud pode ser louvado por tentar preservar a unidade do movimento, mas nada ganharia ao calar a polifonia de suas vozes; Lou adota uma posição crítica bastante lúcida:

> Está claro que Freud não suporta muito bem a presença a seu lado de um espírito independente – sobretudo quando ele é agressivo e fogoso – que o pressione e ataque involuntariamente seu egoísmo de pesquisador, portanto o mais nobre, obrigando-o a explicações apressadas etc. O preço que pode ter para a causa um espírito independente só se descobrirá no futuro, e isso leva, no presente, a lutas que provavelmente são inevitáveis. É certo que Freud sente isso como um inconveniente e lamenta profundamente a bela paz de que gozou em suas pesquisas até 1905 – fundação da "Escola". E quem não lhe desejaria gozar dela para sempre?[34]

Lou vê a situação entre Freud e Tausk se deteriorar a cada dia, e teme pela saúde espiritual desse último; ela entende pouco a pouco que seu temperamento é, em última análise, responsável pela mistura tumultuosa de amor e ódio que preside a relação entre mestre e discípulo. No final de agosto de 1913, ela pensa inclusive que ele "delira", e que nada pode de fato socorrê-lo. A correspondência inédita, mencionada pelos biógrafos, revela às vezes um tom exaltado que faria supor que Lou e Tausk tenham tido uma relação amorosa. Eles não se verão mais depois do Congresso de Munique de 1913. Em 1914, Tausk é convocado e enviado ao front; será para ele a difícil ocasião de escrever uma obra sobre as neuroses de guerra. Em 1915, escreve a Lou dizendo que "arde" por revê-la, mas que tem consciência de que sua neurose é um obstáculo para a relação deles.[35] Os últimos anos de Tausk serão uma longa sequência de sofrimentos. Em 1919, às vésperas de um novo casamento, ele se suicida violentamente: com a corda no pescoço, se dá um tiro na cabeça.

Depois de quase um ano em Viena, é chegada a hora de Lou voltar para Göttingen. A última discussão de quarta-feira ocorre em 2 de abril de 1913; no dia 4, faz uma última visita a Freud. Este lhe propusera "a encenação de uma pequena cerimônia de adeus"; achando divertido, ela recusa e prefere tomar um chá a sós com ele. Eles discutem a missão psicanalítica, e Freud insiste na necessidade de "permanecer constantemente em contato estreito com o material doente[36]" e de trabalhar sete ou oito horas por dia. É uma maneira de encorajar Lou a se tornar psicanalista, e a mensagem é compreendida: "Ao partir com suas rosas, me alegrei por tê-lo encontrado em meu caminho e por ter podido 'vivê-lo' como ponto de partida de minha nova evolução". No *Diário de um ano*, Lou escreve ainda o discurso de agradecimento que gostaria de ter pronunciado diante dos membros do último encontro de quarta-feira. Ela quase erguera a mão para pedir a palavra, mas mudara de ideia. Se não o tivesse feito, eis o que o círculo de pioneiros teria ouvido, em 2 de abril de 1913:

> Senhores! Não quis discutir, deixei esse cuidado a vocês; mas quanto a agradecer, é minha tarefa. Agradecer a psicanálise por ela exigir mais do que um trabalho de consultório e por me introduzir numa espécie de confraria: esta. O motivo pelo qual ela parece tão viva não é uma mistura espantosa de ciência e sectarismo, mas o fato de elevar à categoria de seu princípio de vida o mais alto princípio de todas as ciências: uma perfeita honestidade, de que faz uso até o cerne da realidade mais individual, dominando assim a vida da ciência – como ela baseia, aliás, sua exploração científica fazendo as noções cederem – a estreiteza, a frieza da psicologia acadêmica – diante da vida. É por causa disso, sim, justamente por causa disso que resultam, para além desse círculo e mais facilmente do que em qualquer lugar, cisões e querelas mais difíceis de remover do que em qualquer lugar, sem que no entanto o encadeamento dos métodos e dos resultados seja ameaçado. Com certeza isso é um problema para o futuro próximo. Mas ele já existe na atmosfera do trabalho, que não nos limitamos a perseguir no plano do pensamento, pois o animamos também com a vida mais pessoal, e ali onde permanece fiel a seu princípio mais elevado, o da comunidade honesta, ele é belo – pelo menos aos olhos de uma mulher – e é uma alegria ver homens oporem-se na disputa [...] É assim que o que cabe a cada sexo no universo está bem dividido e no entanto unido. Porque os homens brigam e as mulheres dão graças.[37]

Depois de um desvio por Budapeste, onde fica de 7 a 9 de abril, na casa de Ferenczi, Lou volta para Göttingen. De Paris, Rilke lhe envia um poema intitulado "Narciso"; eco poético de suas preocupações psicanalíticas, esse texto marca Lou, que publicará um excerto dele em seu ensaio de 1921 sobre *O narcisismo como dupla direção*. Mais do que a vã imagem contemplada no espelho, são o reflexo mútuo do homem e da natureza, a contemplação recíproca da totalidade e do indivíduo, que tocam Lou. Com esse poema, Rilke se apresenta de certa forma: os dois amigos não se veem há tempos e diversas passagens do diário de Lou manifestam essa falta. De 9 a 21 de julho, Rilke vai a Göttingen: "Um dia, ao crepúsculo, Rainer apareceu ao portão e, antes mesmo que nos falássemos, nossas mãos se uniram acima da grade do jardim. Todo o tempo que ele passou aqui, fui tão feliz!".[38] Ele faz a Lou o relato de suas viagens desde 1909: Argel, Túnis, Egito, Espanha, Duíno, França... Os dois amigos trabalham juntos; Lou lê com atenção a poesia de Rainer e continua a encorajá-lo, enriquecendo suas análises com seus novos conhecimentos psicanalíticos. Ela o faz contar seus sonhos, faz interpretações que anota em seu diário; continua a preocupá-la o doloroso sentimento de alteridade sentido pelo poeta, que parece abrigar em si mesmo um Outro radical; ela tenta abrir-lhe o espaço da totalidade através da noção de narcisismo, cuja teorização será cada vez mais precisa com o passar dos anos. Rilke e Lou vão juntos ao Congresso Internacional de Psicanálise de Munique, em agosto de 1913, onde encontram Gebsattel e Bjerre. Marie von Thurn und Taxis lembra que Rilke sentara "quase ao lado de Freud" e que ele fora "bem tratado por todo mundo".[39] Lou observa que Rilke e Freud gostaram um do outro, mas o poeta é bastante refratário à psicanálise; quando Gebsattel tratava sua esposa em 1911, Rilke se mostrara pouco impressionado pelo progresso de Clara e recusara fazer análise por sua vez. De Duíno escreve a Lou:

> Penso menos do que antes num médico. A psicanálise é uma ajuda radical demais para mim, ela ajuda de uma vez por todas, vai a fundo, e me encontrar um dia assim limpo me deixaria talvez com ainda menos perspectivas do que em minha desordem.[40]

Não temos, para esse período, as respostas de Lou, mas esta visivelmente insiste, pois Rilke se sente obrigado a reiterar sua recusa três semanas depois:

> No que me diz respeito, já lhe escrevi que temeria mais, afetivamente, essa limpeza e que, dada minha natureza, nada poderia esperar de bom. Ela produz algo como uma alma desinfetada, uma aberração viva, corrigida com tinta vermelha como uma página de caderno escolar.[41]

Por fim, em 24 de janeiro, ele repete:

> Sei que a análise só teria sentido para mim se eu levasse a sério as estranhas segundas intenções de *não mais escrever* que eu me acenava como uma espécie de alívio durante a conclusão do *Malte*. Apenas nesse caso teríamos o direito de deixar nossos demônios serem expulsos, pois eles são de fato, na vida civil, um elemento de perturbação e desprazer.[42]

Dessa resistência que expõe seus motivos, depreende-se em primeiro lugar que os "demônios" de Rilke, suas angústias e perturbações são o próprio substrato de sua escrita; esses demônios também são chamados por Rilke de "anjos". Mas a ideia subentendida em suas críticas diz respeito à natureza social e convencional do julgamento sobre essas perturbações. Em matéria de terapia, a psicanálise lhe parece uma reinscrição opressiva na ordem social; está em jogo a própria discriminação entre normalidade e patologia, cujas fronteiras alguns terão coragem de questionar no século XX. É preciso considerar o julgamento de Rilke para além de uma complacência de "poeta maldito": ele faz uma objeção de grande alcance contra a pretensão normalizante da psicanálise e desmascara o respeito paradoxal pelos valores estabelecidos. Numa carta a uma amiga anônima, ele denuncia alguns meses depois a *hybris* da psicanálise:

> Preciso confessar-lhe que, no conjunto, sou totalmente contra a análise, e quanto mais a observo, mais acho que ela faz, de maneira unívoca, peremptória e pretensiosa, o que a natureza sempre fez onde era necessário, e, para dizer a verdade, o que cabe *somente* à vida fazer.[43]

Mesmo assim, Rilke não se subtrai às interpretações de Lou. Apesar de novamente recusar, em 1915, a proposta de Freud de submeter-se a uma análise ("nenhum laço eterno podia se formar com ele[44]"), ele pode ouvir tudo da amiga que nunca deixou de estar envolvida no centro de seu processo criador: "De qualquer maneira, era miraculoso para mim que você conhecesse tão bem a análise", escreve ele na mesma carta de 24 de janeiro, expressando também seu reconhecimento para com seu amigo Gebsattel. De certa forma, é Lou quem conduz, informalmente, a análise de Rilke: vemo-la interpretando seus sonhos, fazendo-o contar suas recordações de infância, brincando com ele de associação livre. A amizade de Lou, sua compreensão profunda da criação artística e o primado que ela concede a essa saúde que se exprime inclusive nas forças destrutivas, foram motivos para que Rilke não recusasse sua ajuda. O retrato que ele faz de Lou numa carta à princesa Thurn und Taxis revela o motivo exato do consentimento de Rilke: enquanto, por definição, *a análise* freudiana desmantela a lama para recompô-la como que artificialmente, Lou tem a arte da *síntese*, reconhecendo apenas uma "força única", a da vida, criadora, generosa até mesmo em sua crueldade:

> Fiquei oito dias em Göttingen, na casa de Lou Andreas-Salomé, e terei um monte de coisas a contar – (sem dúvida as mais belas); quantas sublimidades essa mulher sabe perceber; como consegue trazer tudo o que os livros e as pessoas lhe ensinam, no momento que quiser, à compreensão mais serena, como sabe compreender, amar e se mover sem temor pelos mais ardentes mistérios que, sem lhe incomodarem em nada, a fazem irradiar a mais bela luz do fogo. Não conheço e não

conheci, desde anos distantes, quando pela primeira vez a conheci, encontro de uma significação infinita, não conheci ninguém que sempre tenha tido a vida a seu lado com tanta segurança, que seja capaz de discernir tanto nas coisas mais doces quanto nas mais terríveis a força única que se dissimula, mas que, quando mata, ainda quer dar... Um dia lhe contarei.[45]

Em 28 de junho de 1914, o príncipe herdeiro da coroa da Áustria-Hungria é assassinado em Sarajevo. Um mês depois, o Império Austro-Húngaro declara guerra à Sérvia. A mobilização geral é decretada na noite de 30 para 31 de julho. Ao mesmo tempo, a Alemanha declara guerra à Rússia e, dois dias depois, à França. A Primeira Guerra Mundial fecha para toda uma geração cosmopolita as fronteiras que esta tantas vezes cruzara. Lou Andreas--Salomé, alemã, de origem russa, ligada a Viena por um profundo laço, se vê reclusa em Göttingen e impedida de circular. É o início de uma nova era:

> Uma vez que a guerra mundial delimitou, para sempre, frente a todo o posterior, esses anos de visitas despreocupadas a diferentes povos e diferentes países, tudo aparece em retrospectiva, com aquela salutar e confiante mistura do estranho e do próprio, como uma fase da vida já encerrada – tudo já transformado apenas em lembranças e visível apenas com o distanciamento de quinze anos, pois 1914 nos transformou em outros seres humanos.[46]

A arte da síntese
(1914-1926)

De 1913 a 1921, as trocas entre Lou Andreas-Salomé e Freud serão epistolares; privações e o fechamento das fronteiras devido à guerra proíbem a Lou qualquer viagem. Sua situação financeira é precária, pois o conflito com a Rússia suspende a pensão que recebia de sua terra natal, e ela só pode contar com as sessões de análise que começa a oferecer esporadicamente. O primeiro sinal de Freud depois da declaração de guerra é um breve cartão-postal, datado de 14 de novembro de 1914:

> Minha cara:
> O que a senhora faz nesses tempos difíceis para todos? A senhora os esperava e os imaginara assim? Acredita ainda na bondade de todos esses irmãos mais velhos?
> Espero da senhora uma palavra de consolo.
> Seu devotado Freud.[1]

A pergunta é ambígua: Freud menciona, não sem malícia, o que acredita ser o otimismo furioso de Lou, seu humanismo que postulava "um mundo de irmãos"; ao mesmo tempo, é com uma sinceridade inquieta que espera da amiga palavras de reconforto, palavras que todos os homens infelizes, de Rée a Rilke, recebiam sempre como um bálsamo. Cinco dias depois, Lou responde de Göttingen com incrível atitude:

> Sim, com certeza "irmãos mais velhos"! Todos se tornaram verdadeiros demônios. (Mas isso advém de os Estados não se fazerem psicanalisar!)[2]

Claro que os homens podem ser demônios, mas eles se tornam demônios; e Lou articula esse devir em relação ao Estado, e sugere a existência de psicopatologias a esse nível. Desse ponto de vista, Lou está à frente de Freud; desde quando frequentara Nietzsche, ela se iniciara na crítica da cultura, nos instintos reativos da "tropa", na genealogia dos escravos. Ela conhece o fundo de niilismo das formações coletivas e sente um desprezo nietzschiano pelo nacionalismo. Embora Freud, por cultura, seja também um antinacionalista (apesar de um patriotismo austríaco novo e efêmero, que surpreende a ele próprio[3]), ele ainda não fez uma reflexão coerente sobre o coletivo e a civilização. A primeira obra de Freud sobre a questão de seus fundamentos, *Totem e tabu*, data de 1913, e suas teorias virão depois: *Psicologia de grupo e análise do ego* data de 1921, *O mal-estar na cultura*, de 1929. Será preciso esperar a troca epistolar com Albert Einstein, em 1933, para que ele faça explicitamente a pergunta: "Por que a guerra?". A polêmica implícita que se inicia entre Lou e Freud diante da carnificina aberrante da Primeira Guerra Mundial gira, num primeiro momento, em torno da oposição entre pessimismo e otimismo, oposição superficial que esconde a verdadeira díade problemática: pulsão de vida e pulsão de morte. Em relação ao otimismo de Lou, Freud fica cego, a ponto de não levar em conta o que ela de fato lhe escreve nessa resposta de 19 de novembro, que não é nada otimista:

> Todos os dias, nos levantamos para encarar o mesmo problema: conceber o inconcebível; abrimos caminho por essa época tão dolorosa como por um arbusto de espinhos. Não conheço destino pessoal, nenhum, que pudesse me fazer sangrar mais. E também não acredito realmente que, *depois disso*, jamais poderemos voltar a ser felizes.

Freud não parece ouvir esse *depois disso* que nega inelutavelmente toda alegria reencontrada; ele escreve a Karl Abraham sobre Lou, em 11 de dezembro: "Seu otimismo está enraizado demais para poder ser abalado".[4] Mas a troca epistolar continua, e Freud revela, pouco a pouco, os motivos profundos de sua sombria inquietude; em 24 de novembro, escreve:

> Não duvido que a humanidade se reerguerá também dessa guerra, mas sei com certeza que eu e meus contemporâneos não veremos mais o mundo sob uma luz feliz. Ele é feio demais; o mais triste em tudo isso é que ele é exatamente como deveríamos ter-nos representado os homens e seu comportamento segundo as expectativas despertadas pela Ψa [psicanálise]. É devido a essa posição em relação aos homens que nunca pude me colocar em uníssono com seu feliz otimismo. Eu concluíra no mais íntimo de minha alma que, já que víamos a cultura mais alta de nosso tempo tão horrivelmente manchada de hipocrisia, organicamente não éramos feitos para essa cultura. Só nos resta nos retirarmos, o grande desconhecido oculto pelo destino fará experiências culturais do mesmo tipo com uma nova raça.

Está em jogo a relação entre a natureza do homem e o papel da cultura. Freud ainda está profundamente apegado às virtudes da cultura e de suas manifestações no âmbito das artes e das ciências, onde vê uma sublimação dos instintos do homem, através da qual ele se torna melhor. Ora, ele descobre no coração do homem forças agressivas e de destruição, que são capazes de anular todos os esforços de elevação da cultura: o homem não é "organicamente" feito para a cultura – estranha inversão idealista que opõe a própria vida à cultura, como sua negação e sua impotência, que coloca a cultura acima do homem e torna a vida culpada: o homem, como no cristianismo, seria essencialmente corrompido? É a essa tentação que Lou responde com força; a partir de reflexões sobre o narcisismo, ela chega a uma admirável conclusão, em sua carta de 4 de dezembro:

> Em um ponto, isso diz respeito à sua tomada de posição e à minha quanto à gravidade de nossa época, e também ao que o senhor chama de meu otimismo, que parece agora chegar

a um lamentável impasse. O que não me impede de continuar a pensar que, por trás das atividades humanas e do que ainda pode ser atingido psicanaliticamente, há um abismo onde as impulsões mais preciosas e mais infames se condicionam mutuamente sem que possamos distingui-las umas das outras e, assim, tornam um julgamento final impossível. Essa notável unidade é um fato não apenas no grau repentinamente ultrapassado da vida mais arcaica (tanto da humanidade quanto do indivíduo), mas também ainda e constantemente para cada um. Esse fato é suscetível a aniquilar todo orgulho, mas também a dar coragem aos mais pusilânimes. É certo que isso não muda em nada nossa repulsa ou nosso encanto, no que concerne o modo de expressão humana, e é por isso que numa época como a nossa toda alegria e toda esperança podem, consequentemente, contrair uma doença fatal; mas sabemos também por nós mesmos que a única coisa que "vivemos" é essa última esperança, de forma que isso deveria contar para todos. Deveria... Mas não é o caso, não hoje, mas seria possível se quiséssemos nos comprometer com vontade o suficiente – é isso que me ajuda um pouco.

É que Lou raciocina ao inverso – só podemos julgar a cultura ao contrário –, e sugere que a psicanálise não pode ultrapassar esse nível de reflexão. Por trás das atividades humanas, o inconsciente, esse "abismo de impulsões", escapa a qualquer julgamento, porque ele é um misto de forças inseparáveis que constituem sua unidade: a vida é fundamentalmente *inocente*. Lou retoma aqui o pensamento nietzschiano da diferença e da multiplicidade: forças ativas e forças reativas, criação e destruição, saúde e doença agem junto à gênese de cada fato, e este ou aquele tipo de cultura não passa da vitória destas ou daquelas forças. Freud afirmava: "Sei que a ciência só morreu na aparência, mas a humanidade parece verdadeiramente morta[5]"; Lou diz o contrário: nossa cultura foi atingida por uma "doença fatal", mas a humanidade é movida pela "notável unidade" da vida.

> A oscilação entre a tendência de morte e a necessidade de vida é semelhante à impressão de unicidade, ou melhor, pela velocidade da oscilação, ao contínuo devir da unicidade.[6]

Evidentemente, a posição de Freud é ambígua e mais próxima de Nietzsche do que ele mesmo acredita: pois a cultura pode criar de fato tipos fisiológicos doentes, e uma cultura mais elevada criaria uma "raça nova". Mas Freud acredita que não estamos adaptados a essa cultura que ele ainda não reconsidera, ao passo que é ela provavelmente que nos torna doentes e organicamente viciados.

Lou jamais abandonará sua posição, apesar de toda sua fidelidade a Freud; para ela, nunca haverá existência substancial da pulsão de morte, e quanto mais esse conceito for afirmado no pensamento de Freud, mais ela se oporá a ele. Na *Carta aberta a Freud*, datada de 1931, apesar do discurso de Lou expressar um infinito reconhecimento por Freud e fazer uma magnífica defesa da psicanálise, ela não deixa de acertar suas contas com ele sobre a questão da pulsão de morte:

> Se reconhecermos nele [o inconsciente] uma manifestação "pulsional", a inteligência e os sentidos se colocam ao lado da vida, e, para serem consequentes, precisam agir assim mesmo quando o conteúdo de uma impulsão se revelar destruidor. Mesmo com o humor mais "mortal", a cólera, o ódio, o dom de si a uma realidade suprassensível, etérea, podem minar surdamente o que existe; em todos os casos, a parte de afeto que se manifesta tem por objetivo uma satisfação viva.
> [...]
> É certo que a doença, o esgotamento, o cansaço, a decepção e a tristeza refletem no mais alto grau a "cumplicidade com a morte", que tenham sua origem nos estados físicos ou no comportamento psíquico; mas também não deixam de traduzir uma "vontade de alguma coisa", um contentamento, pelo menos o contentamento que tem sua fonte na paz, imagem da felicidade; afinal, o nirvana do budista corresponde ao puro consentimento que este atinge, uma vez tendo realizado em si todas as negações.

[...]
À medida que a inclinação de nosso psiquismo nos torna mais sensíveis a uma ou outra ressonância do vivido, nos devolve o eco da "morte" ou da "vida"; podemos utilizar as palavras e as denominações privilegiando, ou não, o sentido negativo que procede de nossa reflexão intelectual objetiva ou de nossa experiência vivida interiormente.
(Somente assim podemos explicar que, quando o senhor estabeleceu as pulsões de vida e de morte, duas mentes tão próximas quanto S. Ferenczi e A. Stärcke, quase no mesmo instante, tenham dado a elas o rótulo inverso, a vida assumindo o papel da morte, a morte o da vida...)[7]

Lou lembra as críticas formuladas contra Freud, taxado por seus detratores de ser um "advogado da morte"; ela tenta defendê-lo, dizendo que seu pessimismo não provém da idade ou da lassidão, mas da força intacta que Freud emprega para desmascarar os falsos otimismos, as ilusões, "quimeras do vivido" que separam da realidade e não sabem conformar os desejos ao real. Ela reconhece inclusive os perigos de sua própria "alegria de viver subjetiva", e acaba afirmando sua fidelidade, não sem uma espirituosa restrição: "Nada me agrada mais, de minha parte, que o senhor me segure na coleira para me guiar – desde que a coleira tenha uma boa extensão". Essa "liberdade de fidelidade", para retomar o título do prefácio de Marie Moscovici à edição francesa da *Carta aberta a Freud*, é o resultado de uma espécie de admirável acordo tácito entre Freud e Lou Andreas-Salomé: ele lhe concederá liberdade até a heresia, enquanto, por seu lado, ela lhe manifestará um sólido apoio perante os dissidentes.

Sejam quais forem as divergências teóricas entre Lou e Freud, a vida pessoal dos dois é profundamente afetada pelos anos de guerra. Freud se sente isolado: os membros de sua família, seus discípulos e seus pacientes são quase todos alistados e enviados para o front. Seu filho mais velho, Martin, é recrutado no mês de agosto; Oliver, o segundo, deverá esperar 1916, e servirá na engenharia, menos exposto do que o irmão; Ernst, o pequeno caçula, é definitivamente reformado. Lou não está menos isolada: seu irmão mais velho Alexander, o Sacha que fora como "um segundo pai", morre em fevereiro de 1915, em São Petersburgo, mas Lou não pudera fazer a viagem; as trocas epistolares com sua família são cada vez mais raras, e seu conteúdo é insignificante, devido à vigilância da censura nas fronteiras. Confinada na maior parte do tempo em Göttingen, Lou escreve aos amigos e expressa sua tristeza e suas preocupações: Rilke, Ellen Key, Gebsattel e seu querido sobrinho Schoenberner, recrutado nos Alpes italianos e depois em Munique. Ela pode, no entanto, visitar duas vezes Helene Klingenberg em Berlim, e sua prima de Hanover, Emma, cujos dois filhos estão no front; ela passa dois meses em Munique, na primavera de 1915, a pedido de Rilke, embaraçado em sua relação com a pintora Lou Albert-Lazard; ela propõe a eles que consultem o psicanalista holandês Van Eden... Como se a Rússia não sofresse o suficiente, a revolução bolchevique eclode em 1917, despertando em Lou uma angústia profunda. Seus irmãos, de quem não tem notícia alguma, se tornam automaticamente traidores, como oficiais do Exército Branco, e correm risco de vida se forem capturados. Ela se abre com Freud, com pudor, sobre suas preocupações:

> Também não quero evocar minha vida pessoal porque – dada a presença dos meus na Rússia e depois da tragédia que esse país atravessa – me faz mal falar sobre isso; com a pluma na mão, eu seria capaz de começar a chorar.[8]

No entanto, Lou mantém uma fé profunda em sua pátria e ouve nessa revolução sangrenta a voz muda do povo russo. Recusando-se, ainda e sempre, a pensar a negação, ela escreve, em 9 de julho de 1917, a Rilke, num tom quase messiânico:

> Existe *uma coisa* da qual nós dois temos certeza: o que a Rússia está fazendo nesse momento não tem muito a ver com as revoluções comuns; e todas essas negações não passam de uma outra maneira, para seu Deus, de se afirmar. Mesmo que ela, na prática, encontre aí sua ruína – tão próximo está de afundar aquele que entendeu profundamente demais (profundamente demais para a "política realista"!) a unidade de Deus e da terra –, o país russo não deixará de ser o único a viver e a "vencer" por todos os outros.[9]

A Primeira Guerra Mundial, com seu abalo, levara à queda do Império Russo, da monarquia dos Habsburgo e do Reich alemão; para toda uma geração, essa ruptura radical é vivida como um apocalipse. Rilke foi mobilizado por apenas um mês, e serviu no serviço de imprensa do Ministério da Guerra; logo curado de um entusiasmo que o fizera cometer alguns hinos patrióticos, ele sai da guerra abalado:

> Em suma, a única tarefa desses anos horrivelmente dissipados foi acreditar naquilo que os havia precedido [...] Diga-me: como eu teria sobrevivido de outra maneira, eu em particular, para quem o desenrolar dos acontecimentos desde 1914 só podia significar negação e demência? Mas não sei se sobrevivi. Meu interior se fechou ainda mais, ele se tornou, como para se proteger, inacessível a mim mesmo; assim, não sei nesse momento se ainda existe no meu centro força para restabelecer e realizar as ligações com o mundo, ou se persiste, no silêncio, apenas o túmulo de minha alma de outrora.[10]

Se Rilke não pudera escrever quase nada durante os anos de guerra, com exceção da grave *Quarta elegia*, Freud, por sua vez, se dedicara a diversas obras: *Contribuição para a história do movimento psicanalítico* (1914), *Conferências de introdução à psicanálise* (1916-1917), *Luto e melancolia* (1917), e *O homem dos lobos* (1918). Aos poucos ele vai enviando seus textos a Lou e, por falta de outros leitores à sua volta, aguarda com impaciência suas opiniões. De sua parte, ele aprecia em particular um ensaio de Lou escrito em 1916, *Anal e sexual,* que mencionará por três vezes em suas obras, fato excepcional o suficiente para ser mencionado. Pois Lou, obrigada a permanecer em casa, dedica bastante tempo ao estudo e à escrita. Suas primeiras contribuições à literatura psicanalítica mostram não apenas que a questão da mulher continua central, mas também que suas concepções, adotando o aparato crítico de Freud, não foram fundamentalmente modificadas. Os dois primeiros artigos de Lou para a revista *Imago*, "Da vida feminina", em 1913, e "Do tipo feminino", em 1914, conservam o estilo metafórico dos ensaios anteriores e a dimensão autobiográfica que perpassa todos os seus escritos. Freud fica ao mesmo tempo perplexo e fascinado diante da inteligência dessa "entendedora *par excellence*".[11] É preciso dizer que, retomando habilmente os saberes da psicanálise, Lou aborda um campo em que Freud se mostra hesitante e ambíguo: a psique da mulher. Lou articulará o complexo de Édipo com a sublimação para fundamentar uma superioridade da natureza feminina. Em menor posição de enfrentamento edipiano com o pai do que o menino, a menina não tem necessidade de interiorizar com tanta força as coerções do superego e, portanto, seu psiquismo requer menos o processo de sublimação; menos envolvida nas grandes produções da cultura, ela se vê mais livre e feliz. É que, para Lou Andreas-Salomé, a sublimação é menos uma espiritualização do que o avanço paralelo do corpo e do espírito num processo criador (hipótese que lhe permite, observemos, ultrapassar a oposição tradicional entre natureza e cultura[12]). Mas como não quer contrapor a Freud uma definição "herege", ela se coloca apenas no terreno do feminino, no qual pressente poder ter coisas a ensinar-lhe. Assim, na mulher, "o espírito é sexo, e o sexo, espírito[13]", e a sublimação "no sentido freudiano" é menos importante; sua "força erótica" irriga todas as formas relacionais e culturais de uma saúde superior. Refletindo sobre a noção de deficiência orgânica em Adler (que ela rejeita, como vimos), Lou cria a hipótese de que a "fraqueza vital" é sempre uma questão do homem, nos períodos de decadência cultural em que o excesso de sublimação torna doente, num sentido fisiológico e nietzschiano. Ao mesmo tempo, a mulher, menos submetida à sublimação, é talvez mais narcisista do que o homem, mas com certeza menos neurótica. Ela não é o "sexo frágil" que se crê.

> Em suma, o desejo do neurótico de se tornar mulher seria um desejo de cura. E sempre um desejo de ser feliz.[14]

O conceito de narcisismo é exemplar da maneira como Lou Andreas-Salomé recupera e modifica a teoria freudiana, para fundamentar através da psicanálise intuições que lhe são bastante anteriores. O narcisismo é também a contribuição de Lou mais geralmente reconhecida na história da psicanálise, em particular graças a seu ensaio de 1921, *O narcisismo como dupla direção*. O termo aparece em Freud pela primeira vez em 1910, a propósito dos homossexuais, que "têm a si mesmos como objeto sexual; eles partem do narcisismo e procuram jovens que se pareçam com eles".[15] Somente em 1914 Freud publica *Sobre o narcisismo: uma introdução*, e Lou o conhece no momento da elaboração hesitante do conceito. Este deve servir a Freud para desafogar os estágios do desenvolvimento libidinal: o autoerotismo se apresenta como uma etapa preliminar ao investimento num objeto de amor diferente de si mesmo. Se a teoria freudiana evolui na direção de uma distinção entre um narcisismo primário (amor de si) e um narcisismo secundário (identificação do objeto amado consigo mesmo), o essencial é que o conceito remete a uma ausência de relação com o entorno, uma indiferenciação do ego e do id, que encontra sua origem na vida intrauterina. Até aqui, vemos por que Lou aderiu a essa concepção, tanto sua visão da criança quanto sua individuação progressiva perante o mundo exterior lhe correspondem. Mas ali onde Freud precisa do narcisismo para prestar contas de um sistema psíquico descritivo e dinâmico, Lou dá um salto qualitativo que fará do narcisismo a via principal em direção a uma dimensão ontológica do Inconsciente: essa indiferenciação entre o indivíduo e o mundo indica a própria Totalidade, a essência do mundo. A experiência narcisista é compreensão "ingênua", original, da realidade de uma união entre o indivíduo e o Todo: o narcisismo é o nome dessa união real. Lou precisa que o Inconsciente seja mais do que o receptáculo dos materiais reprimidos, precisa formular a equação: Inconsciente = Vida = Todo. Esse pensar a totalidade, que Lou Andreas-Salomé, modificando-o para seus próprios fins, herda da substância infinita de Spinoza, do querer-viver pré-individuado de Schopenhauer e da vontade de poder nietzschiana, está nos fundamentos de sua filosofia, de onde a psicanálise não o retirará. As consequências, teóricas e práticas, sobre sua concepção da cura são grandes, e absolutamente heterodoxas:

> Se o método pudesse ser diferente – infelizmente ele não pode –, isto é, se nos aproximássemos do "analisado" de maneira tão próxima quanto o fazemos de seus fragmentos, não esbarraríamos na monotonia dos motivos de base menos típicos, onde a análise atinge seu objetivo nas profundezas do inconsciente, mas nos perderíamos mais além, no milagre silencioso e sagrado de um mundo que também é o nosso, e nos parece inesgotável devido a essa mesma afinidade. Não é no doente falível – que, no melhor dos casos, será praticamente curado – mas no universalismo cheio de inocência que desembocarão as repercussões finais, que colocarão um manto branco luminoso (o do "narcisista") sobre a nudez impiedosa de uma estrutura humana demais. Ali onde tantos disfarces são arrancados de nosso destino pessoal, onde tantos fatos falsamente idealizados são destruídos, é ali que se deveria poder avançar juntos, longe o suficiente para chegar ao

lugar em que o indivíduo pode, sem inconvenientes, se sentir diminuído e ver suas ridículas ambições claramente, porque ele é ao mesmo tempo trazido, por assim dizer, ao seu local de origem em seu valor total, que continua intacto, partindo do qual só podemos aplicar a qualquer ação humana um único julgamento: "Eles não sabem o que fazem".[16]

Com isso, Lou Andreas-Salomé fica muito mais próxima de Carl Gustav Jung do que gostaria de reconhecer. Jung, no entanto, num texto de 1935, chegará a um "plano coletivo" que Lou não ousara afirmar, e que os anos sombrios tornarão particularmente suspeito:

> O nível mais profundo que podemos atingir em nossa exploração do espírito inconsciente é essa camada na qual o homem não é mais um indivíduo distinto, na qual o espírito se amplia e se funde no espírito da espécie humana – não o espírito consciente, mas o espírito inconsciente da humanidade, onde todos somos os mesmos [...] Nesse plano coletivo, cessamos de ser indivíduos separados, somos todos um.[17]

A aventura de Lou Andreas-Salomé no âmago da psicanálise se apresenta como um verdadeiro percurso de equilibrista. Na pessoa de Lou, Freud encontra ao mesmo tempo uma discípula e uma herege, uma fervorosa admiradora e um espírito perfeitamente independente. Não podemos negligenciar, em relação a isso, que a reação de Freud para com uma mulher tenha sido diferente da que ele precisou afetar num mundo de homens. O encanto, a doçura, inclusive a suposta inocência de Lou, terão tido sua parte na constante cortesia de Freud. Mas existem causas mais essenciais para o fato de Freud ter deposto as armas: o pensamento de Lou não é o pensamento da oposição ou da contradição, mas da nuança e da perspectiva. Ela parece apenas trazer uma nova luz, um leve deslocamento de ponto de vista, que não ameaça frontalmente a teoria freudiana mas lhe confere uma nova dimensão. Essa dimensão sutil

Lou herda de sua própria história, de sua relação singular com a infância, a criação e a vida; herda, enfim, de sua cultura filosófica. Uma carta de Freud, de 22 de novembro de 1917, esclarece de maneira peculiar a singularidade da abordagem de Lou e a bondosa perplexidade que ela desperta nele; essa carta é uma resposta ao envio de um artigo de Lou, intitulado *Psicossexualidade*:

> Admiro cada vez mais sua arte da síntese, que recoloca em seu lugar os *disjecta membra* reunidos pela análise e os envolve numa rede de tecidos vivos. As vãs pessoas para as quais a senhora escreve reconhecerão naturalmente de maneira não satisfatória as partes no organismo que não foram capazes de reconhecer preparadas e isoladas. É por isso que eu preferiria já ter em mãos, completo, esse pequeno livro que só pode ser destinado a mim e às poucas pessoas capazes de entendê-lo. Em certos pontos, sigo a senhora apenas por intuição: ali onde a senhora descreve coisas que evitei como não estando ainda submetidas à palavra; e, em outros pontos, acho – porque sou um autor suscetível – que a senhora se preocupa em encontrar-me desculpas mais do que o necessário, perante a *misera plebs*. A senhora entende que o reconhecimento se esconde por trás dessa objeção.[18]

Síntese *versus* análise – vemos que as divergências se colocam menos ao nível do corpo teórico da psicanálise que do limite epistemológico fixado por Freud a seus resultados. A prudência com que passará da psicanálise a uma "metapsicologia" faz de Freud extremamente atento a saltos metafísicos apressados demais. Ele confessa a Karl Abraham, com mais severidade, suas preocupações sobre Lou: admirando infinitamente sua inteligência, confessa temer sua grande necessidade de generalização, que lhe confere certa propensão mística.[19] Pois Lou sempre invoca os vastos e irredutíveis conceitos de Vida e Totalidade. Mas é justamente esse salto qualitativo no pensamento dos primeiros princípios que ao mesmo tempo atrai e repele

Freud. Já em 1896, ele confiava a Wilhelm Fliess: "Espero que você queira dar ouvidos a algumas questões metafísicas [...] Aspirei, em meus anos de juventude, apenas ao conhecimento filosófico".[20] Quando propor uma definição mais rigorosa da metapsicologia (como "processo psíquico em suas relações dinâmicas, lógicas e econômicas"), ele enunciará seu intuito principal: "converter a metafísica em metapsicologia".[21] Numa magnífica carta a Lou, de 1916, ele não hesita em comparar a oposição de suas respectivas atitudes em termos de luz e escuridão:

> Sei que ao trabalhar crio artificialmente o escuro à minha volta, para concentrar toda luz sobre "o" ponto obscuro, renunciando à coerência, à harmonia, à elevação e a tudo o que a senhora chama de simbólico, temendo, com uma única experiência, que toda pretensão nesse sentido traga consigo o perigo de ver de maneira distorcida o que há para ser reconhecido, mesmo que para melhor. Então, a senhora chega e acrescenta o que está faltando, constrói sobre isso, substitui o que ficou isolado em seu contexto. Nem sempre posso segui-la, pois meus olhos adaptados à escuridão sem dúvida não suportam muito a viva luz e os amplos círculos de ideias. No entanto, não me tornei "toupeira" demais para não me regozijar com as intuições ocorridas em espíritos mais claros e mais amplos, ou, no mínimo, para negar sua existência.[22]

Em outra parte, por fim, ele define explicitamente a diferença de posicionamento em termos de síntese e de análise, e confia a Lou o cuidado de expressar aquilo que, em suas pesquisas, não pode ou não deve ser pensado. O tom é ambíguo: a cada instante se mesclam uma aprovação admirativa e uma prevenção circunspecta, que iluminam de maneira exemplar o teor exato da relação de Freud com Lou Andreas-Salomé:

> Cada vez que leio uma de suas cartas tão pertinentes, me surpreendo com a arte que a senhora possui de ir além do que é dito, de completar e de fazer convergir o todo na direção de um

> ponto de encontro afastado. Naturalmente, não me deixo levar de imediato pelo arrebatamento. Raramente sinto semelhante necessidade de síntese. A unidade desse mundo me parece como que evidente, não merecendo ser mencionada. O que me interessa é a separação e a organização daquilo que, de outra forma, se perderia num caldo originário. [...] Enfim, sou com toda evidência um analista e penso que a síntese não apresenta nenhuma dificuldade quando estamos de posse da análise.[23]

Em última instância, algo plana acima dessa relação excepcional, que permanecerá quase sempre no não dito: o espectro de Nietzsche. A glória de ter sido amiga íntima de Nietzsche precedera a chegada de Lou em Viena, em 1911. Ora, Freud muito cedo conhecera a filosofia de Nietzsche, esse outro "conquistador" de uma *terra incognita*. A relação de Freud com o pensamento de Nietzsche é extremamente rica e complexa[24], mas uma breve observação escrita a Fliess em 1900 cristaliza de maneira emblemática sua ambiguidade:

> Agora coloquei o Nietzsche a meu lado, e nele espero encontrar palavras para muitas coisas que permanecem mudas em mim... Preguiçoso demais no momento.[25]

Logo que se conheceram, Lou e Freud falaram brevemente sobre Nietzsche, mas ele lhe opusera uma improcedência: comentando o poema de Lou musicado por Nietzsche, a "Oração à vida" que afirmava com lirismo a afirmação eterna de toda alegria e todo sofrimento oferecidos pela Vida, o médico retorquira: "Não! Saiba que não estou de acordo. Com franqueza, a mim, me bastaria perfeitamente uma oportuna e irreparável congestão nasal para me curar de semelhantes desejos!".[26] Muitos anos depois, enquanto Freud sofria bastante com seu câncer, Lou se dá conta, chorando, de que essa oração que compusera no entusiasmo de sua juventude, ele a estava experimentando na pele; a essa observação, Freud responde tomando-a silenciosamente nos braços. Lou, por sua vez, modificara sua percepção de Nietzsche através da relação com a psicanálise: para ela, o filósofo tivera a visão aterrorizadora de um *nonsense* último que exigia um heroísmo desesperado, enquanto a psicanálise lhe oferecera uma plenitude de pensamento cuja honestidade e cientificidade eram reconfortantes. Lou criticara a dimensão profética de Nietzsche, sua "agressão de missionário, proveniente de um ímpeto de convencer ou de doutrinar", "ou a qualquer outra coisa do gênero proclamação".[27] Se ambos tinham explorado o inconsciente e o irracional, Freud o fizera como racionalista; ali onde Nietzsche inventava, Freud se contentava em descobrir. Mas não devemos nos enganar sobre a nítida fronteira traçada por Lou com fins táticos, na medida em que ela pretende, com seu método, se proporcionar os meios para uma disponibilidade total à psicanálise e uma fidelidade sem rival a Freud. Em 6 de maio de 1926, ela escreve em seu anuário um texto sobre Nietzsche, um dos raros mencionando o filósofo desde a publicação de sua monografia em 1894. Fato excepcional, ela indica nitidamente a continuidade entre Nietzsche e Freud:

> Todo o percurso de Nietzsche, até esse último cume, o levou por zonas de descobertas psíquicas do tipo mais manifesto que existia – com frequência somos tentados a dizer: de natureza psicanalítica. A esterilidade da psicologia escolar foi ultrapassada pela riqueza de um material no qual a alma humana, livre de todos os preconceitos, dotada de uma profundidade e de uma temeridade inauditas, começou a se consumir. Quem quer que vivesse a seu lado poderia sem dúvida senti-lo; é aqui – aqui, nesse lugar, que é preciso estabelecer-se intelectualmente; com ousadia e paciência; é aqui que é preciso, em vez de passar com pressa para uma nova teoria, permanecer longo tempo para exercitar-se, impondo-se o rigor da pesquisa que foi adquirido entrementes. Nesse processo, naturalmente, outro problema logo não deixaria de surgir: como manejar esse material extremamente vivo com ferramentas que lhe garantam cientificidade, sem diminuir, justamente, sua vivacidade? Foi para esse enigma que Freud nos trouxe a solução.[28]

Além das infames disputas com Elisabeth Förster-Nietzsche e o cansaço de ter de responder a nietzschianos ávidos por histórias, o motivo mais forte do silêncio de Lou em relação a Nietzsche durante todos os anos de sua vida na psicanálise parece ser uma espécie de voto solene e mudo, como para conjurar uma experiência forte e pessoal demais. Em 1934, Freud transmite a Lou o desejo de Arnold Zweig de receber conselhos seus para um trabalho no qual se trataria de "revelar e apresentar um Nietzsche"; em 20 de maio, a velha senhora de 73 anos responde num tom imperioso:

> Essa participação é *absolutamente impensável* no que me diz respeito e, por menor que seja, impossível. Para mim, não se deve tocar no assunto; rejeito essa ideia com assombro. Por favor, diga-lhe isso energicamente e em definitivo.[29]

A partir de 1914, Lou começa a trabalhar regularmente como psicanalista, atividade que logo se tornará sua única – e parca – fonte de renda. De 22 a 29 de outubro de 1913, ela preparara suas primeiras consultas junto a Eitingon em Berlim, pois no mês seguinte trataria seu primeiro caso. Não sabemos muito sobre seu início de clínica, mas em 1917 o tratamento de uma menininha é objeto de descrições mais precisas em sua correspondência com Freud.[30] Trata-se de uma criança de seis anos que sofre de *pavor nocturnus*. Esses medos noturnos tinham sido desencadeados dois anos antes, por ocasião de uma escarlatina que necessitara de diversas operações num ouvido infectado. Desde essa época a menina era vítima de crises de choro, de pesadelos violentos; ela associa, aliás, sua beleza, que todos elogiam, ao perigo de ser morta. Como as condições de vida da criança, tranquilas e equilibradas, não parecem fornecer nenhum indício, Lou procura obter dela a confissão do conteúdo de seus sonhos: para conseguir, explica à menina que ela também sofre dos mesmos medos noturnos e que ao contarem uma para a outra seus pesadelos, elas podem conseguir vencer juntas aquela dificuldade. A criança, conquistada e decidida a curar a primeira, instaura um sistema de códigos e desenhos para significar os conteúdos oníricos. Mas "isso não nos leva muito longe". Em 28 de novembro de 1917, Lou pede um conselho a Freud; numa carta de 4 de dezembro, este explica a sua discípula que "não há fumaça sem fogo"; a menina necessariamente viveu aquilo que determina seus medos. Ele então levanta a hipótese de uma culpabilização devido à prática da masturbação, seja porque a menina se masturbou até o período da doença, vivendo então essa última como uma espécie de punição, seja porque suas práticas iniciaram justamente durante a permanência forçada na cama, e ela se encontre numa situação de desintoxicação, como para se curar também da masturbação. Lou só precisaria tranquilizar a menininha, confessando práticas similares. Em sua resposta de 15 de dezembro, Lou explica que de fato pensou na masturbação, mas não quisera arriscar sugerir, em caso de erro, a prática à criança. No entanto, graças a sua delicadeza, ela conseguira arrancar-lhe a confissão ("sim, antes da escarlatina") e procura a maneira de fazer-lhe passar a vontade; a masturbação seria de fato duplamente nociva: risco de uma prática excessiva e ilimitada, risco também de uma insensibilização do clitóris prejudicial à sua sexualidade adulta. Esse ponto é interessante por revelar em Lou uma resistência tradicional a masturbação. Freud a previne, não sem ironia, citando um verso de *Fausto*, de Goethe: "Assim, você tuteia o diabo e quer evitar a chama!". É preciso ser coerente, vencer seus preconceitos e compreender que entre a masturbação e a angústia suscitada por sua repressão, a escolha deve ser rapidamente feita; é preciso sempre se prevenir de antecipar os bloqueios sexuais. Em 24 de janeiro de 1918, Lou, que varre para longe suas primeiras desconfianças, pode anunciar uma boa notícia a seu mestre:

a menina está curada e se masturba copiosamente! Notamos então outro aspecto interessante da personalidade de Lou, e da imagem que ela passa às crianças: "Ela me considera uma espécie de criança e nem um pouco como uma adulta ameaçadora". Há nela o que chamamos "Loukind", uma espécie de tornar-se criança, uma afinidade com a infância que ultrapassa a lembrança da sua própria, mas a remete a essa relação muito especial da infância com o mundo; Lou é fascinada por esse "passado" sempre já despossuído pela criança, essa experiência muito vasta cuja importância a psicanálise foi a primeira a considerar, e que Lou, por sua vez, faz a fonte do mistério da vida, a fronteira não estabelecida entre o indivíduo e o todo do mundo:

> Eu estava tentada pela ideia de penetrar, graças a esse caso, mais ainda na solidão infantil da qual sabemos tão pouco.

Nos últimos meses da guerra, os congressos de psicanálise são retomados. Mas Lou, por falta de dinheiro, não pode se deslocar; ela perde o de Budapeste, em setembro de 1918, e o de Haia, em 1920, organizado para os analistas ingleses e americanos, e que teria sido proibido em solo alemão. Mas no outono de 1920 ela pode finalmente visitar Freud em Viena; com muita delicadeza, este lhe propusera pagar os custos de viagem e hospedagem. Gozando de uma situação financeira bastante confortável, ele sabe que Lou não ganha o suficiente apenas com suas consultas e que a economia alemã vai muito mal. Ele vela regularmente para que nada lhe falte, fazendo-lhe chegar dólares americanos e, em 1922, 20 mil marcos, quantia considerável apesar da desvalorização.

É também por razões financeiras que Lou decide publicar diversos textos de ficção que dormiam em suas gavetas: em 1921, ela publica a novela "Irmãos e irmã", escrita dois anos antes, que será integrada a *Jutta*, em 1933; em 1922 são publicados, por Eugen Diederichs, em Jena,

O diabo e sua avó, texto espantoso escrito em 1915, e *A hora sem Deus e outras histórias para crianças*, um tríptico constituído de dois relatos antigos e um inédito. Esses dois textos, há pouco disponíveis em francês[31]*, surpreendem pela flexibilidade da narração, no modo lúdico e ambíguo da infância. Lou Andreas-Salomé realiza com particular consciência estética o que ela lembra das criações ficcionais da infância. A propensão para contar histórias e as fronteiras móveis entre sonho e realidade ligam diretamente a criança ao artista, e o "narcisismo" de ambos a uma percepção imediata da divina totalidade. O ponto comum de todos esses relatos é o diálogo de uma menininha pouco comportada e bastante imaginativa com Deus – ou o diabo: todas figuras ou "irmãs" de Lou. A dinâmica narrativa segue os meandros velozes da imaginação – deslizes, analogias, elipses, e o sentido está sempre escapando, num verdadeiro *continuum***.
O diabo e sua avó é particularmente surpreendente, com sua estética cinematográfica (uma indicação cênica diz inclusive: "o diabo faz sua entrada na tela"). Em *Jutta*, de 1933, a romancista fará um grande plano de um rosto, especificando a propósito do personagem que o contempla: "seu desejo, é verdade, operava também com a magia do cinema".[32] Lou adora cinema: desde 1913 frequenta o grande cinema vienense Urania, e escreve no *Diário de um ano* seu interesse por uma arte cuja rápida sucessão de imagens corresponde "mais ou menos a nossas faculdades de representação e também imita em certa medida sua versatilidade". Para ela, o cinema permite "refletir sobre o que o futuro do filme poderá significar para nossa constituição psíquica – o sapatinho de cristal dessa Cinderela da arte[33]". Ora, rapidamente psicanálise e cinema se envolveram: em 1935 saem dois filmes de títulos evocativos – *Mistérios de uma alma. Filme psicanalítico*, de Georg W. Pabst, e *Esboço*

---

* Sem tradução em português. (N.T.)

** Ver os admiráveis posfácios de Pascale Hummel à edição francesa. (N.A.)

de apresentação da psicanálise freudiana num divertimento cinematográfico vesperal, de Siegfried Bernfeld. Mais uma vez, Lou teve o dom de antecipar.

O ano de 1921 marca o início de uma amizade importante: em 9 de novembro Lou finalmente conhece Anna, a filha mais nova de Freud. Elas tinham entrado em contato dois anos antes, por carta, quando Lou precisara resolver questões de publicação com as Edições Psicanalíticas Internacionais, a *Verlag*, onde Anna trabalha como colaboradora. A uma primeira carta de Anna, que não foi conservada, Lou responde em 6 de novembro de 1919:

> Querida senhorita Freud, me diverte muito essa importante correspondência de negócios que se inicia de repente entre nós; nada nos obriga, aliás, a permanecer nesses termos (nessa ótica, já substituí o "honradíssima" por algo mais libidinal – para falar freudiano).[34]

O tom fora dado: Lou procura, desde o início, um contato mais íntimo, sob a influência do pai. A continuação da carta faz alusão a sua grande familiaridade com Rilke (de quem ela sabe por Freud que Anna é uma fervorosa leitora) e fala com franqueza da precariedade de suas condições de vida: "Morrer de frio e de fome – eis o que de certa forma representam Munique e Viena". Ela incita Anna, por fim, a manter uma correspondência regular, como era o caso com Freud. É que Lou está isolada em Göttingen, e tem o firme propósito de manter o laço que a liga a Viena. As duas mulheres deveriam se encontrar, mas se desencontram diversas vezes. O 6º Congresso de Psicanálise, em Haia, poderia ter sido uma ocasião propícia, mas Lou não pudera fazer a viagem. É finalmente em setembro de 1921, a convite de Freud, que Lou poderá ser hóspede da família; ela expressa sua impaciência de voltar a Viena, e parece que a própria Anna estava com muita vontade de conhecer Lou, adiando uma visita a seu cunhado de Hamburgo, viúvo de sua irmã Sophie. Em 9 de novembro, Anna e a empregada Betty esperam Lou na estação de Viena.

> Na quarta-feira à noite (9 de novembro), com atraso. Anna e a srta. B[etty] me reconheceram. Freud queria ir em pessoa, mas era noite de reunião. Foi somente naquele momento que isso me ocorreu. Recém-chegadas na Berggasse, Anna e eu saímos para o local da reunião – numa ventania, o ônibus demorou a vir, atraso: mas que alegria, que felicidade voltar lá! [...] À noite, retorno a três para casa, onde ocupo meu maravilhoso quarto com varanda com uma cama de madeira de pau-rosa.
> [...]
> À noite, nesse quarto dos fundos, Anna e eu tomávamos lugar a seu lado [Freud] e começávamos a discutir nosso tema, no qual mergulhávamos imediata e involuntariamente; eu passava também minhas manhãs no quarto de Anna, onde, depois de me enrolar numa coberta magnífica, ela sentava junto ao fogo. Todas as horas, quando Freud fazia uma pausa, ele entrava, tomava parte na discussão, interessado em nosso trabalho.[35]

Para Lou, trata-se de um verdadeiro lar, "como se eu voltasse para a casa de meu pai e de minha irmã".[36] Ela conhecera relações fraternas, o "mundo de irmãos" descrito em seus relatos, que representava um estado originário. Rilke fora o modelo: "Assim, éramos irmão e irmã – mas como num passado longínquo, antes que o incesto se tornasse sacrilégio".[37] Rilke está sempre presente; eles voltam a se encontrar em Munique, de março a junho de 1919, depois de ficarem separados durante os anos de guerra. Lou, apesar de não aprovar as violentas repressões feitas pelos socialistas que agitam a capital bávara, parece atravessar os acontecimentos como numa bolha: somente a detêm a intimidade profunda que ela encontra em Rilke e a compreensão nova que a psicanálise lhe dá de sua poesia. Mas ela ainda não sabe o que é uma "irmã", e Anna preencherá esse papel. Lou vê nela uma espécie de duplo anterior: Anna tem 26 anos, é frágil, quase doentia; tudo ainda deverá desabrochar, e Lou quer participar de seu florescimento. Assim, a relação sororal não terá a autonomia original que caracterizava o laço fraterno; ela é mediada por uma figura paterna referente. Em 1935, aos 74 anos, Lou ainda escreve a Freud: "Por que não posso vê-lo de frente, por dez minutos – ver essa 'figura paterna' que domina minha vida".[38]

Anna, em contrapartida, sabe o que é ter irmãs. Mathilde, oito anos mais velha que ela, é um modelo irrepreensível, mas elas são distantes. A Sophie, que tinha dois anos a mais do que ela, Anna era ligada por laços ambíguos: Sophie era objeto de uma admiração matizada de ciúme, pois Freud lhe manifestava sua predileção. Sophie era a "filha de fim de semana" do pai, e Anna seu "diabo negro". A morte brutal de Sophie, em janeiro de 1920, longe de tranquilizar a caçula, a mergulha numa amarga incerteza. Anna sempre manifestou uma necessidade assustadora de ser amada, e a angústia de não o ser. Seu pai precisou tranquilizá-la diversas vezes, sem conseguir totalmente. Em 1914, ela lhe escreve:

> O que você me escreveu sobre meu lugar na família seria magnífico, mas não consigo acreditar totalmente que seja verdade. Não acredito, por exemplo, que minha ausência faria grande diferença para a casa. Eu seria, creio, a única a senti-la.[39]

Nessa época, todos os filhos estão deixando a casa paterna, mas Anna permanece. Para ela, essa responsabilidade é pesada demais: "Como poderei, no ano que vem, tomar o lugar de seis filhos sozinha?".[40] É preciso dizer que Freud tem para a filha ambições paradoxais: ele gostaria de prevenir as tendências neuróticas de Anna, incitá-la a realizar-se na pesquisa psicanalítica; no entanto, nada faz para remediar a extrema dependência afetuosa da filha, que ele não consegue impedir-se de querer manter a seu lado.

Ele lhe negara os estudos universitários e, quando Anna vai à casa de seu cunhado em Hamburgo, se pergunta se ela não estaria feliz lá, e confidencia seu próprio "vício" a Lou:

> Minha filha-Anna* me faz muita falta [...] Se ela de fato saísse, eu me sentiria tão empobrecido quanto [...] se precisasse renunciar a fumar.[41]

Freud analisa Anna desde 1918; interrompidas em 1921, as sessões serão retomadas três anos depois. Seria impensável hoje em dia um pai analisando a própria filha, mas a psicanálise dos primórdios ainda não encontrara seu código deontológico; Mélanie Klein, Carl Jung e Karl Abraham também analisaram seus próprios filhos. No entanto, Freud confessa suas dúvidas a Lou, com uma ingenuidade que beira a cegueira: e se Anna se inibisse "junto aos homens" por causa dele?[42] Na verdade, o convite de Freud, em novembro de 1921 (justamente depois da interrupção da análise de Anna), está associado a seu projeto de confiar sua filha a Lou; ele espera uma "amizade feminina" que possa responder a "altas ambições".[43] As expectativas de cada um, nessa configuração, são complementares e podem ser preenchidas. Lou e Anna só se encontraram pessoalmente nove vezes em suas vidas: quatro visitas de Lou (à casa de Viena, em 1921, à residência de verão dos Freud em Semmering, em 1925, e na clínica de Tegel, em Berlim, em 1928 e 1929), um encontro no Congresso de Berlim de 1922, e quatro visitas de Anna a Göttingen, em 1922, 1925, 1929 e 1932. Elas não voltarão a se ver depois desta data. Mas de 1919 a 1937, ano da morte de Lou Andreas-Salomé, as duas mantêm uma vasta correspondência (433 cartas, das quais apenas 14 se perderam), num ritmo regular que depois se torna cada vez mais esparso. Essa correspondência,

---

* Freud chama com frequência sua filha com a palavra *Annatochter*, "filha-Anna", como um eco ao *Loukind* com que Frieda von Bülow chamava Lou Andreas-Salomé. (N.A.)

publicada em alemão em 2001, e em francês apenas em 2006, é excepcional em relação às perdas e à censura das trocas epistolares de Lou com outras amigas (Frieda, Helene Klingenberg, Ellen Delp ou ainda Lo Schoenberner, esposa de seu sobrinho Franz).

As cartas de Lou e Anna, nos primeiros anos, se organizam em torno de uma troca comovente, que constitui – literalmente – seu fio condutor. Anna envia com muita regularidade coisas de crochê ou tricotadas, capas, colarinhos, chapéus. Ela sabe que, sem dinheiro, Lou não tem com o que se vestir e esquentar adequadamente. Paliativos de uma presença calorosa, essas provas de amizade ocupam muitas de suas discussões, a ponto de Lou às vezes se irritar. Mas Anna continua, apaixonadamente. Pois essa atividade *têxtil* se dá em reconhecimento aos presentes *textuais* de Lou (que lhe envia seus textos, mas também os de Rilke, e lhe dedica *Rodinka*, em 1922), e como compensação aos textos que Anna não consegue escrever. Ela de fato tem ambições literárias, que Lou incansavelmente encoraja, mas o projeto de romance de Anna, *Heinrich Mühsam* [que em português seria traduzido como "Henrique Laborioso"], lhe custa vãos e penosos esforços. O excerto que envia a Lou, em 19 de outubro de 1922, descreve justamente as dificuldades do personagem para escrever uma dedicatória no livro que oferece a uma jovem como presente de despedida:

> Ele sente gotas de suor se formando. Mas, como olha para a folha a sua frente, ele com surpresa e consternação não vê nada além de algumas palavras totalmente comuns, batidas, palavras de uma amável banalidade.[44]

Assim, impotente, Anna tece apenas roupas, que valem por seu impossível texto:

> O pequeno xale acabou de ficar pronto [...] Dessa vez, coloquei em cada nó pensamentos muito melhores para você

e muitas histórias que precisa aprender a decifrar. Também coloquei muito de Henrique Laborioso, de quem herdou inúmeros entrelaçamentos e a cor escura.[45]

Lou insiste para que ela encontre a coragem e a disciplina para escrever seu romance. Pouco importa que a vocação de Anna não seja literária: é indispensável que encontre uma via que lhe seja própria, uma vontade de desabrochar que ela ainda não ousa expressar. Stéphane Michaud[46] menciona um manuscrito que Lou queria publicar junto com suas memórias póstumas, um relato intitulado *A amante*. Os arquivos de Göttingen só possuem a primeira página, mas uma cópia dada a uma certa Hete Schröder foi recentemente reencontrada. Ora, em 1933, durante a escrita de suas recordações, Lou pede de volta o manuscrito a Anna, a quem oferecera em 3 de dezembro de 1925, para os seus trinta anos. Aparentemente iniciado nos anos 1890, o relato traça o destino de Mathilde, uma mulher casada que desistira de se tornar dançarina profissional; seu amor adúltero por um viúvo escrupuloso enfrenta a pusilanimidade masculina. O texto é um elogio à livre força de amar das mulheres, personificada pela dança. Anna, ao ler o texto, é remetida a sua própria condição, e não se julga à altura de semelhante mulher. Ela diz isso a Lou, que sem dúvida avaliara as consequências:

> Mas veja você, apenas sua Mathilde é boa de verdade como mulher e tem o direito de se alegrar disso. Quando podemos "dançar" como ela, então há um sentido. Mas quando olhamos, como Dina [outra mulher casada, personagem do relato] ou eu, então nos contentamos em ter ciúme do espetáculo daquilo que poderíamos ser: um ser de ação como o homem ou um ser de dança e dom como Mathilde. Gostaríamos de ter as duas aptidões, e nos reconhecemos um pouco em cada uma delas. Mas não nos destacamos realmente em nenhuma.[47]

Lou tenta convencer Anna de que suas inibições podem ser vencidas, fiel à sua teoria de que as mulheres, menos divididas, menos conflituosas do que os homens, obtêm a cura de suas neuroses de maneira mais fácil. Pois a parte "masculina" da mulher, isto é, a força, a coragem, o poder intelectual, não entra em contradição com a feminilidade, enquanto a parte feminina é fonte interminável de conflitos no homem, devido à luta com a imagem paterna.[48] Lou continua tentando conciliar as tendências contraditórias que sente em Anna, sintetizá-las para superá-las. Pois Anna é atormentada pelas contrarreações geradas por sua submissão:

> Sei que você pensa de maneira diferente, mas sempre me representei a vida como algo exclusivamente hostil cujos lados positivos se devem exclusivamente às pessoas que nos amam.[49]

> Você sabe, quase acredito que a vida de virtude, de gentileza e de calma que levo aqui está um pouco acima de meus meios. A própria análise não ensina que em um momento ou outro isso deve se manifestar na forma de maldade?[50]

Lou respondera a esses escrúpulos antecipadamente, tentando substituir a uma moral da bondade uma ética da compreensão. Ao fazer isso, ela une a ação psicanalítica e o preceito spinozista: "Não ridicularizar as ações humanas, não se apiedar delas nem odiá-las, mas compreendê-las*":

> Existiram também, é verdade, por séculos e milênios antes da psa. [psicanálise], religiões, filosofias, práticas que visavam uma bondade compreensiva e cujo objetivo último se baseava em causas também diferentes. Quanto à psicanálise, ela não ensina tanto a bondade quanto a compreensão, esta resultando do recuo do afeto; ela cria assim um *espaço* de compreensão mais amplo, e isso se assemelha muito à bondade.[51]

---

* "*Humanas actiones non ridere, non lugere, neque detestari, sed intelligere*", in Spinoza, *Traité politique*, Introdução, 4, Paris, Gallimard, 1994, Coleção Folio.

Freud e Lou Andreas-Salomé discutirão algumas vezes o caso de Anna. Esta confessara ter fantasias de fustigação ("Schlagefantasien") surgidas não durante o sono, mas durante sonhos acordados. O pai interpretara esse desejo de ser golpeada, e mais amplamente o masoquismo feminino, como o sintoma neurótico de uma identificação masculina, por meio da masturbação. Ele concluíra na necessidade de superar essa necessidade masturbatória a fim de favorecer o desenvolvimento da feminilidade em Anna. Lou não está de acordo (e ela está quase sozinha em sua convicção): a fantasia de fustigação não a interessa muito, ela retém da confissão de Anna a prática do sonho acordado: zona de maior proximidade entre o inconsciente criador e a consciência, o sonho acordado pertence ao âmbito da infância (ela sem dúvida se lembra na ocasião de suas próprias ficções espontâneas quando criança) e ao do artista. Sonhar no estado de vigília é colocar-se na via da sublimação criativa, é preparar-se para se tornar artista (Lou retomará a importância desse laço em sua *Carta aberta a Freud*[52]). A partir de então, não será um acaso se Lou encoraja em Anna o trabalho da escrita romanesca, fora dos conhecidos caminhos do tratamento analítico da neurose. Anna Freud nunca será romancista, mas começa a sair da sombra.

Apesar de Anna começar modestamente junto às edições psicanalíticas da *Verlag*, sua comunicação escrita em colaboração com Lou, justamente sobre a fustigação e os sonhos diurnos (a partir do estudo de Freud, "Uma criança é espancada"), a fará ser aceita como membro da Sociedade Psicanalítica de Viena; Lou também é aceita como membro, através de um pedido oficial de Rank, em junho de 1922. Uma infração fora necessária e concedida em conjunto por Rank e Jones, pois era alemã e não fizera uma apresentação; mas ela trabalha em consultas regularmente, inclusive na policlínica de Berlim. É ainda

Lou quem apresenta a Anna, em 1922, August Aichhorn, apesar dos preconceitos desta. Aichhorn, aos 44 anos, se dedica à educação especializada de jovens delinquentes. Em 1918, assumira a direção do Instituto Ober-Hollabrunn, evitando tanto a ideia de retificação quanto a de observação, preferindo uma verdadeira pedagogia do cuidado de si e dos outros; em 1920, a municipalidade de Viena lhe confia a direção do Centro de Eggenburg, que acolhe adolescentes desfavorecidos; assim, Aichhorn começa a tratar a delinquência em seu estabelecimento da mesma maneira que o sintoma neurótico durante a cura analítica, buscando a transferência na relação educativa. Através da mediação de Lou, Aichhorn é naturalmente admitido na Sociedade Psicanalítica de Viena, em 1922, onde cria com Siegfried Bernfeld e Wilhelm Hoffer um grupo de reflexão sobre a delinquência infantil e juvenil. A própria Lou não é totalmente conquistada pela pedagogia, preferindo a distância do analista ao envolvimento total do educador. Mas ela sente em Anna uma vocação que esta mal adivinha, apesar de sua experiência como professora, profissão na qual seu talento fora muito cedo reconhecido. Depois de protestar um pouco, Anna visita o centro socioeducativo de Aichhorn, que para ela é uma revelação:

> O próprio Aichhorn é um homem fora do comum, imponente, de quem nos aproximamos pessoalmente, de perto. Você, portanto, tinha toda razão, e me alegro muito disso [...] Não estou longe de acreditar que depois dessa visita precisarei voltar à pedagogia, depois de um desvio; é talvez o mais belo trabalho que existe.[53]

Talvez seja preciso matizar, no entanto, o papel emancipador de Lou: ela sempre auxiliará Freud em sua vontade de manter Anna a seu lado, e de fato a filha jamais abandonará o pai, até a morte deste em 1939. Quando, em 1923, o câncer de Freud é diagnosticado (uma afecção da mandíbula e do palato, que lhe trarão um sofrimento terrível), o mundo desaba ao redor de Anna; Lou insiste para que, mais do que nunca, Anna sacrifique sua vida pessoal em prol de cuidados ao pai. Como sempre, seja qual for seu grau de independência, Lou permanece de uma incontestável fidelidade a Freud, e o sacrifício de Anna não é um problema para ela. Mas ela de certa forma passa as rédeas à sua "irmã": quanto mais o tempo passa, mais Lou se afasta e observa com benevolência a ascensão de Anna, à sombra e depois ao lado do pai. Anna terá outras amigas, e a redução da correspondência comprova, apesar da afeição que permanece, um afastamento de fato. Conhecemos o futuro: uma série de conferências e um trabalho clínico permitem a Anna Freud instituir, em 1927, seminários regulares nos quais casos infantis são tratados pelos colegas de Viena, Praga e Budapeste; ela estabelece técnicas de análise inovadoras que a tornam uma das pioneiras nesse campo. Ao mesmo tempo, Melanie Klein desenvolve em Berlim uma abordagem radicalmente oposta de psicanálise de crianças, suscitando controvérsias que até hoje não foram reconciliadas. A influência internacional de Anna crescerá ao longo dos anos, desde seu exílio em Londres, em 1938, junto com o pai, até sua morte, em 1982. Pouco importa que a vocação literária de Anna não tenha passado de letra morta, não há dúvida de que Lou tenha agido junto a ela para o desenvolvimento de sua criatividade e de sua autoconfiança; ela tem sua parte na prestigiosa carreira psicanalítica de Anna Freud, cujo nome permanece definitivamente associado à psicanálise de crianças.

A velhice e a eternidade
(1926-1937)

Ao longo de toda a década de 1920, Lou exerce sua nova profissão, em Göttingen, mas também em Berlim e Munique. A psicanálise absorve toda sua energia, a ponto de ela não escrever mais uma linha de literatura e deixar sem resposta os apelos reiterados de seu velho amigo Rilke. Em julho de 1921, o poeta se instala no castelo de Muzot, no Valais. Ele terminará suas *Elegias*, iniciadas num momento de alegria, em Duíno. A temporada em Muzot se revela frutífera, pois Rilke termina não apenas suas dez elegias, mas compõe também os extraordinários *Sonetos a Orfeu*, entre 1922 e 1923. Mas a derrocada física temida por Lou depois de semelhante desgaste criador ocorre; Rainer sofre violentamente de males físicos e psíquicos. Desesperado, escreve uma carta à amiga, pedindo sua presença e inclusive o apoio de uma análise. Como por um ato falho, a carta fica mais de um mês perambulando antes de ser enviada, em 8 de dezembro de 1925. Lou por fim responde, mas é tarde. Em sua carta de 12 de dezembro, ela tenta tranquilizá-lo e dissuadi-lo da hipótese de uma possessão satânica, da qual ele se acredita vítima. Ela resgata Rilke para sua divina vocação de poeta, e o aconselha sinceramente a leitura de suas próprias *Elegias*:

> Aquele que vê a face de Deus em plena luz passa necessariamente para o outro lado. Mas, lá também, ele pertence a Deus; cercado, constrito por aquilo que é eternamente materno, mesmo que nós, demais pobres humanos, com nossa consciência limitada, precisemos pagar o preço dos êxtases que nos superam. Se você quiser compreender isso até *senti-lo* totalmente, abra as *Elegias* de R.M. Rilke (como o fizeram, lhe contei, inúmeros de meus doentes mais perturbados).

> Não posso expressar aqui as coisas como elas aparecem ali, transformadas em realidade, para todos aqueles que estão cansados e sobrecarregados; eles saem repletos de uma felicidade capaz de todas as pacificações.[1]

Apesar de toda sua confiança na vida, Lou não pode muito contra a morte que aos poucos invade o corpo de Rilke. Seus sofrimentos físicos (dores nas costas, na cabeça, problemas digestivos, astenia, angústias), são interpretados por Lou como tormentos psíquicos: ela nunca deixa de acreditar na origem psicopatológica da doença do amigo e quase o convence disso. Em 12 de dezembro de 1925, quando Rilke sofre com cistos no lábio, Lou os interpreta como sintomas de uma regressão ao estágio oral acompanhada de má consciência infantil, e exclama: "Ah, toda essa história é tão clara". Em maio de 1926, Rilke escreve à amiga condessa Sizzo:

> Se no meu caso se tratasse de uma doença que pudéssemos nomear com um douto nome latino, o médico poderia me tratar com facilidade; deixá-lo penetrar nessa fatalidade complexa, metade física e metade psíquica, é difícil e ousado, pois tudo com o que sofro é um trabalho sobre mim mesmo.[2]

Quando finalmente, alguns dias antes de sua morte, o doutor Theodor Haemmerli diagnostica em Rilke uma leucemia em fase terminal, o doente lhe pede para avisar Lou: "Lou Salomé talvez entenda de que se tratou".[3] Rilke teria sofrido com esse último mal-entendido? Lou não confiara demais no poder combinado da psicanálise e da poesia? Teria sido capaz de pensar na morte? A última carta de Rainer Maria Rilke à amiga, escrita a lápis num traço fraco, sugere em meias palavras o remorso de uma incompreensão sem amargura:

> Era portanto, veja você, para isso que me preparava, me prevenia minha natureza vigilante, há anos: agora, ela tem muita,

> muita dificuldade para sair, precisando se cansar, durante esse longo intervalo, em socorros, correções e retificações imperceptíveis; e antes que o estado atual, infinitamente doloroso, se instale com todas as suas complicações, ela sofrera comigo uma dissimulada gastroenterite. E agora, Lou, não sei quantos infernos, você sabe que lugar eu atribuíra em minhas hierarquias ao sofrimento, o sofrimento físico, o grande verdadeiro, mesmo a título excepcional e de retorno ao ar livre. E agora, ele me invade. Ele me substitui. Dia e noite!
> Onde encontrar coragem?[4]

As últimas palavras da carta são escritas em caracteres cirílicos: *"Prochtchaï, dorogaïa moïa"* – Adeus, minha querida. Rainer Maria Rilke, aos 51 anos, se extingue no sanatório de Valmont, na Suíça, em 29 de dezembro de 1926.

A perda de Rainer deixará em Lou traços visíveis ao longo dos dez anos que viverá sem ele. Lou tem razão ao afirmar que é fiel às recordações, pois a memória de Rilke ocupa um lugar essencial. O destino do poeta cristaliza sua adesão à vida criativa, como campo de forças orgânicas, psíquicas e plásticas para o qual o indivíduo é levado em sua relação íntima, mesmo sendo ele destruidor, com o Todo. Mas ele também personifica a onipotência da recordação, uma presença com o peso de uma realidade superior; Lou, numa belíssima carta, de 20 de maio de 1927, se abre com Freud, tentando descrever-lhe o sentimento que a invade desde a morte de Rilke:

> Outrora, teria sido apenas uma questão de sofrimento. Agora, foi algo de muito curioso. No momento em que Rainer foi aliviado das diversas peripécias de sua existência, ele se tornou para mim um personagem definido, numa presença interna de todos os instantes, a totalidade de sua natureza mais íntima surgiu de suas cartas, de suas lembranças, de uma espécie de "união" até então jamais vivida. E isso primeiro com um aumento do sofrimento – algo como um grito que eu não pudesse mais *dizer-lhe*, que não pudesse fazê-lo compreender, a ele, que se tornaria um conhecimento, uma experiência tão

essencial. Mesmo assim, ele continua ali, como uma silhueta indizivelmente nítida – superando muito a nitidez da vida [...] Agora, é quase como se Rainer estivesse aqui, sob as árvores, vivendo com elas o outono ou o verão, o inverno ou a primavera. Em outro sentido, "consumado" como este, em linhas simples e essenciais, mas igualmente tão imutável, tão realmente "consumado" que é impossível fazer a menor mudança, nem com a sua, nem com minha subjetividade e, no entanto, sob essa forma, totalmente uma imagem do movimento íntimo, como toda "a natureza" exterior tratada por nós em suas impressões e modificações.[5]

Com o mesmo gesto de gratidão que presidira a monografia de Nietzsche depois de seu colapso, Lou publica, em 1928, *Rainer Maria Rilke*, que é o prolongamento da necessidade que a "obceca" de falar com Freud sobre o amigo desaparecido. O estilo impressionista da obra reúne e ordena as recordações, os excertos de cartas e diários. A experiência da Rússia continua central, como a esperança entrevista para Rilke de encontrar a salvação; mas ele por fim ficara indefeso em sua abertura absoluta para o mundo; mesmo as *Elegias*, ápice de sua obra, revelam a figura de um Anjo grande demais para ele:

> Pois o Belo nada mais é que o começo do Terrível que ainda suportamos;
> E o admiramos porque, sereno, desdenha destruir-nos. Todo anjo é terrível.[6]

Depois Rilke recaíra, incapaz de acolher em si o Todo sem sucumbir. Lou voltará várias vezes ao destino do amigo. Na primavera de 1934, Rainer é tema de um magnífico texto em seus diários, que será reutilizado pouco depois, quando Lou aperfeiçoar o manuscrito de *Minha vida*. A homenagem se dirige diretamente a ele, na intimidade de um "tu"; Lou refaz o trajeto de um destino trágico, mas revela o segredo de uma experiência decisiva: o amor deles terá sido o único exemplo da comunhão original tão procurada, para além dos limites da individuação:

> Se fui durante anos tua mulher, assim o foi porque tu foste para mim *pela primeira vez o real*, corpo e homem uno, indiscernível, fato indubitável da vida mesma. Palavra por palavra eu tinha podido confessar-te o que me disseste como confissão de amor: "Somente tu és real". Foi assim que nos tornamos esposos ainda antes de nos tornarmos amigos, e tornamo-nos amigos mais por bodas igualmente subterrâneas do que pela escolha. Em nós não havia duas metades que se buscavam: nossa totalidade reconheceu-se, surpresa, fremente, em uma incrível totalidade. E assim fomos irmãos, mas como de tempos remotos, antes de o incesto tornar-se sacrilégio.[7]

Com o tempo, os mais próximos desaparecem. Depois de Rilke, em 1926, Lou perde seu último irmão, Robert, em 1928, e seu marido, em 1930. Os últimos anos da relação parece ter reaproximado Lou e Andreas, numa cumplicidade menos taciturna e mais terna. No outono de 1929, Lou é hospitalizada por seis semanas, para uma cirurgia no tornozelo, e seu marido a visita diariamente; é nesse momento que ela se dá conta da ligação entre eles: "Percebemos, velhos como estamos, tudo o que tínhamos para dizer-nos – nunca tivéramos tempo, ocupados que estávamos um e outro; jamais tivemos inclinação por essas bobagens familiares (do tipo 'uma boa noite passada sob o abajur')".[8] Friedrich Carl Andreas morre na clínica de Göttingen, em 4 de outubro de 1930, aos 84 anos. Lou descreve em seu bloco de notas sua alegria profunda pela morte pacífica e sem sofrimento do marido; ela a expressa também a Freud na resposta que dá a suas condolências.[9] Minha vida dá amplo espaço à evocação de Andreas: não apenas Lou dedica um capítulo inteiro ao marido, "F.C. Andreas", como sente a necessidade de acrescentar um capítulo extra, "O que falta ao 'esboço'". As últimas páginas das memórias lhe são dedicadas; Lou relembra o instante em que Andreas lhe dissera, no auge do conflito entre eles: "Não posso impedir-me de saber que você é minha mulher". Lou nunca deixará de questionar esse laço, sem conseguir compreendê-lo de todo, apesar da evidência de ele ser indestrutível. Ela nunca esquecerá, em todo caso, da capacidade dele de se alegrar com a felicidade dela, por saber o que partilhavam de essencial. E a imagem que fica é a de sua expressão de alegria, que era uma particularidade do marido:

> O que me subjugou em sua expressão de outrora não teria relação com o fato de ela provir de uma verdade última? Não sei. Perdoa, perdoa: não sei.[10]

Lou dá provas constantes a seu velho amigo Freud dessa transfiguração pela lembrança. Mas com o passar do tempo, se cerca como que de um halo que tende a isolá-la. Freud e Lou não se verão mais depois de março de 1929, data na qual ela o visita no sanatório de Tegel, no subúrbio berlinense, depois de uma nova operação na mandíbula. Permanece apenas a correspondência; mas apesar de continuar infinitamente calorosa, esta aos poucos vai diminuindo e, nos últimos anos, quase sempre é preciso o aniversário de Freud, em 6 de maio, para que Lou retome a pluma. Freud com frequência reclama por mais notícias, apesar de ele mesmo estar absorto em seu trabalho. Lou fala pouco de si mesma, mas se preocupa com a saúde incerta de Freud, que suporta com coragem as dores do câncer; ela continua, além disso, a seguir a evolução de suas pesquisas, lendo todos os novos textos com atenção, e se alegra também com os crescentes sucessos de Anna no campo da psicanálise de crianças:

> Que ela faça surgir nesse campo que lhe é muito especial um ramo tão florescente do poderoso tronco base é verdadeiramente maravilhoso. *Fazer-se assim* sua filha, é algo![11]

No início de abril de 1931, Freud é surpreendido por um novo texto que Lou acaba de terminar. Ela lhe envia o manuscrito e toma as precauções de costume para obter sua aprovação:

> Enquanto a doença me mantinha na cama no ano passado, fui tomada por uma enorme vontade de me dedicar a um trabalho que se chamaria *Mein Dank an Freud* [Meu agradecimento a Freud]. O que resultou não é realmente um bom agradecimento dentro das regras, porque queria expressar coisas demais de uma vez só, em especial, por exemplo, o fato de que, graças ao senhor, continuo livre para não compartilhar sempre de todos os seus pontos de vista. De maneira que nem sei se o senhor aceitará esses rabiscos.[12]

Em 9 de maio, Freud se apressa a responder-lhe, antes mesmo de terminar a leitura do texto: já nas cinquenta primeiras páginas detecta algo "de deliciosamente feminino" em seu trabalho, uma arte de colocar em ordem o que para ele continua profundamente ambivalente e caótico. Em contrapartida, se recusa a aparecer no título e sugere a Lou que substitua seu nome por "psicanálise", autorizando-a a colocar nas páginas iniciais: "Uma carta aberta ao prof. Freud em ocasião de seu 75º aniversário". O subtítulo permanecerá, mas Lou não cede quanto ao destinatário dos agradecimentos, e é com o título inicial que o texto será publicado pelas Edições Psicanalíticas Internacionais, a *Verlag*, em 1931. A reação de Freud à carta aberta de Lou é de longe a mais elogiosa que ele já demonstrou: expressando-lhe admiração por sua capacidade de produzir uma "verdadeira síntese" e por sua arte da descrição "com pequenos golpes de pincel quase imperceptíveis", ele escreve:

> Da senhora, é o que li de mais belo, uma prova involuntária de sua superioridade sobre todos nós, correspondendo aos cumes dos quais a senhora desceu para vir até nós.[13]

A extensa *Carta aberta a Freud* reflete o estado quase definitivo do pensamento psicanalítico de Lou Andreas-Salomé, tal qual tentamos esboçá-lo: de sua análise da infância e do narcisismo, da religião e do pensamento nietzschiano, da criação artística e do Anjo rilkiano, se depreende uma concepção ontológica e cósmica do Inconsciente; se expressa, além disso, a defesa do primado absoluto da pulsão de vida sobre a pulsão de morte. Essa liberdade de nem sempre compartilhar dos pontos de vista de Freud é acompanhada por uma delicadeza em relação ao fundador da psicanálise: Lou reitera o quanto suas divergências não passam de ângulos diferentes para dizer uma única e mesma coisa, "vista através de um temperamento". Com virtuosismo, ela escreve:

> Quando o senhor parece colocar-se ao lado da morte, não há nisso, para mim, nenhuma complacência em relação à morte, que seria devida à idade ou a alguma lassidão de viver. Leio nisso, como antes, a resolução com que o senhor toma o partido da realidade viva.[14]

Freud não objetará quase nada ao conteúdo da obra, deixando com benevolência uma "boa distância" à coleira que a guia, para retomar a imagem da própria Lou. Perante um temperamento no fundo muito diferente do seu, ele faz apenas um comentário, cheio de humildade, que não deixa de ter uma leve ironia:

> Não entendi de saída tudo aquilo de que a senhora está tratando; como nem tudo me parece tampouco digno de uma compreensão imediata. Mas não sou – apesar de tudo o que a senhora possa dizer – um artista, eu jamais poderia "colocar" efeitos de luz e de cor, apenas desenhar duros contornos.[15]

É com o mesmo toque impressionista que Lou começa suas memórias, em 19 de junho de 1931. Ela queima uma primeira versão, em fevereiro de 1932, e retoma a redação com energia; em maio, a segunda versão está concluída, enriquecida com os anos seguintes e alguns acréscimos. O trabalho não se quer exaustivo, e o título assinala o gesto seletivo da recordação: "Esboço [Grundriss] de algumas recordações de vida". Com isso, Lou permanece fiel a seu estilo literário e a sua concepção da memória. Vinte anos antes, em 1912, ela já definira sua poética:

> Quando colocamos ligeiramente em dúvida a sinceridade de um "diário" ou de "memórias", não o fazemos apenas por suas omissões conscientes ou semiconscientes, mas porque todo trabalho da memória, exatamente como um sonho contado, equivale a uma racionalização do vivido e, eo ipso, a uma falsificação de sua substância latente. Quando nos lembramos de toda uma fase da vida, ficamos com certeza impressionados que falte continuidade entre os pontos iluminados pela memória, que eles sejam mal escolhidos, que as transições e os pontos de reflexão lógica precisem realizar a conexão principal, e também que muito do que acreditávamos "inesquecível" surpreende por sua banalidade, sua indiferença, seu absurdo, enquanto os processos que tinham atraído sobre si o mais profundo interesse, para nossa grande dor, se desvaneceram, justamente nos traços singulares que mais nos eram caros.[16]

A comparação com o relato de um sonho coloca a aluna de psicanálise de então no caminho de uma técnica literária específica, que conseguiria superar a descrição "espaçotemporal" para "extrair fragmentos" que poderiam ser importantes a nível latente, exatamente como a interpretação dos sonhos. O critério de importância não aponta mais a exatidão do fato, mas a significação psíquica da atividade mnésica. Assim, o termo *Erlebnis* [experiência vivida] inicia os títulos dos diferentes capítulos: experiência de Deus, do amor, da família, da Rússia, da amizade etc. O termo, recorrente na obra de Lou, mas também na de Rilke, ocupa uma função central no pensamento herdado da *Lebensphilosophie*: o vitalismo filosófico erigira a experiência vivida à categoria de princípio existencial, atividade sintética e criadora da própria vida, que inclui a diversidade heterogênea da realidade e substitui à explicação do mundo sua compreensão. Num gesto radical, Lou inaugura suas memórias pela "experiência de Deus", que é passagem do "todo indivisível" à separação, "a perda daquilo que não é mais, e alguma coisa de um saber que se vai desenvolvendo, de uma certeza de que ainda *teria* que ser".[17]

O "esboço" decepciona os contemporâneos que têm acesso ao manuscrito: pontos demais permanecem na sombra, faltam detalhes dos amores, das desavenças e das confidências; as memórias se deixam decifrar como um enigma, cujo segredo nunca é o fato, mas sua interpretação. É preciso dizer que, na época, sua relação com Nietzsche é particularmente exposta a polêmicas: enquanto Lou mantém, desde sua monografia, um silêncio obstinado sobre o filósofo, Elisabeth Förster-Nietzsche coordena a criação dos Arquivos Nietzsche (que serão inaugurados pelo novo chanceler Hitler, em 1933); Elisabeth emprega um arsenal belicoso para designar os amigos e inimigos de seu irmão, elevar seu personagem à categoria de vítima genial e incompreendida, e explorar o "potencial" fascista de sua obra. Alguns meses antes de sua morte, em 1935, ela publica a obra *Friedrich Nietzsche e as mulheres de seu tempo*[18], em que Lou Andreas-Salomé, colocada no capítulo "Experiências desagradáveis", aparece como uma jovem manipuladora decidida a arruinar o pensador solitário. Antes mesmo da publicação dessa violenta prestação de contas, os amigos de Lou gostariam de vê-la explicar-se e dissipar as calúnias: é o caso de seu sobrinho Franz Schoenberner, encarregado das relações da tia com sua casa editorial, mas também de Erich Podach, que em 1930 publica uma obra séria sobre as causas do "colapso de Nietzsche[19]" e escreverá, em 1937, um texto sobre o encontro do filósofo com Lou Andreas-Salomé.[20] Os dois consideram o testemunho das memórias alusivo demais para poder servir na disputa com Elisabeth. Mas Lou é inflexível, ela não pretende fazer papel de historiadora nem descer à arena onde se agita a irmã de Nietzsche. Ela se desentende com Podach, como se desentenderá com todos que pensarem em publicar trabalhos sobre sua vida: faz um advogado intervir junto a Hermine Obermann, uma estudante vienense, recomendada por Anna Freud, que queria fazer dela tema de sua tese. Em 1932, Lou também dissuade a escritora hamburguesa Frieda Radel de publicar uma biografia. O próprio Freud avalia que a reserva de Lou sobre Nietzsche poderia ser-lhe prejudicial:

> Muitas vezes me irritei quando ouvia mencionar suas relações com Nietzsche num sentido que era claramente hostil à senhora e que não poderia absolutamente corresponder à realidade. A senhora deixou tudo passar porque foi grande demais; não irá enfim defender-se da maneira mais digna?[21]

Mas Lou responde com calma que não tem absolutamente nada a ver com tudo isso, e que nada poderá contra o lançamento simultâneo de seu "livro de recordações" e estudos concorrentes. No entanto, em junho de 1935, decide que sua obra só será publicada postumamente.

O ano de 1933 é para Lou um período particularmente fecundo: durante vinte anos, ela praticamente se proibira de escrever textos de ficção, para se dedicar por inteiro aos estudos psicanalíticos. Ela deixara em suas gavetas um relato recusado pelos editores por volta de 1920, *A capa mágica*, que retoma e revisa a fundo. Em dezembro de 1933, ela escreve *A lagoa dos sapos*, uma espécie de conto simbólico no qual uma mulher perde sua juventude numa única noite, por ter entregue sua sexualidade a um homem que se recusara a esta depois da morte de sua bem-

-amada. Mas o maior projeto desse ano é uma trilogia de novelas reunidas sob o título *Jutta*. A primeira, "Irmãos e irmã", data de 1931; Lou a retoma e acrescenta dois textos inéditos, "Jutta, um diário de Pentecostes" e "Retorno ao lar". "Irmãos e irmã", que faz o sombrio relato da descoberta do sexo e da morte por um grupo de adolescentes, é retomado através do prisma das duas narrativas seguintes, sob a forma de diário. Essa obra, uma das mais bem sucedidas de Lou Andreas-Salomé, trabalha os temas maiores e recorrentes da autora: a questão da origem e a constituição da identidade sexual, a violência do desejo, a provação perigosa da adolescência. O sexo é desejado e ao mesmo tempo assustador: o jovem Stefan, seduzido por um homem mais velho do que ele, gostaria de preservar sua irmã Jutta da corrupção dos amores físicos:

> Que ela jamais possa aprender o que significa ser amada sem ser amada, ser confundida com seu corpo – pura beleza, objeto de desejo. Que ela jamais precise combater seu pudor.[22]

Mas ele mesmo é vítima do que temia para sua irmã: ele se mata com uma punhalada. O estilo "fim de século" não dissimula a violência dos conflitos psíquicos que estão em jogo no relato. Lou Andreas-Salomé reencontra a dimensão trágica da individuação, do desejo separado do Todo, e lhe associa a matéria fantasmática adquirida por sua experiência psicanalítica. Por um curioso efeito de deslocamento, o diário de Jutta, nas duas novelas seguintes, contém muito mais confissões do que memórias. Fiel ao alcance biográfico, ou mais exatamente "psicográfico" da ficção, Lou Andreas-Salomé questiona sua maturidade e os frutos da experiência vivida. E sempre volta à indistinção original entre o indivíduo e o mundo, entre o masculino e o feminino, entre o irmão e a irmã – ela continua sua busca dessa unidade perdida que se encontra "certamente" no mais fundo da mulher destinada à maternidade:

> Imagine-se um pouco como uma mulher que caminharia no mês de maio e veria a vegetação ainda em flor. *Como* a árvore, ela carrega uma vida que ainda não nasceu. Mas, ao mesmo tempo, ela com certeza tem a sensação de que a criança, adorável e radiosa, está há muito tempo em seus braços. Pois esse sentimento sozinho lhe permite experimentar o esplendor do mundo. Diferente do que acontece conosco, miseráveis, ela não o experimenta de maneira fragmentada; ela carrega a intimidade do mundo, o Senhor do universo, que com seu dedo lhe aponta as coisas.[23]

Lou tenta em vão publicar *Jutta* pela editora Insel; ela pede então a Pfeiffer que se encarregue da publicação póstuma junto com as memórias. Será preciso esperar 1951 para que estas sejam publicadas, mas nessa data Pfeiffer se assusta um pouco com a intimidade revelada em *Jutta* e, como mais ninguém se interessa pelo trabalho romanesco de Lou Andreas-Salomé, desiste de publicar os textos sob a forma de trilogia desejada pela autora.

Em 1933, Lou Andreas-Salomé termina, portanto, suas memórias e seu último romance, textos banhados pelo que Stéphane Michaud chama de "luz da recordação". O país onde vive acaba de cair nas mãos dos nazistas, e se entrega com a violência mais brutal a uma corrida ao abismo. Procura-se em vão em sua obra a menor observação, a mínima reflexão sobre as convulsões do presente. Como se impensado, o tempo presente não se cristaliza em sua escrita: em seu diário de 1935, Lou anuncia "excertos do tempo presente", mas é incapaz de seguir em frente:

> Ainda não falei do presente. Mas este não me interessa como tal, pois olho para ele com uma distância (espacial, por assim dizer) análoga à que mantenho com o passado: como um ancestral que olhasse para os seus e seus bens.[24]

Tocamos aqui num ponto delicado: como compreender sua posição, de 1933 a 1937, diante dos acontecimentos?

Os elementos para análise são raros, e o julgamento deve ser prudente; mas não podemos, no entanto, suspendê-lo, e é preciso tentar avançar. Göttingen fora uma cidade hitlerista; a universidade fora purgada, e vários antigos colegas de Andreas foram exilados ou presos. Em 10 de maio de 1933, enquanto a maioria das cidades universitárias alemãs são o palco macabro de autos de fé em que todos os livros que ameaçam o "espírito alemão" são queimados, o reitor da universidade de Göttingen é quem coordena o espetáculo.

A própria psicanálise é muito cedo atingida pela nova ordem. O complô contra ela é armado com incrível rapidez: em abril de 1933, Eitingon, amigo de Freud e presidente da Associação Internacional de 1927 a 1932, é brutalmente afastado por seu discípulo Felix Boehm, que buscara em vão o apoio do próprio Freud. Considerada "ciência judaica" e por isso mesmo agente de decomposição do tecido orgânico da nação, a psicanálise sofre pressões cada vez maiores: os livros de Freud são queimados nos autos de fé, e os analistas judeus são obrigados a fugir ou são presos. A família de Freud é diretamente afetada: os três filhos se exilam em 1935 (Ernst em Londres, Oliver em Nice e Ernstl na Palestina); Freud e Anna aguentarão até 1938, mas a vida deles será ameaçada: eles se exilarão em Londres. Em 1934, a arianização conduz à fusão da Sociedade Internacional de Psicanálise com o novo Instituto Alemão para a pesquisa psicológica e a psicoterapia, sob a tutela do neurologista Matthias Göring, primo do marechal. Encarregado de desenvolver a "psicologia alemã", o Instituto Göring se torna a única instância autorizada em toda a Alemanha: Jung assume sua direção na Alemanha, Poul Bjerre na Suécia...

Incansavelmente, Freud faz discretas alusões em suas cartas a Lou: "Estamos como é possível estar numa época insensata", sugere ele em 14 de maio de 1933, por exemplo.[25] Lou se preocupa com sua saúde, se alegra com suas leituras, com a chegada de seu sobrinho Konrad, que traz tantas recordações russas – mas sobre o presente político mantém um incansável mutismo. Quando Freud evoca a impossibilidade de publicar *O homem Moisés e a religião monoteísta* devido ao ultracatolicismo vienense, ele acrescenta que este é no entanto o único baluarte contra o nazismo na Áustria; Lou fica decepcionada de não poder encontrar o texto nas livrarias: "O senhor está bem posicionado para julgar com exatidão e certeza as circunstâncias atuais na Áustria, mas que pena para todos nós!".[26] Incontáveis diálogos de surdos recheiam a correspondência de Freud e Lou. Apesar de judeu, Freud ainda subestima os perigos que o ameaçam: ele não acredita na anexação da Áustria pela Alemanha, nem na perenidade de um regime tão visivelmente absurdo. Diante das expulsões e exílios de vários de seus conhecidos, Lou não reage mais do que ele: ela não entende a fuga de Eitingon, que acusa implicitamente de abandonar o mestre; seu próprio sobrinho, Franz Schoenberner, redator da revista satírica *Simplicissimus*, proibida, que precisara sair do país com a mulher e ir para a Suíça, não é objeto de nenhuma menção, no máximo uma censura, um ano depois, por não ter quitado certa dívida.[27]

Podemos falar em prudência quando Lou adere, em 1933, à Associação dos Escritores do Reich. Mesmo assim, ela precisará de um certificado de origens arianas, em 1936. Mas o que dizer do projeto de março de 1934? Lou planeja entregar à casa editorial de Jena o texto que a ocupara nos últimos três meses: *Minha adesão à Alemanha de hoje*.[28] Mas ela se retrata no último momento e rasga o manuscrito; seu breve entusiasmo pela nova ordem alemã parece depender da aversão inspirada a Lou pelo regime soviético, e se enraíza num fantasma passadista. Pois, se ela um dia manifestou patriotismo, foi pela Rússia de sua infância, uma Rússia sonhada como terra e povo originários, experiência iniciática de retorno ao Todo. Fora dessa fonte que Lou quisera fazer Rilke beber na busca de si. E não é um acaso se a única reflexão explicitamente ligada à Alemanha nacional-socialista seja dirigida a Rilke, como uma mensagem ao amigo desaparecido:

> Agora, Rainer, que nós alemães somos politicamente confrontados com o problema de nosso pertencimento nacional, às vezes me pergunto a que ponto a viva repugnância que você tinha por ser austríaco pode ter sido nefasta para o seu destino. Poderíamos pensar que um amor primordial por seu país natal, um sentimento de parentesco de sangue teriam antes o protegido contra os acessos de desespero que o invadiam nos momentos de esterilidade, e que eram terrivelmente perigosos porque o faziam reprovar a si mesmo. O solo natal com suas pedras, suas árvores, seus animais, guarda algo de sacrossanto dentro de nosso ser.[29]

O solo e o sangue: Lou Andreas-Salomé retoma aqui, querendo ou não, a ideologia *Blut und Boden* que está no centro do programa nazista. Utilizada em 1922, em *O declínio do Ocidente*, de Oswald Spengler, a expressão "Blut und Boden" teria um destino importante: no fim dos anos 1920, se torna o título de um periódico dirigido por August Georg Kenstler e associado aos Artamans, um movimento da juventude de extrema direita fundado em Munique, em 1923, e que será incorporado em 1934 à Juventude Hitlerista. No entanto, para compreender a vaga sensibilidade política de Lou, não basta constatar afinidades imediatas; seria preciso antes descrever o fundo intelectual e espiritual cujas metamorfoses complexas e contraditórias puderam alimentar tanto uma intelectual cosmopolita quanto o mais delirante pangermanismo.

A herança do romantismo e do idealismo alemão pesou muito sobre as gerações de intelectuais que desenvolveram uma concepção totalizante do mundo: o conceito de Volk (povo) utrapassaria amplamente sua acepção usual para designar a união de um grupo e de uma essência transcendente, seja tratando-se da "natureza", do "cosmos" ou às vezes do "mito". No coração do indivíduo está inscrita sua união mística com a totalidade como energia, vontade ou espírito cósmico e criador, através de seu pertencimento ao "Volk"; pois o Povo está em situação de união originária com a natureza, e sua alma se reflete em suas paisagens. Esse pensamento neorromântico, que circulou em inúmeros círculos intelectuais alemães ao longo de todo o século XIX, se alimentou justamente de todo um conjunto de elementos: o romantismo (que recorre sucessivamente a Spinoza, Kant ou Hegel), a filosofia de Schopenhauer, depois a de Nietzsche, com transformações vitalistas da *Lebensphilosophie*. Se misturam à desordem o estetismo fim de século, o nacionalismo prussiano, o antissemitismo tradicional – multiplicamos de propósito a confusão das influências, pois é essa mistura surpreendente que dá nascimento ao que foi chamado de ideologia *völkisch*.[30] Um de seus fundadores foi Paul de Lagarde, cujo verdadeiro nome era Paul Bötticher (1827-1891), orientalista como Andreas na universidade de Göttingen, em cuja obra os futuros teóricos nazistas beberão à vontade, em particular Alfred Rosenberg.

Há outro personagem importante e pitoresco da ideologia *völkisch*, muito inspirado em Lagarde e seu discípulo Julius Langbehn, bem como em Nietzsche: Eugen Diederichs (1867-1930), o editor de Lou Andreas-Salomé, estabelecido em Jena. Excêntrico e tirânico, ele coloca na moda o termo "neorromantismo" e se opõe ao materialismo positivista de sua época; ele quer reabilitar a intuição, como vetor de uma realidade superior e transcendente, e uma forma de ocultismo: para ele, o Espírito (*Geist*) é "a aspiração da alma à unidade". Consequentemente, sua atividade de editor é comandada pela rejeição de escritores racionalistas, em prol de autores que teriam a intuição do mundo como Totalidade. No entanto, Diederichs nunca deixou de considerar com desprezo os movimentos populares extremistas e, se cantou as glórias do *Volk*, ele sempre pensou que cada povo tinha seu gênio próprio e que nada fundamentava a superioridade da raça germânica. Sua morte, em 1930, lhe poupará de ser testemunha do nacional-socialismo no poder, e seus filhos precisarão negociar habilmente com a censura para poder prosseguir com o negócio paterno.

Assim, é antes nas esferas menos extremistas da ideologia *völkisch* que se situa Lou Andreas-Salomé. Se o conceito de *Volk* está presente em seus escritos, é sempre em relação com a Rússia, e seu cosmopolitismo é imponente demais para se satisfazer com um estreito nacionalismo alemão. Em contrapartida, encontramos nela, em mais alto grau, as noções essenciais da corrente *völkisch*: a aspiração intuitiva do indivíduo à Totalidade, a primazia de uma síntese espiritual sobre a análise racionalista, um olhar que confere à natureza e a suas paisagens uma dimensão iniciática e mística, um vitalismo, enfim, que encontra seus fundamentos na vida pré-individual e na energia cósmica. Nos últimos anos de sua vida, ela lê com paixão a obra do filósofo Ludwig Klages (1872-1956), de título evocador: *O Eros cosmogônico*, de 1922. Se Lou critica seu dualismo da alma e do corpo e seu dogmatismo metafísico, ela o leva no entanto muito a sério, e seus *Cadernos íntimos* são menos severos em relação a Klages do que a *Carta aberta a Freud*. Ora, se encontramos sob a pluma de Klages toda a mística *völkisch*, ela se apresenta singularmente modificada na direção do culto do elementar mais irracional, e manchada de racismo. Lou não reage especificamente a esse desvio. Nunca a vemos tomar posição explicitamente contra o pangermanismo ou o antissemitismo; no entanto, ela nunca se posicionou a favor de um ou de outro. Podemos supor que seu meio de origem manifestava um antissemitismo tradicional, pois este era, no século XIX, talvez ainda mais presente na Rússia do que na Alemanha; mas seu contato com Paul Rée, Friedrich Pineles e Freud sem dúvida a imunizou contra o antissemitismo, bem como a proximidade com Nietzsche, antissemita notório. Seu texto intitulado *Jesus, o judeu*, de 1896, testemunha a maior admiração pela espiritualidade judaica. Por fim, lembramos que Lou se apaixonou pela leitura de Martin Buber, grande pensador do judaísmo; dele, ela deveria guardar a aspiração da alma do povo judeu a uma unidade profunda com a realidade cósmica.

    O pensamento de Lou Andreas-Salomé mergulha suas raízes num universo intelectual que constituiu *também* o solo do nazismo sem se confundir com ele; portanto, é bastante plausível que a catástrofe política de 1933 não tenha lhe parecido nem surpreendente nem totalmente insensata. Sua familiaridade com os pressupostos *völkisch* da ideologia nacional-socialista, a torre de marfim de suas preocupações espirituais, o primado da recordação onipotente sobre um presente do qual ela não participa, por fim sua idade (ela tem 72 anos em 1933) parecem motivos para sua estranha indiferença. As acusações lançadas por Elisabeth Förster-Nietzsche (que lembra às autoridades que o patronímico Salomé soava manifestamente judeu), seus longos anos de prática psicanalítica a partir de então reprimida são por sua vez motivos para prudência. No máximo podemos lhe dar o crédito de nunca ter se expressado publicamente a favor do regime, de jamais ter rompido com nenhuma amizade judia (a com Freud em primeiro lugar) e de jamais ter explorado sua amizade com Nietzsche, que poderia ser oportuna numa época em que o filósofo era, massivamente e sem escrúpulos, recuperado pelo regime, com a bênção da irmã fanática. Apenas seu efêmero impulso para expressar sua "adesão à Alemanha de hoje" e seu desagradável mutismo despertam uma dúvida que jamais poderemos sanar de todo.

Mas o véu da lembrança e da introspecção se faz cada vez mais espesso numa mulher idosa, incapacitada por problemas cardíacos, pelo diabetes, por uma cegueira crescente e por um câncer do qual se operará no outono de 1935. A doença e a falta de dinheiro a proíbem de viajar. Seus últimos deslocamentos serão para ver sua prima de Hanover, Emma Flörcke, e Dedeo Hermann, o meio-irmão de Andreas. Em contrapartida, recebe muitas visitas e correspondências, todas buscando na casa de Göttingen a lembrança de uma época heroica e a sabedoria de uma rica experiência. "Loufried" parece imobilizada numa paz intemporal:

> Lá no sudoeste vemos, durante o verão, o sol todos os dias, inclusive na hora em que a terra o engoliu no brilho da noite.
>
> No quarto que dá acesso à varanda, os grandes móveis simples que meu marido colocara não mudaram; janelas corrediças à holandesa recortam, sem cortinas, a parede azul-escura e, no meio, uma larga cama serve de imenso divã. Uma biblioteca, prateleiras de livros, mas nada de escrivaninha: esta nunca saiu do aposento da frente, onde tudo tem o mesmo aspecto há trinta anos. O sol da manhã tem *seu* aposento, a outra varanda; árvores frutíferas e tílias a envolvem com suas folhagens, assim como o quarto contíguo, no qual parecemos estar dentro de um caramanchão.[31]

Mas os amigos que cercam Lou se reduzem a um círculo bastante restrito. Já mencionamos Ernst Pfeiffer: testamenteiro de Lou, único depositário de seus direitos, ele dedicará toda sua vida à edição comentada dos textos da amiga. Mas ele também foi companheiro fiel dos últimos anos da velha senhora. Lou o conhecera em 1931: H.F. Peters explica que Pfeiffer fora pedir conselho a Lou para um amigo neurastênico; esta teria proposto que o próprio Ernst fizesse uma análise e que ela o iniciasse na psicanálise para que ele pudesse tratar diretamente seu amigo. Depois, os dois se perderam de vista. Mas em 1933, uma intensa amizade se consolida entre eles:

> Como muitas vezes em minha vida, senti, quando Pfeiffer chegou até mim, algo que não desejara nem buscara por um sentimento de falta, e do qual no entanto eu por nada no mundo quereria furtar-me; dava-me conta, e de uma vez só, do efeito que ele produzia sobre mim.[32]

Aos quarenta anos, Ernst Pfeiffer é descrito por Lou como "um especialista em Kleist, mas sem funções ou honras oficiais, de origem camponesa; ele também é um ferido de guerra".[33] Pfeiffer é conhecido por seu puritanismo rigoroso, a ponto de seus amigos o chamarem de Noli, segundo o famoso aviso de Cristo a Maria Madalena, *Noli me tangere* – Não me toques. Quando Lou não conseguir mais ler e escrever sozinha, devido à degradação de sua visão, Pfeiffer lerá para ela, também escrevendo o que ela dita, fazendo as últimas correções às memórias. Tornando-se bastante dependente da personalidade de Lou, à sua morte ele se sente incumbido de uma missão sagrada, ocupando-se com zelo da posteridade de toda a obra póstuma de Lou. No início dos anos 60, quando está trabalhando em sua biografia de Lou Andreas-Salomé, Peters lembra de seu encontro com Pfeiffer:

> Pfeiffer parecia ter um interesse sincero pelo que eu tentava fazer e, no entanto, não conseguia me desfazer da impressão de que ele me considerava como um intruso bastante perigoso em seu domínio privado... Ele se achava o único intérprete legítimo do pensamento de Lou, de sua vida e de sua obra. Daí sua repugnância em possibilitar o acesso a seus papéis privados. Preferia, disse ele, destruí-los.[34]

Pfeiffer apresenta a Lou o filósofo e professor Josef König. Este, que trabalhara sobre o conceito de intuição e sobre a delimitação dos domínios da lógica, da hermenêutica e da ontologia, aceita de bom grado ser psicanalisado. Stéphane Michaud menciona a existência de uma prestação de contas manuscrita dessa "cura", oito páginas sintéticas escritas a lápis; Lou a intitula "Análise de uma pessoa saudável". König é de fato um homem sólido e brilha por seu espírito; suspeito de dissidência intelectual pelos nazistas, passa em 1934 por dois "estágios" em campos de correção, que não conseguem enfraquecer sua independência. A universidade se encarregará de barrar seu caminho de outra forma, recusando numerosas candidaturas. König aparecia em todas as conversas de Pfeiffer e Lou, e sua filosofia parece impregnar os últimos cadernos íntimos.

Outro personagem familiar dos últimos anos de Lou foi a pequena Mariechen, filha natural de Andreas com a empregada Marie Stephan, morta em 1928. Em 1927, Mariechen casara com certo Robert Apel, mas continuara a morar em Loufried, cuidando da doente e enfraquecida Lou. Esta a considera sua filha adotiva, e a família de Mariechen como sua própria "pequena família". Somente depois da morte de Lou se descobrirá que ela fizera de Marie Apel sua principal herdeira.

Para sua velha amiga Lotte Reinecke, Lou Andreas-Salomé escrevera, em 14 de fevereiro de 1931:

> Sim, as filas estão escassas de contemporâneos aos quais podíamos ainda dizer: lembra? Mas você também não acha que com a idade aumenta a possibilidade de fazer contato com o homem em si, não apenas aquele que conhecemos porque pertencente a nossa infância ou a nossa família?[35]

A continuação dessa carta desenha o trajeto de uma vida em que, da criança indistinta com o mundo, chegamos ao momento em que "o universo inteiro vive em cada indivíduo". Tudo se passa como se, com a idade, Lou parecesse reconquistar essa unidade original à qual tanto aspirara. A própria velhice é um "retorno ao lar", como se a opacidade das recordações e a cegueira crescente, a sensibilidade dos corpos velhos ao clima e às estações pouco a pouco trouxessem essa indistinção entre o eu e o mundo. Toda a correspondência de Lou atesta uma serenidade profunda, e certa alegria de ser velha. O contraste com seu amigo Freud, cinco anos mais velho do que ela, é marcante. Em 1927, Lou já lhe escrevia:

> Nós [Lou e seu marido] decretamos sobre isso que a velhice ainda tinha "lados ensolarados" que só conhecemos com a idade. Comigo, isso vai de fato tão longe que estou constantemente curiosa para saber o que resta a ser desembaraçado nesse milagroso novelo que é a "vida", cujas surpresas ainda emaranhadas caem sobre nossos joelhos. Mas reconheço com nitidez o infantilismo quase idiota desse ponto de vista íntimo – que simplesmente zomba desses ares de superioridade e, pela manhã, quando abro os olhos, o que nem sempre existe em plena consciência se impõe antes de tudo, de forma que o dia guarda um pouco dessa bem-aventurada idiotia.[36]

Diante da imagem solar e infantil de uma velhice alegre, Freud responde com a amargura dos sofrimentos físicos e o cansaço de anos de lutas internas: "Comigo, em contrapartida, se instalaram o mau humor da velhice, o desencantamento comparável à plenitude de um entorpecimento lunar, o frio interior".[37]

No trajeto da infância à velhice, os seres atravessam as tempestades da libido, que ainda expressam a separação individuada com o Todo. Em outra carta da mesma época, Lou explica a Freud o quanto toda pulsão sexual desaparecera nela própria, esse "magnífico, maravilhoso beco sem saída onde só há lugar para dois". Em vez disso, "entramos num espaço indescritível – o espaço que pertence também à infância e que devíamos ter esquecido somente há pouco tempo".[38] Tudo leva a crer que essa acolhida feliz à velhice não é pose ou afetação de Lou. Pois a idade realiza o desejo de toda a sua vida, o de participar da Totalidade, e participar profundamente de uma experiência íntima. Essas duas dimensões – abertura ao universo e aprofundamento da intimidade – coexistem sempre, pois são os dois polos de um único circuito. O que afirma em 1927, Lou já havia escrito em 1901 em seu ensaio sobre "A velhice e a eternidade[39]", e volta a afirmá-lo com força em 1934:

> Sinto uma verdadeira alegria ao me dar conta, à medida que passam os anos, do tempo que é preciso aos acontecimentos para se tornarem uma experiência íntima; em nós, ela só ocorre na velhice avançada, e é por isso que julgo que é bom envelhecer, apesar do reverso, menos agradável, dos inconvenientes [...] E como o que chamamos de vida, da adolescência à velhice, está cheio de dificuldades e sofrimentos, nos sentimos consolados com a ideia de que ela se permite essa contradição de nos conceder com sua extensão um dom suplementar, a fim de que não nos queixemos demais dela.[40]

Os cadernos íntimos de Lou Andreas-Salomé, três volumes de cores diferentes preenchidos entre janeiro de 1934 e maio de 1936, revelam a surpreendente constância de um pensamento que sempre esteve presente desde seus primeiros escritos. Essa relação do indivíduo com o todo, e a individuação original do ser humano que age como uma reminiscência e constitui o objeto e a energia últimos de todo desejo, nós encontramos em todos os momentos da vida de Lou, presentes em seus escritos e voltando com força cada vez que ela é confrontada com a alteridade potente de um pensamento criador. Nietzsche, Rilke e Freud, cada um por seu lado, cavaram abismos, com o heroísmo de pioneiros das profundezas e a abnegação de mártires do conhecimento. Para cada um deles, se trata de compreender, repitamos, "a vida como enigma, como problema do conhecimento".[41] E se Lou se reconhece neles, é porque eles foram etapas da resolução de um questionamento que lhe era próprio: a relação do indivíduo com o Todo. Se não nos cansamos de repetir sua formulação, é porque a problemática acaba se proliferando de maneira invasora nos últimos textos de Lou Andreas-Salomé: ela mesma a qualifica de bom grado de "mania" ou "ideia fixa".

Para enumerar uma última vez o percurso do pensamento de Lou, ainda é preciso observar seu último posicionamento, em março de 1936, sobre a psicanálise; pois ela manifesta sua coerência e sua independência, ao mesmo tempo apresentando alguns sintomas de um misticismo cada vez menos velado.

> Se precisasse dizer onde, durante uma longa vida, me senti *pelo pensamento* em casa com mais convicção, onde me instalei com a maior gratidão, eu precisaria ao mesmo tempo tentar definir a que eu me sentia mais estranha e oposta. Trata-se da *psicanálise freudiana*.[42]

Lou enfatiza três pontos decisivos na invenção da psicanálise: foi o primeiro método ao mesmo tempo subjetivo e científico a fundamentar uma psicologia moderna baseada na *Bekenntnis*, "confidência" ou "confissão", como conhecimento de si; foi também o primeiro pensamento a descobrir, ou pelo menos levar a sério, o Inconsciente; por fim, foi o primeiro empreendimento coerente de terapêutica das doenças psíquicas. No entanto, nesse último ponto, Lou levanta uma objeção ao formular a hipótese (utópica, especifica ela) de um sucesso definitivo da terapia: o que seria um homem "purificado", completamente resolvido dos conflitos inextricáveis da psique? Isso a incomoda, pois é uma maneira de apreender a doença apenas em seu aspecto negativo, enquanto toda doença busca *expressar* alguma coisa, positivamente. Aqui, Lou parece se lembrar da concepção nietzschiana da doença como ponto de vista relativo sobre a saúde, assim como a saúde é uma forma de interpretação da própria doença, na escala das intensidades de uma vida que é princípio imanente e não normativo em si mesmo; com isso, Lou também parece se lembrar da resistência de Rilke à cura, ele que não queria ser "limpo", recolocado definitivamente em ordem pela análise.

Outra reação contra a psicanálise acontece por ocasião de sua leitura da obra de Anna Freud, *O ego e os mecanismos de defesa*, recebida em maio de 1936. Esse texto é muito importante na história da psicanálise, pois tem como objeto de estudo o Ego, cuja natureza havia sido até então um pouco negligenciada em prol do Id e do Superego. Falando de maneira resumida, Anna Freud analisava nele os processos de constituição do Ego a partir de toda uma série de mecanismos de defesa contra diversos tipos de angústia, em especial a angústia do mundo exterior e da realidade. Lou, interpelada, reage imediatamente em seu caderno:

> Sinto pessoalmente um grande prazer, apesar de meu ponto de vista sobre o assunto ser muito diferente assim que me coloco no lugar da criança.[43]

Ela se explica: se a constituição progressiva da consciência "adulta" perante o mundo exterior é necessária, ela não deixa de ser acompanhada por uma perda importante. O processo de diferenciação faz desaparecer o milagre da infância, onde "verdadeiro e real ainda se confundem". O estado da infância, se vulnerável, continua sendo um modelo existencial intransponível; e Lou cita o Evangelho de Mateus (18, 3): "se não vos converterdes e não vos tornardes como as crianças"... As contradições da individuação têm uma dimensão trágica, mas perdura o desejo de união fusional ao objeto amado, como experienciado no amor e na maternidade. O desejo de união é *afirmação*, num sentido nietzschiano: para a criança em seus jogos, como para o artista em sua criação, as forças plásticas do sonho e da ação se confundem. Sublinhando a etimologia do termo alemão *behaupten*, Lou lembra que "afirmar" e "conquistar" são uma única e mesma coisa – a atividade avaliadora por excelência. Existe uma relação do mundo superior com aquele distanciado pela objetivação (pelos mecanismos de defesa), que é a da união na indiferenciação do Todo. Depois dos Evangelhos, Lou cita Angelus Silesius, o célebre místico alemão do século XVII:

> Damos razão involuntariamente a Angelus Silesius: "Só existe Um valor – Deus". Sem o que teríamos dificuldade de superar a perda que nos proíbe continuar crianças e confraternizar com os pássaros ou, melhor ainda, com as plantas ou até mesmo com os acontecimentos naturais mais afastados do homem, mais elementares e mais poderosos, nos quais a vida é mais infindável.[44]

Esse Deus, que sempre foi, desde a infância, o nome para essa união com a Totalidade, e que precisara morrer para que Lou pudesse chegar à idade adulta, retorna no ocaso de sua vida como pensamento de reconciliação e de paz. Ela afirma sua exigência como uma última sabedoria da vida, até as últimas linhas que nos restaram de seus manuscritos, em maio de 1936:

> E no entanto – no entanto! Somente nosso completo abandono à desordem inextricável das contradições permite conhecer o preço da condição humana. Não ocorre o mesmo com nossa reflexão, que começa com um laborioso utilitarismo e uma lógica primária antes de chegar a uma objetividade liberta do primeiro aguilhão do pensar: nossa própria pessoa? Isso significa que ela acaba se voltando para o mundo, o saliente, mas salientada por ele: numa nova aproximação da totalidade. Somente então se revela a sensacional novidade do humano: na inversão que transforma essa elevação de si mesmo num "abandono" natural, numa renúncia e numa superação, e que lhe dá seu autêntico valor no meio da grande confusão dos valores. Esse processo *nada mais* é do que a aprendizagem, obtida sobre a estreiteza do indivíduo, a superioridade trazida pela conciliação.[45]

No mesmo mês, Lou recebe uma carta de Freud, que se queixa mais uma vez da excessiva discrição da amiga: "O que lhe escrever?... Mais uma vez, o que lhe dizer? Apenas que sinto, como em cada uma de suas cartas, o fato de a senhora me falar muito pouco de si".

Ela não lhe responderá mais. Uma operação nos olhos melhoraria um pouco sua visão, mas sua fraqueza proíbe a intervenção. Ernst Pfeiffer, Josef König e Marie Apel se revezam à sua cabeceira. Em 5 de fevereiro de 1937, alguns dias antes de seu 76º aniversário, Lou entra em coma, vítima de uma crise de uremia, e morre ao anoitecer.

As autoridades nacional-socialistas não aceitam que as cinzas de Lou Andreas-Salomé sejam lançadas no jardim de Loufried, como ela desejara. Elas são depositadas no cemitério de Göttingen, ao lado de Friedrich Carl Andreas, seu marido. Sigmund e Anna Freud ficam sabendo da morte da amiga através de uma participação enviada por Pfeiffer e assinada pelos três companheiros dos últimos momentos. Freud publicará um obituário no volume XXV da *Revista Internacional de Psicanálise*. Nele, celebra o valor de suas contribuições psicanalíticas, e a honra que ela proporcionara a seus companheiros de luta ao trabalhar entre eles; ele lembra de suas relações com Nietzsche e Rilke, observando que "de resto, sua personalidade continua na sombra", dissimulada por uma modéstia e uma discrição pouco comuns. Por fim, ele homenageia aquilo que sempre fascinara em Lou:

> Visivelmente, ela sabia onde procurar os verdadeiros valores da vida. Quem quer que se aproximasse dela ficava fortemente impressionado pela sinceridade e pela harmonia de seu ser, e percebia com grande surpresa que todas as fraquezas femininas, e talvez a maior parte das fraquezas humanas, lhe eram estranhas, ou que ela as superara, ao longo de sua vida.[46]

Mas a homenagem mais bela e mais singular vem de um homem que frequentara Lou durante sua temporada berlinense, e que o nazismo obrigara a fugir para a

Palestina: Max Eitingon, ao saber por Freud da morte de Lou Andreas-Salomé, escreve uma estranha resposta, uma observação que não seria repudiada por uma mulher que, à maneira de Spinoza, se esforçara para compreender a vida "do ponto de vista da eternidade" – *sub specie aeternitatis*:

> A morte de Lou me parece espantosamente irreal. Ela parecia tão fora do tempo que o acontecimento não corresponde ao que conhecíamos dela.[47]

ANEXOS

Cronologia

1861 *12 de fevereiro*: nascimento em São Petersburgo.

1878 Conhece Hendrik Gillot.

1879 *11 de fevereiro*: morte de Gustav von Salomé, seu pai, aos 75 anos.

1880 *Maio*: confirmação em Zantpoort (Países Baixos) por Hendrik Gillot.
Setembro: início dos estudos universitários em Zurique (até agosto de 1881).

1882 *Janeiro*: chegada em Roma.
Fevereiro: conhece Malwida von Meysenbug.
Março: conhece Paul Rée.
Abril: conhece Friedrich Nietzsche.
28 de julho: assiste à estreia de *Parsifal*, de Wagner, em Bayreuth. Conhece Elisabeth Nietzsche.
9-26 de agosto: temporada em Tautenburg, com Nietzsche.
Novembro: ruptura com Nietzsche.
Nietzsche, *A gaia ciência*.

1883 Nietzsche, *Assim falou Zaratustra*.

1885 Publicação de *Combate por Deus* (sob o pseudônimo de Henri Lou).

1886 *Novembro*: noivado com Friedrich Carl Andreas.

1887 Início do ano: ruptura com Paul Rée.
20 de junho: casamento religioso com Andreas, em Zantpoort.

1889 *Janeiro*: colapso de Nietzsche, em Turim.

1891 *Dezembro*: conhece Frieda von Bülow. Ligação com Georg Ledebour.

1892 Publicação de *Figuras femininas em Ibsen*.
Dezembro: adesão à Associação do Théâtre-Libre (Berlim).

1894 *Fevereiro*: ruptura com Ledebour.
Publicação de *Friedrich Nietzsche em suas obras*.
27 de fevereiro – agosto: temporada em Paris.

1895 Publicação de *Ruth* e de *Jesus, o judeu*.

Março: temporada de seis semanas em São Petersburgo, com Frieda von Bülow.
Abril – maio, agosto, novembro – dezembro: três temporadas em Viena. Conhece e fica amiga de Marie von Ebner-Eschenbach.
Dezembro: conhece Broncia Koller e seu irmão Friedrich Pineles, o "Zemek".

1896 Publicação de *De uma alma estrangeira*.
Conhece Helene von Klot-Heydenfeldt (futura esposa de Klingenberg).

1897 *Maio*: conhece Rainer Maria Rilke, em Munique.
Verão: temporada em Wolfratshausen.
Outubro: mudança de Rilke para Berlim.

1898 Publicação de *Fenitchka* e *Uma longa dissipação*.
Morte de Eugène von Salomé, seu irmão mais novo, aos quarenta anos.
Temporada de Rilke em Florença.

1899 Publicação de *Filhos dos homens* e de *A humanidade da mulher*.
Abril – junho: primeira viagem para a Rússia com Andreas e Rilke.
Rilke, *O livro de imagens*.
Freud, *A interpretação dos sonhos*.

1900 *Maio – agosto*: segunda viagem para a Rússia com Rilke. Rompimento.
25 de agosto: morte de Nietzsche, aos 56 anos.

1901 Publicação de *Ma*.
Abril: casamento de Rilke com Clara Westhoff.
28 de outubro: morte de Paul Rée, aos 52 anos.

1902 Publicação de *O país intermediário*.
Agosto – setembro: excursão para a montanha com Zemek.

1903 *Junho*: retomada da correspondência com Rilke.

1904 *Julho – agosto*: viagem para a Escandinávia com Zemek.
Outubro: contratação de Andreas na universidade de Göttingen e mudança para "Loufried".

1905 *Junho*: reencontro com Rilke, em Göttingen.
Contatos frequentes com Max Reinhardt e sua companhia, até 1908.
Freud, *Três ensaios sobre a teoria sexual*.

1908 *Setembro*: última viagem (para os Bálcãs) com Zemek.

1909 *12 de março*: morte de Frieda von Bülow, aos 52 anos.
Freud, *Cinco lições de psicanálise*.

1910 Publicação de *O erotismo*.
Rilke, *Os cadernos de Malte Laurids Brigge*.

1911 Temporada na Suécia, na casa de Ellen Key. Conhece Pou Bjerre.
Setembro: assiste com Bjerre ao III Congresso de Psicanálise em Weimar.

1912 Ruptura com Bjerre.
Outubro (até abril de 1913): temporada e estudos psicanalíticos em Viena junto a Freud e seus discípulos.

1913 *11 de janeiro*: morte de Louise von Salomé, sua mãe, aos noventa anos.
Ligação com Victor Tausk?
7-8 de setembro: V Congresso de Psicanálise em Munique.
Início das consultas psicanalíticas.

1914 Início da Primeira Guerra Mundial.
Freud, *Contribuição para a história do movimento psicanalítico*.

1915 *20 de fevereiro*: morte de seu irmão Alexandre, aos 56 anos.

1916 Publicação de *Anal e sexual*.
Morte de Gillot, aos oitenta anos.
Morte de Marie von Ebner-Eschenbach, aos 86 anos.

1917 Publicação de *Psicossexualidade*.

1918 Fim da Primeira Guerra Mundial.

1919 *3 de julho*: suicídio de Victor Tausk, aos quarenta anos.

1921 Publicação de *O narcisismo como dupla direção* e de *A casa*.
Novembro – dezembro: temporada em Viena na casa de Freud. Encontro e amizade com Anna Freud.

1922 Publicação de *A hora sem Deus* e de *O diabo e sua avó*.
13 de junho: nomeação, pouco depois de Anna Freud, como membro da Associação Psicanalítica de Viena.
Rilke, *Elegias de Duíno* e *Sonetos a Orfeu*.
Setembro: Congresso Internacional de Psicanálise em Berlim.

1923 Publicação de *Rodinka*.
Outono: um câncer na mandíbula é diagnosticado em Freud.

1926 *20 de dezembro*: morte de Rilke, aos 51 anos.

1928 Publicação de *Rainer Maria Rilke*.

1929 *Março*: último encontro com Freud.
Freud, *O mal-estar na cultura*.
Rilke, *Cartas a um jovem poeta* (1903-1908, edição póstuma).

1930 *3 de outubro*: morte de Andreas, aos 84 anos.

1931 Publicação de *Carta aberta a Freud*.
Encontro e amizade com Ernst Pfeiffer.

1932 *Setembro*: último encontro com Anna Freud.

1933 Hitler chanceler.
Encontro com Konrad von Salomé, seu sobrinho. Redação de suas memórias. Colaboração com Pfeiffer.

1934 Amizade com Joseph König.
Setembro: adoção de Marie Apel.
Pfeiffer designado executor testamentário.

1935 *Outono*: operação no seio.
Anna Freud, *O eu e os mecanismo de defesa*.

1937 *5 de fevereiro*: morte de Lou Andreas-Salomé em Göttingen, uma semana antes de seu 76º aniversário.

Referências

Na bibliografia constam apenas as principais obras disponíveis em francês. Para os textos escritos por Lou Andreas-Salomé, colocamos entre parênteses a data original de publicação em alemão.

TEXTOS DE LOU ANDREAS-SALOMÉ

Obras de ficção

Fénitchka. Une longue dissipation (1898). Tradução francesa de Nicole Casanova e posfácio de Ernst Pfeiffer. Paris: Éditions des Femmes, 1985.

La maison (1921). Tradução francesa de Nicole Casanova e posfácio de Sabina Stretter. Paris: Éditions des Femmes, 1997.

Le diable et sa grand-mère (1922). Tradução francesa, notas e posfácio de Pascale Hummel. Paris: Éditions Rue d'Ulm / Presses de l'École normale supérieure, 2005.

L'heure sans Dieu et autres histoires pour enfants (1922). Tradução francesa, notas e posfácio de Pascale Hummel. Paris: Éditions Rue d'Ulm / Presses de l'École normale supérieure, 2006.

Rodinka. Souvenirs russes (1923). Tradução francesa de Nicole Casanova. Paris: Éditions des Femmes, 1987.

Jutta (póstumo). Texto estabelecido, prefaciado e traduzido do alemão para o francês por Stéphane Michaud. Paris: Éditions du Seuil, 2000.

Ensaios e artigos

Figures de femmes dans Ibsen (1892). Tradução francesa, notas e posfácio de Pascale Hummel. Paris: Éditios Michel de Maule, 2007.

Création de Dieu. Essais sur la religion (1892-1899). Tradução francesa e posfácio de Anne Baudart. Paris: Éditions Maren Sell, 1991.

Friedrich Nietzsche à travers ses œuvres (1894). Texto estabelecido e apresentado por Ernst Pfeiffer, tradução francesa de Jacques Benoist-Méchin revista e completada por Olivier Mannoni. Paris: Éditions Grasset & Fasquelle, 1992.

Éros. Contém: "L'humanité de la femme" (1899), "Réflexions sur le problème de l'amour", "L'érotisme" (1910), "Psychosexualité" (1917). Tradução francesa de Henri Plard e prefácio de Ernst Pfeiffer. Paris: Les Éditions de Minuit, 1984.

Rainer Maria Rilke (1928). Tradução francesa de Jacques Le Rider. Paris: Éditions Maren Sell, 1989.

Lettre ouverte à Freud (1931). Tradução francesa de Dominique Miermont e prefácio de Marie Moscovici. Paris: Éditions du Seuil, 1994.

L'amour du narcissisme. Textes psychanalytiques. Tradução francesa de Isabelle Hildenbrand. Paris: Gallimard, 1983.

Memórias e diários

En Russie avec Rilke. 1900. Journal inédit (póst.). Texto estabelecido por Stéphane Michaud e Dorothée Pfeiffer. Tradução francesa, notas e ensaio introdutório de Stéphane Michaud. Paris: Éditions du Seuil, 1992.

Journal d'une année, 1912-1913 (póst.), in: *Correspondance avec Sigmund Freud* seguido de *Journal d'une année, 1912-1913*. Tradução francesa de Lily Jumel. Prefácio e notas de Ernst Pfeiffer. Paris: Gallimard, 1970.

Ma vie (póst.). Edição de Ernst Pfeiffer. Tradução francesa de Dominique Miermont e Brigitte Vergne. Paris: PUF, 1977.

Carnets intimes des dernières années (póst.). Edição de Ernst Pfeiffer. Tradução francesa e prefácio de Jacques Le Rider. Paris: Hachette, 1983.

Correspondência

ANDREAS-SALOMÉ, L. *Correspondance avec Sigmund Freud* seguido de *Journal d'une année (1912-1913)* (1958-1966). Tradução francesa de Lily Jumel. Prefácio e notas de Ernst Pfeiffer. Paris: Gallimard, 1970.

FREUD, A.; ANDREAS-SALOMÉ, L. *À l'ombre du père. Correspondance 1919-1937*. Texto estabelecido por Dorothée Pfeiffer (2001). Prefácio e tradução francesa de Stéphane Michaud. Paris: Hachette, 2006 (Coleção Littératures).

NIETZSCHE, F.; RÉE, P.; ANDREAS-SALOMÉ, L. *Correspondance*. Edição estabelecida por Ernst Pfeiffer (1970). Tradução francesa de Ole Hansen-Løve e Jean Lacoste. Paris: Puf, 1979.

RILKE, R.M.; ANDREAS-SALOMÉ, L. *Correspondance*. Texto estabelecido por Ernst Pfeiffer (1975) e traduzido para o francês por Philippe Jaccottet. Paris: Gallimard, 1980 e 1985.

BIOGRAFIAS, ENSAIOS E ARTIGOS SOBRE LOU ANDREAS-SALOMÉ

GIROUD, F. *Lou, Histoire d'une femme libre*. Paris: Fayard, 2002.

GRAPPIN, P. "Lou Andreas-Salomé et les psychnalystes", in *Études germaniques*, jan/mar 1962, p. 54-58.

GUÉRY, F. *Lou Salomé, génie de la vie*. Paris: Calmann-Lévy, 1978. Nova edição: Paris: Éditions des Femmes, 2007.

LE RIDER, J.; MICHAUD, S. *Rilke et son amie Lou Andreas-Salomé*. Paris: BNF/Presses de la Sorbonne Nouvelle, 2001.

LAPLANCHE, J.; PONTALIS, J.-B. *Fantasme originaire, fantasme des origines, origines du fantasme*. Paris: Hachette, 1985 (Coleção Littérature).

LIVINGSTONE, A. *Lou Andreas-Salomé. Sa vie et ses écrits* (1984). Paris: PUF, 1990.

MICHAUD, S. *Lou Andreas-Salomé. L'alliée de la vie*. Paris: Éditions du Seuil, 2000.

_____. "Lou Andreas-Salomé et l'image de soi", *Usages de l'image au XIX siècle*. Paris: Créaphis, 1992, p. 204-211.

_____. "Lou Andreas-Salomé et la France: essai de biographie intérieure", *Critique* nº 539, abril 1992, p. 248-264.

MONS, I. "De l'âme à la psyché. Lou Andreas-Salomé et la question de la nature humaine", in: *Mil neuf cent* 2004/1, nº 22, p. 217-234.

MOSSE, G.L. *Les racines intellectuelles du Troisième Reich*. Paris: Éditions du Seuil, 2008.

PETERS, H.F. *Ma sœur, mon épouse. Biographie de Lou Andreas--Salomé* (1962). Paris: Gallimard, 1967.

SIMON, Y. *Lou Andreas-Salomé*. Paris: Mengès, 2004.

VEROUGSTRAETE, A. *Lou Andreas-Salomé et Sigmund Freud. Une histoire d'amour*. Paris: L'Harmattan, 2005.

A RESPEITO DE LOU ANDREAS-SALOMÉ

ASSOUN, P.L. *Freud, la philosophie et les philosophes*. Paris: PUF, 1976.

_____. *Freud et Nietzsche*. Paris: PUF, 1980.

_____. *Freud et la femme*. Paris: Payot, 1995.

_____. *Psychanalyse*. Paris: PUF, 1997.

BALESTRIÈRE, L. *Freud et la question des origines*. Paris-Bruxelles, De Boeck Université, 1998.

BARBANCE, M. "Des représentations de la femme chez Freud. Un regard historique, psychanalytique et féministe contemporain", *Recherches féministes*, vol. 7, nº 2, 1994, p. 37-55.

BUTLER, J. *Trouble dans le genre. Le féminisme et la subversion de l'identité*. Paris: La Découverte, 2006.

DELEUZE, G. *Nietzsche*. Paris: PUF, 1965.

DUBY, G.; PERROT, M. *Histoire des femmes*. Paris: Plon, 1991.

FREUD, S. *Sur l'histoire du mouvement psychanalytique*. Paris: Gallimard, 1971.

_____. *La naissance de la psychanalyse*. Tradução francesa de Anne Berman. Paris: PUF, 1996.

_____. *Correspondance 1873-1939*. Paris: Gallimard, 1960.

FREUD, S.; JUNG, C.G. *Correspondance (1906-1914)*. Paris Gallimard, 1992.

FREUD, S.; FERENCZI, S. *Correspondance (1908-1914)* e *Correspondance (1914-1933)*. Paris: Calmann-Lévy, 1992 e 1996.

FREUD, S.; ABRAHAM, K. *Correspondance (1907-1925)*. Paris: Gallimard, 2006.

FREULER, L. *La crise de la philosophie au XIXe siècle*. Paris: Vrin, 1997.

FÖRSTER-NIETZSCHE, E. *Nietzsche et les femmes de son temps.* Tradução francesa, notas e posfácio de Pascale Hummel. Paris, Michel de Maule, 2007.

GAY, P. *Freud. Une vie* (2 vol.). Traduzido do inglês para o francês por T. Jolas. Paris: Hachette, 1991.

GOLL, C. *Rilke et les femmes.* Paris: Éditions Falaize, 1955.

HALÉVY, D. *La vie de Frédéric Nietzsche.* Paris: Calmann-Lévy, 1909.

HIRATA, H.; LABORIE, L.; LE DOARÉ, H.; SENOTIER, D. *Dictionnaire critique du féminisme.* Paris: PUF, 2000.

IBSEN, H. *Théâtre.* Paris: Gallimard, 2006. (Coleção "Bibliothèque de la Pléiade")

JACCOTTET, P. *Rilke.* Paris: Éditions du Seuil, 1970, 1989. (Coleção "Écrivains de toujours")

JANKÉLÉVITCH, V. *Henri Bergson.* Paris: PUF, 1959.

JANZ, C.P. *Nietzsche* (3 vol.). Paris: Gallimard, 1984.

JONES, E. *La vie et l'œuvre de Sigmund Freud.* Paris: Hachette, 1989.

JUNG, C.G. *Dialectique du moi et de l'inconscient.* Paris: Gallimard, 1973.

_____. *Ma vie.* Lembranças, sonhos e pensamentos recolhidos e publicados por Aniéla Jaffé. Paris: Gallimard, 1998.

LAPLANCHE, J.; PONTALIS, J.-B. *Vocabulaire de la psychanalyse.* Paris: PUF, 1967.

LENGBORN, T. "Ellen Key (1849-1926)", *Perspectives: revue trimestrielle d'éducation comparée.* Paris: UNESCO: Bureau international d'éducation, vol. XXIII, nº 3-4, 1993, p. 849-861.

LEPPMANN, W. *Rainer Maria Rilke.* Paris: Seghers, 1984.

LE RIDER, J. *Modernité viennoise et crises de l'identité.* Paris: PUF, 1990.

_____. *Journaux intimes viennois.* Paris: PUF, 2000.

_____. *Malwida von Meysenbug. Une Européenne du XIXe siècle.* Paris: Bertillat, 2005.

_____. *Le cas Otto Weininger. Racines de l'antiféminisme et de l'antisémitisme.* Paris: PUF, 1982.

NIETZSCHE, F. *Correspondance avec Malwida von Meysenbug*. Tradução do alemão para o francês, notas e apresentação de Ludovic Frère. Paris: Allia, 2005.

_____. *Œuvres philosophiques complètes* (14 vol.). Paris: Gallimard.

OVERBECK, F. *Souvenirs sur Friedrich Nietzsche*. Paris: Allia, 2000.

RIBOT, T. *La psychologie allemande contemporaine* (1879). Paris: L'Harmattan, 2003.

RILKE, R.M. *Œuvres III, Correspondance*. Tradução francesa de B. Briod, P. Jaccottet e P. Klossowski. Paris: Éditions du Seuil, 1976.

_____. *Journaux de jeunesse*. Tradução francesa de P. Jaccottet. Paris: Éditions du Seuil, 1989.

_____. *Œuvres en prose* e *Œuvres poétiques et théâtrale*. Paris: Gallimard, 1993 e 1997. (Coleção "Bibliothèque de la Pléiade")

ROSSET, C. *L'esthétique de Schopenhauer*. Paris: PUF, 1969.

SIMONDON, G. *L'individuation psychique et collective*. Paris: Aubier, 1989 e 2007.

TALAGRAND, C.; MAJOR, R. *Freud*. Paris: Gallimard, 2006. (Coleção "Folio biographies")

WALLE, M. "Contribution à l'histoire des femmes allemandes entre 1848 e 1920 (Louise Otto, Helene Lange, Clara Zetkin, Lily Braun)", tese de doutorado, Paris VII, 1989.

WEISSWEILER, E. *Les Freud. Une famille viennoise*. Traduzido do alemão para o francês por M. e F. Straschitz. Paris: Plond, 2006.

WOTLING, P. *La pensée du sous-sol. Statut et structure de la psychologie dans la philosophie de Nietzsche*. Paris: Allia, 1999.

YOUNG-BRUEHL, E. *Anna Freud*. Traduzido do inglês para o francês por J.-P. Ricard. Paris: Payot, 1991.

YORKE, C. *Anna Freud*. Traduzido do inglês para o francês por M.-C. Durieux. Paris: PUF, 1997.

Notas

As referências dos principais títulos foram abreviadas nas notas da maneira indicada abaixo. Para os demais títulos, *cf. supra* as "Referências".

Abreviações utilizadas:

Minha vida. *Minha vida.* Edição póstuma por Ernst Pfeiffer. Tradução de Nicolino Simone Neto e Valter Fernandes. São Paulo: Brasiliense, 1985.

Journal d'une année. *Correspondance avec Sigmund Freud suivie de Journal d'une année (1912-1913)*, (1958-1966). Tradução francesa de Lily Jumel. Prefácio e notas de Ernst Pfeiffer. Paris, Gallimard, 1970.

Carnets intimes. *Carnets intimes des dernières années* (1982). Edição póstuma de Ernst Pfeiffer. Tradução francesa e prefácio de Jacques Le Rider. Paris, Hachette, 1983.

Corr. N/R/L. Friedrich Nietzsche – Paul Rée – Lou Andreas-Salomé. *Correspondance*. Edição estabelecida por Ernst Pfeiffer (1970). Tradução francesa de Ole Hansen-Løve e Jean Lacoste. Paris, PUF, 1979.

Corr. Rilke. Rainer Maria Rilke – Lou Andreas-Salomé. *Correspondance*. Texto estabelecido por Ernst Pfeiffer (1975) e traduzido para o francês por Philippe Jaccottet. Paris, Gallimard, 1980 e 1985.

Corr. Freud. Lou Andreas-Salomé. *Correspondance avec Sigmund Freud suivie de Journal d'une année (1912-1913)*, (1958-1966). Tradução francesa de Lily Jumel. Prefácio e notas de Ernst Pfeiffer. Paris, Gallimard, 1970.

Corr. Anna. Lou Andreas-Salomé – Anna Freud. *À l'ombre du père. Correspondance 1919-1937*. Texto estabelecido por Dorothée Pfeiffer (2001). Prefácio e tradução francesa de Stéphane Michaud. Paris, Hachette Littératures, 2006.

Corr. N/Malw. Friedrich Nietzsche. *Correspondance avec Malwida von Meysenbug*. Traduzido do alemão, anotada e apresentada por Ludovic Frère. Paris, Allia, 2005.

Livingstone. Angela Livingstone. *Lou Andreas-Salomé. Sa vie et ses écrits*. Paris, PUF, 1990.

Michaud. Stéphane Michaud. *Lou Andreas-Salomé. L'alliée de la vie*. Paris, Éditions du Seuil, 2000.

Peters. H.F. Peters. *Ma sœur, mon épouse. Biographie de Lou Andreas-Salomé*. Paris, Gallimard, 1967.

O PROBLEMA DA INFÂNCIA EM SEUS PRIMÓRDIOS (1861-1878)

1. *Lettre ouverte à Freud*, p. 50.
2. Nietzsche, *Par-delà bien et mal*, § 40. (*Œuvres philosophiques complètes*, VII, 1971.)
3. Nietzsche, *Généalogie de la morale*, II, 8. (Paris: Gallimard, coleção Folio Essais, 1985.)
4. *Minha vida*, p. 32.
5. *Ibid.*, p. 31.
6. *Ibid.*, p. 36.
7. *La maison*, p. 76.
8. *Minha vida*, p. 39.
9. *Ibid.*, p. 40.
10. *Ibid.*, p. 31.
11. *Ibid.*, p. 12.
12. *L'heure sans Dieu*, p. 17-18.
13. *L'amour du narcissisme. Textes psychanalytique*, p. 53.
14. *Nietzsche à travers ses oeuvres*, p. 77.
15. *Minha vida*, p. 12.
16. *Le dieu*, manuscrito de 1910. Citado por Michaud, p. 219.
17. *Lettre ouverte à Freud*, p. 34-35.
18. Citado segundo *Ma vie*. Posfácio de Ernst Pfeiffer, p. 311-312.
19. *Création de Dieu*, p. 28.
20. *Ibid.*, p. 21-22.
21. *Ibid.*, p. 22.

"SEGUNDO NASCIMENTO" (1878-1880)

1. *Minha vida*, p. 15.
2. *Création de Dieu*, p. 27.
3. Carta inédita de 14 de fevereiro de 1931 a Lotte Reinecke, que Stéphane Michaud encontrou nos Arquivos Literários Alemães.

4. *Création de Dieu*, p. 31.

5. Carta citada pela primeira vez por Angela Livingstone, graças à permissão do doutor Konstantin Azadovski de Leningrado, que a descobriu nos arquivos de São Petersburgo.

6. *Minha vida*, p. 23.

7. *Ibid.*, p. 21.

8. *Ibid.*, nota 9, p. 154.

9. Michaud, p. 47. O original, uma cópia em folha isolada enviada por Lou a seu amigo Fritz Mauthner, se encontra nos Arquivos Literários Alemães de Marbach.

10. *Journal d'une année*, p. 312.

11. Ernst Pfeiffer faz o relato desse episódio em *Minha vida*, nota 9, p. 154.

12. *Minha vida*, nota 9, p. 154.

13. Goethe, *Fausto I*. Tradução de Jenny Klabin Segall. Belo Horizonte: Itatiaia; São Paulo: Universidade de São Paulo, 1981, p. 158-159.

14. Isaías 43, 1. *A bíblia de Jerusalém*. São Paulo: Paulinas, 1989.

15. *Création de Dieu*, p. 33

16. *Ibid.*, p. 34. *Cf.* também p. 10.

17. *Minha vida*, p. 21.

18. *Ibid.*, p. 22.

19. *Ibid.*, p. 24.

20. *Ibid.*, p. 28.

O CÍRCULO DE MALWIDA (1880-1882)

1. Franz Schoenberner, *Confessions of an European Intellectual*, Nova York/Londres, 1965, p. 44, citado por Livingstone.

2. *Minha vida*, p. 23.

3. Corr. de Rilke, carta de 9 de novembro de 1903.

4. Jacques Le Rider, *Malwida von Meysenbug. Une Européenne du XIXe siècle*, Bartillat, 2005.

5. Nietzsche, *La naissance de la tragédie*. Paris: Gallimard, p. 26.

6. Corr. N/Malw., 14 de abril de 1876, p. 115.

7. Nietzsche, *Généalogie de la morale*, I, 2, *op. cit.*, p. 21.

8. Nietzsche, *Ainsi parlait Zarathoustra*, I, "De la prodigue vertu", 3. Paris: Gallimard, p. 108.

9. Nietzsche, *Généalogie de la morale*, *op. cit.*, p. 11

10. Corr. N/R/L, p. 30.

11. *Ibid.*, p. 31.

12. Corr. N/Malw., p. 128.

13. Carta de Nietzsche a Carl von Gersdorff, Steinbad, 21 de julho de 1875.

14. Malwida von Meysenbug, "Episoden aus den Jahren 1876 und 1877", in *Der Lebensabend einer Idealistin* (*Le soir de ma vie*, texto autobiográfico que completa *Mémoires d'une idéalista*, dedicado a Olga e Gabriel Monod, 1898). Tradução do autor.

15. Guy de Pourtalès, *Nietzsche en Italie*, Paris, Bernard Grasset, 1929.

16. Carta de Malwida von Meysenbug a Friedrich Nietzsche, Roma, 30 de abril de 1876.

17. Nietzsche, *Ecce homo*, "Pourquoi je suis si sage", 1, *Œuvres philosophiques complètes*, VIII, 1, 1974.

18. Malwida a Augusta von Stein-Rebecchini, 25 de maio de 1878, *in* Corr. N/Malw., p. 187.

19. *Ibid.*, meados de junho de 1878, p. 188-189.

20. *Ibid.*, 11 de junho de 1878, p. 187.

21. *Ibid.*, 27 de março de 1882, p. 197-198.

22. Carta de Malwida a Lou, 14 de março de 1882, *in* Corr. N/R/L, p. 84.

23. Malwida a Lou, 25 de maio de 1882, in *ibid.*, p. 98.

24. Citado segundo Livingstone.

25. Citado segundo Livingstone.

26. *Minha vida*, p. 53.

27. *Ibid.*, p. 54.

28. Corr. N/R/L, p. 92.

29. Carta de Gillot, citada em *Minha vida*, p. 55.

30. Corr. N/Malw., p. 163.

31. Corr. N/R/L, p. 87.

32. *Ibid.*, nota da p. 346, carta a Overbeck.

33. Malwida a Lou, 25 de maio de 1882, in Corr. N/R/L, p. 98.

34. Malwida a Lou, 18 de junho de 1882, in *ibid.*, p. 127.

35. Malwida a Lou, 6 de junho de 1882, in *ibid.*, p. 114.

36. Corr. N/Malw., 5 de agosto de 1882, p. 201.

37. *Minha vida*, p. 55.

A TRINDADE (1882)

1. *Minha vida*, p. 56.

2. Carta a Peter Gast de 13 de julho de 1882, *in* Corr. N/R/L, p. 139.

3. *Friedrich Nietzsche à travers ses œuvres*, p. 39-40.

4. *Minha vida*, p. 57.

5. Carta de Nietzsche a Elisabeth, Roma, fim de abril de 1882. Citado *in* Peters, p. 90. Autenticidade duvidosa.

6. Corr. N/R/L, p. 189-190.

7. Corr. N/Malw., rascunho de 13 de julho de 1882, p. 200.

8. *Minha vida*, p. 58.

9. Corr. N/Malw., rascunho de 13 de julho de 1882, p. 200-201.

10. Newman, *The Life of Richard Wagner*, 1946. Citado *in* Peters, p. 106.

11. Traduzido e editado recentemente em francês por Pascale Hummel às edições Michel de Maule, 2007.

12. Elisabeth Förster-Nietzsche, *Nietzsche et les femmes de son temps*, p. 105.

13. *Minha vida*, p. 59.

14. Corr. N/R/L, p. 156.

15. *Ibid.*

16. O livro de Stibbe está reproduzido em Corr. N/R/L, p. 161-182.

17. O texto de "L'École du style" está reproduzido em Corr. N/R/L, p. 183-184.

18. Nietzsche, *Ainsi parlait Zarathoustra*, I, "Des petites femmes vieilles et jeunes", *Œuvres philosophiques complètes*, VI, 1971.

19. *Ibid.*, Tradução do autor.

20. *Ibid.*, Tradução do autor.

21. Nietzsche, *Le gai savoir*, Livro II, aforismo 71, Paris, Gallimard, p. 101-102. (Coleção Folio)

22. Nietzsche, *Par-delà le bien et le mal*, § 47, *op. cit.*

23. Corr. N/R/L, 16 de agosto de 1882, p. 155.

24. *Ibid.*, 3 ou 4 de agosto de 1882, p. 145-146.

25. *Ibid.*, 1º de agosto de 1882, p. 143.

26. *Ibid.*, 31 de julho de 1882, p. 142.

27. *Ibid.*, p. 161.

28. Corr. N/Malw., p. 203-204.

29. *Ibid.*, p. 206-207.

30. Corr. N/R/L, p. 214.

31. *Minha vida*, p. 60.

32. Corr. N/Malw., meados de julho de 1883, p. 218.

33. Nietzsche, *Ecce homo*, "Pourquoi je suis si sage", 3, *Œuvres philosophiques complètes*, VIII, 1, 1974.

34. Nietzsche, *Crépuscule des idoles*, "Maximes et flèches", § 8, *Œuvres philosophiques complètes*, *ibid.*

35. Corr. N/Malw., meados de maio de 1884, p. 226-227.

36. *Ibid.*, 20 de outubro de 1888, p. 252.

37. *Minha vida*, p. 60.

AMIZADE ESTELAR (INTERMEZZO LÍRICO)

1. Citado por Ernst Pfeiffer, in *Minha vida*, nota 65, p. 168.

2. As citações do romance foram extraídas de Lou Andreas-Salomé, *Im Kampf um Gott*, Deutscher Taschenbuch Verlag, 2007. Tradução do autor.

3. *Ibid.*, p. 262.

4. *Friedrich Nietzsche à travers ses œuvres*, p. 67-68.

5. Corr. N/R/L, p. 135.

6. *Im Kampf um Gott*, p. 135. Tradução do autor.

7. *Lettres de Nietzsche à Peter Gast*, edição de André Schaeffner, tradução francesa de Louise Servicen, Mônaco, Le Rocher, 1957. Carta de 1º de setembro de 1882.

8. Nietzsche, *Ecce homo*, Gallimard, coleção "Folio", p. 161.

9. *Im Kampf um Gott*, p. 160. Tradução do autor.

10. *Minha vida*, p. 103.

11. Nietzsche, *Gedichte*, Reclam, 1964, p. 75. Tradução do autor.

12. Nietzsche, *Ecce homo*, Paris, Gallimard, coleção "Folio", p. 107-108.

13. Nietzsche, *Ainsi parlait Zarathoustra*, IV, "À l'heure de midi", Paris, Gallimard, coleção "Folio".

14. Nietzsche, *Kritische Studienausgabe* (G. Colli e M. Montinari), 1980, tomo VI, p. 271. Tradução do autor.

15. Nietzsche, *Le gay savoir*, IV, 279, Paris, Gallimard, coleção "Folio essais", p. 191.

OS LAÇOS INDISSOLÚVEIS DO CASAMENTO (1883-1890)

1. Corr. N/R/L, p. 195.

2. *Ibid.*

3. *Minha vida*, p. 61.

4. Citado por Peters, p. 148.

5. *Ibid.*

6. *Minha vida*, p. 62.

7. Citado por Peters, p. 149-150.

8. Helene Klingenberg, *Lou Andreas-Salomé*, Deutsche Montaschrift für Russland, 1912. Citado por Peters, p. 192.

9. Bergson, *La pensée et le mouvant*, Paris, PUF, 1960.

10. *Minha vida*, p. 64.

11. *Ibid.*, p. 65.

12. Carta a Fritz Mauthner, 22 de abril de 1918, citado por Michaud, p. 91.

13. *Minha vida*, p. 65.

14. *Ibid.*, p. 142.

15. Citado em *Ma vie*, nota 162, p. 192.

16. "Réflexions sur le problème de l'amour". In *Éros*, Paris, Les éditions de minuit, 1984, p. 43 e seguintes.

17. *Journal d'une année*, p. 355-356.

8. *Minha vida*, p. 58.

9. Corr. N/Malw., rascunho de 13 de julho de 1882, p. 200-201.

10. Newman, *The Life of Richard Wagner*, 1946. Citado *in* Peters, p. 106.

11. Traduzido e editado recentemente em francês por Pascale Hummel às edições Michel de Maule, 2007.

12. Elisabeth Förster-Nietzsche, *Nietzsche et les femmes de son temps*, p. 105.

13. *Minha vida*, p. 59.

14. Corr. N/R/L, p. 156.

15. *Ibid.*

16. O livro de Stibbe está reproduzido em Corr. N/R/L, p. 161-182.

17. O texto de "L'École du style" está reproduzido em Corr. N/R/L, p. 183-184.

18. Nietzsche, *Ainsi parlait Zarathoustra*, I, "Des petites femmes vieilles et jeunes", *Œuvres philosophiques complètes*, VI, 1971.

19. *Ibid.*, Tradução do autor.

20. *Ibid.*, Tradução do autor.

21. Nietzsche, *Le gai savoir*, Livro II, aforismo 71, Paris, Gallimard, p. 101-102. (Coleção Folio)

22. Nietzsche, *Par-delà le bien et le mal*, § 47, *op. cit.*

23. Corr. N/R/L, 16 de agosto de 1882, p. 155.

24. *Ibid.*, 3 ou 4 de agosto de 1882, p. 145-146.

25. *Ibid.*, 1º de agosto de 1882, p. 143.

26. *Ibid.*, 31 de julho de 1882, p. 142.

27. *Ibid.*, p. 161.

28. Corr. N/Malw., p. 203-204.

29. *Ibid.*, p. 206-207.

30. Corr. N/R/L, p. 214.

31. *Minha vida*, p. 60.

32. Corr. N/Malw., meados de julho de 1883, p. 218.

33. Nietzsche, *Ecce homo*, "Pourquoi je suis si sage", 3, *Œuvres philosophiques complètes*, VIII, 1, 1974.

34. Nietzsche, *Crépuscule des idoles*, "Maximes et flèches", § 8, *Œuvres philosophiques complètes*, *ibid.*

35. Corr. N/Malw., meados de maio de 1884, p. 226-227.

36. *Ibid.*, 20 de outubro de 1888, p. 252.

37. *Minha vida*, p. 60.

AMIZADE ESTELAR (*INTERMEZZO* LÍRICO)

1. Citado por Ernst Pfeiffer, in *Minha vida*, nota 65, p. 168.

2. As citações do romance foram extraídas de Lou Andreas-Salomé, *Im Kampf um Gott*, Deutscher Taschenbuch Verlag, 2007. Tradução do autor.

3. *Ibid.*, p. 262.

4. *Friedrich Nietzsche à travers ses œuvres*, p. 67-68.

5. Corr. N/R/L, p. 135.

6. *Im Kampf um Gott*, p. 135. Tradução do autor.

7. *Lettres de Nietzsche à Peter Gast*, edição de André Schaeffner, tradução francesa de Louise Servicen, Mônaco, Le Rocher, 1957. Carta de 1º de setembro de 1882.

8. Nietzsche, *Ecce homo*, Gallimard, coleção "Folio", p. 161.

9. *Im Kampf um Gott*, p. 160. Tradução do autor.

10. *Minha vida*, p. 103.

11. Nietzsche, *Gedichte*, Reclam, 1964, p. 75. Tradução do autor.

12. Nietzsche, *Ecce homo*, Paris, Gallimard, coleção "Folio", p. 107-108.

13. Nietzsche, *Ainsi parlait Zarathoustra*, IV, "À l'heure de midi", Paris, Gallimard, coleção "Folio".

14. Nietzsche, *Kritische Studienausgabe* (G. Colli e M. Montinari), 1980, tomo VI, p. 271. Tradução do autor.

15. Nietzsche, *Le gay savoir*, IV, 279, Paris, Gallimard, coleção "Folio essais", p. 191.

OS LAÇOS INDISSOLÚVEIS DO CASAMENTO (1883-1890)

1. Corr. N/R/L, p. 195.

2. *Ibid.*

3. *Minha vida*, p. 61.

4. Citado por Peters, p. 148.

5. *Ibid.*

6. *Minha vida*, p. 62.

7. Citado por Peters, p. 149-150.

8. Helene Klingenberg, *Lou Andreas-Salomé*, Deutsche Montaschrift für Russland, 1912. Citado por Peters, p. 192.

9. Bergson, *La pensée et le mouvant*, Paris, PUF, 1960.

10. *Minha vida*, p. 64.

11. *Ibid.*, p. 65.

12. Carta a Fritz Mauthner, 22 de abril de 1918, citado por Michaud, p. 91.

13. *Minha vida*, p. 65.

14. *Ibid.*, p. 142.

15. Citado em *Ma vie*, nota 162, p. 192.

16. "Réflexions sur le problème de l'amour". In *Éros*, Paris, Les éditions de minuit, 1984, p. 43 e seguintes.

17. *Journal d'une année*, p. 355-356.

18. *Une longue dissipation*, p. 116.

19. "Bonheur de mars", poema escrito em 1890 em Tempelhof. Citado em *Minha vida*, nota 165, p. 195.

"Lou se torna um pouco mulher" (1890-1897)

1. Citação de Bruno Wille por Birgit Lange, no *site* da internet dedicado ao Círculo de Friedrichshagen, www.tolkman.de/fh-dichterkreis. Tradução do autor.

2. Corr. Rilke, p. 45.

3. *Minha vida*, p. 146.

4. *Ibid.*, p. 147.

5. Diário, ditado por Ernst Pfeiffer, in *Fenitchka*, posfácio, p. 184.

6. *Minha vida*, p. 147.

7. Citado por Peters, p. 150.

8. *La maison*, p. 73-74.

9. *Fenitchka*, p. 89-90.

10. *Une longue dissipation*, p. 106.

11. Hedwig Dohm, "Reaktion auf die Frauenbewegung", in *Die Zukunft*, 1899, p. 280. Citado e traduzido por Jacques Le Rider, *in* Lou Andreas-Salomé, *Carnets intimes des dernières années*, Paris, Hachette, 1983, prefácio, p. 50.

12. Ellen Key, *Le siècle de l'enfant*, edição sueca de 1900, p. 102. Essa citação e as observações sobre Ellen Key estão presentes neste livro graças ao artigo de Thorbjörn Lengborn, in *Perspectives: revue trimestrielle d'éducation comparée*, vol. XXIII, n. 3-4, UNESCO, Bureau international d'éducation, Paris, 1993, p. 849-861.

13. *Fenitchka*, p. 24.

14. Carta a Mauthner de 1º abril de 1894. Citado por Michaud, p. 122.

15. *Minha vida*, p. 71.

16. *Ibid.*, p. 74.

17. Jacques Le Rider, *Modernité viennoise et crises de l'identité*, Paris, PUF, 1990.

18. Otto Weininger, *Fragments et aphorismes*, citado por Jacques Le Rider, *Modernité viennoise et crises de l'identité, op. cit.*, p. 208.

19. "Humanité de la femme", in *Éros, op. cit.*, p. 22-23.

20. *Minha vida*, p. 76.

21. *Ibid*, p. 76.

22. *Ibid.*, p. 76.

23. Citado por Michaud, p. 133.

24. Carta de Freud a Breuer, 1º de agosto de 1899.

"Você é meu dia de festa" (1897-1903)

1. Rilke, *Ewald Tragy*. In *Œuvres en prose*, Paris, Gallimard, coleção "Bibliothèque de la Pléiade", 1993, p. 229.
2. *Ibid.*, p. 238.
3. *Ibid.*, p. 244.
4. Carta de 15 de maio de 1897, Corr. Rilke, p. 8.
5. Carta de 6 de junho de 1897, in *ibid.*, p. 15.
6. Carta de 8 de setembro de 1897, in *ibid.*, p. 27.
7. Carta de 26 de junho de 1914, in *ibid.*, p. 307.
8. *Journal florentin*. Citado in Corr. Rilke, p. 31.
9. *Ibid.*, p 32-33.
10. Citado por Michaud em *En Russie avec Rilke*, nota, p. 114-115.
11. Anatoli Marienhof, *L'homme rasé*, Éditions Circé, 2004.
12. *En Russie avec Rilke*, p. 54-55.
13. *Ibid.*, p. 63.
14. *Ibid.*, p. 61.
15. Rilke, *Briefe und Tagebücher*, p. 420. Citado por Livingstone, p. 125.
16. Carta a Ellen Key, Schmargendorf, 29 de outubro de 1899. Citado por Michaud, p. 197.
17. *Rußland mit Rainer*, publicado em alemão por Dorothée Pfeiffer e em francês por Stéphane Michaud (Seuil), em 1992.
18. Citado segundo Livingstone, p. 126. Essas memórias foram descobertas nos arquivos de São Petersburgo por Konstantin Azadovski, e bastante citadas em sua obra *Rilke und Russland*.
19. Boris Pasternak, *Sauf-conduit*, Paris, Gallimard, coleção "L'Imaginaire", 1989, p. 11.
20. *En Russie avec Rilke*, p. 72 e seguintes.
21. Rilke, *Tagebücher aus der Frühzeit*, citado por Livingstone, p. 129.
22. Charles Du Bos, *Extraits d'un journal*, p. 285 e seguintes, Éditions Correa, 1931, citado por Livingstone, p. 129.
23. Carta a Sofia Schill, 10 de junho de 1900.
24. *En Russie avec Rilke*, p. 127.
25. *Ibid.*, p. 132.
26. *Ibid.*, p. 75-76.
27 *Ibid.*, p. 111.
28. Corr. Rilke, p. 39.
29. *Minha vida*, p. 83.
30. *Ibid.*, p. 103.
31. Corr. Rilke, p. 39-41.
32. *Ibid.*, p. 45.
33. *Minha vida*, p. 103.
34. *Ibid.*, p. 103.

LOUFRIED (1903-1911)

1. Corr. Rilke, Carta de 1º de agosto de 1903.
2. *Ibid.*, p. 52.
3. *Ibid.*
4. *Ibid.*, p. 71.
5. *Friedrich Nietzsche à travers ses œuvres*, p. 256-257.
6. Rilke, *Livre d'heures*. Premier livre, "Le livre de la vie monastique", in *Œuvres poétiques et théâtrales*, coleção "Bibliothèque de la Pléiade", p. 271.
7. Citado por Peters, p. 258.
8. Ludger Lütkehaus, *Ein heiliger Immoralist. Paul Rée (1849-1901). Biographischer Essay*. Marburg an der Lahn, Basilisken-Presse, 2001.
9. Citado por Michaud, p. 198.
10. Diário, Saint-Sylvestre, 1903. Citado por Michaud, p. 202.
11. Citado por Nicole Casanova, in *La maison*, posfácio, p. 322.
12. *La maison*, p. 9.
13. Citado por Nicole Casanova, in *La maison*, posfácio, p. 322.
14. Diário de 1904, Archives Lou, Göttingen, citado por Michaud, p. 207.
15. Corr. Anna, carta 74L, 19 de janeiro de 1923, p. 119.
16. Citado por Peters, p. 258.
17. *Minha vida*, p. 26.
18. *Ibid.*, p. 26-27.
19. Corr. Rilke, 23 de maio de 1905, p. 184.
20. *Souvenirs de Rilke*, citado in Corr. L/R, p. 201-202.
21. Corr. Rilke, carta de 28 de dezembro de 1909, p. 212.
22. *Minha vida*, p. 125.
23. Carta de Frieda para a senhorita Toni Schwab, 29 de dezembro de 1906, citada in Sophie Hoechstetter, *Frieda Freiin von Bülow. Ein Lebensbild*. C. Reißner. Dresden, 1910, p. 207. Tradução do autor.
24. Hoechstetter, *op. cit.*, p. 216.
25. *Fenitchka*, capítulo 7.
26. *Cf.* a presente obra, p. XXX e seguintes.
27. *Minha vida*, p. 124.
28. *Ibid.*, p. 123.
29. Isabelle Mons, "De l'âme à la psyché. Lou Andreas-Salomé et la question de la nature humaine", in *Mil neuf cent* 2004/1, nº 22, p. 217-234.
30. Sébastien Laurent, *Daniel Halévy. Du libéralisme au tradicionalisme*, Paris, Grasset, 2001.
31. Citado por Michaud, p. 220.
32. Bergson, *L'évolution créatrice*, Paris, PUF, coleção "Quadrige", p. 240.
33. *Journal d'une année*, 26 de outubro de 1912, p. 274.

"Porque os homens brigam e as mulheres dão graças" (1911-1914)

1. *Journal d'une année*, p. 370.
2. Poul Bjerre, *Der geniale Wahnsinn: eine Studie zum Gedächtnisse Nietzsches*, Nauman, Paipzig, 1904.
3. Carta de Freud a Karl Abraham, 20 de janeiro de 1911.
4. Freud, *L'interprétation des rêves*, Paris, PUF, p. 526.
5. *Minha vida*, p. 107.
6. Freud, *Contribution à l'histoire du mouvement psychanalytique*, 1914. Tradução francesa de Jankélévitch (1927).
7. Gebsattel, prefácio à edição alemã de Poul Bjerre, *Psychosynthese*, Stuttgart, 1971. Citado por Michaud, p. 225.
8. *Journal d'une année*, p. 370-372.
9. Corr. Freud, 9 de novembro de 1915, p. 46-47.
10. *Minha vida*, p. 106.
11. Ernst Pfeiffer, *Rilke und die Psychoanalyse*, *in* Literaturwissenschaftliches Jahrbuch 17 (1976).
12. "Zum 6. Mai 1926", citado por Michaud, p. 232.
13. *Journal d'une année*, p. 312.
14. Corr. Freud, p. 11.
15. Michaud, capítulo 14, "Les trois rires de Freud", p. 229 e seguintes.
16. *Minha vida*, p. 117.
17. *Ibid.*, p. 117.
18. *Journal d'une année*, p. 325.
19. *Ibid.*, p. 318.
20. *Ibid.*, p. 285.
21. Freud/Jung, *Correspondance (1906-1914)*, Freud a Jung, 2 de janeiro de 1912.
22. Sobre a comparação do conceito de sublimação em Nietzsche e Freud, *cf.* Paul-Laurent Assoun, *Freud et Nietzsche*, Paris, PUF, 1980, p. 281-285.
23. Freud, *Correspondance 1873-1939*, Paris, Gallimard, 1979. Citado *in* Maryse Barbance, "Des représentations de la femme chez Freud. Un regard historique, psychanalytique et féministe contemporain", *Recherches féministes*, vol. 7, n° 2, 1994, p. 37-55.
24. *Cf.* Maryse Barbance, in *ibid.*
25. Carta de Freud a A. Zweig, 10 de fevereiro de 1937. In *Correspondance 1927-1939*, Paris, Gallimard, 1973, p. 243-244.
26. Corr. Freud, p. 17.
27. *Journal d'une année*, 15 de janeiro de 1913, p. 315.
28. Corr. Rilke, carta de 13 de janeiro de 1913, p. 254.

29. Ver em especial p. 275-276.

30. *Cf. Journal d'une année*, p. 388-392.

31. Corr. Freud, carta de 29 de junho de 1914, p. 25.

32. *Journal d'une année*, p. 402-403.

33. *Ibid.*, p. 294.

34. *Ibid.*, p. 332.

35. Carta mencionada por Livingstone, p. 183.

36. *Journal d'une année*, p. 362.

37. *Ibid.*, p. 361-362.

38. *Ibid.*, p. 385.

39. Marie von Thurn und Taxis, carta de 8 de setembro de 1913 a Hedwig Bernhard. Citada *in* Ingeborg Schnack, *Rainer Maria Rilke. Chronik seines Lebens und seines Werkes*, 1996.

40. Corr. Rilke, 28 de dezembro de 1911, p. 217.

41. *Ibid.*, 20 de janeiro de 1912, p. 225.

42. *Ibid.*, 24 de janeiro de 1912, p. 227-228.

43. Carta inédita à condessa ***, 10 de abril de 1912. Coleção particular. Citada *in* Hans-Jürgen Hauschild, "Rilke und die Psychoanalyse – die Psychoanalyse und Rilke" (2003), site do Marburger Forum. Disponível *on-line*: www.philosophia-online.de/mafo/heft2008-1/Hau_Ril.pdf. Tradução do autor.

44. Corr. Freud, 27 de julho de 1916, p. 66.

45. Carta de Rilke à princesa Thurn und Taxis, datada de 29 de julho de 1914, citada por Pfeiffer *in* Corr. Rilke, nota 2 da página 258, p. 496-497.

46. *Minha vida*, p. 127.

A ARTE DA SÍNTESE (1914-1926)

1. Corr. Freud, p. 28.

2. *Ibid.*

3. Carta de Freud a Abraham, 26 de julho de 1914, *in* Sigmund Freud, *Correspondance 1873-1939*, Paris, Gallimard, 1960, p. 190.

4. Sigmund Freud / Karl Abraham, *ibid.*, p. 209.

5. Carta de 25 de novembro, p. 29.

6. *Journal d'une année*, 10-11 de setembro de 1913, p. 404.

7. *Lettre ouverte à Freud*, p. 70-75.

8. Corr. Freud, 18 de maio de 1918, p. 102.

9. Corr. Rilke, p. 345.

10. Carta de Rilke a Elisabeth Schenk, 5 de janeiro de 1919, *in* Rilke, *Briefe 1914-1921*, p. 218-219. Citada por Philippe Jaccottet, *Rilke*, Écrivains de toujours, Paris, Seuil, 1970, p. 119.

11. Corr. Freud, p. 59, "Eine Versteherin *par excellence*", carta de Freud de 25 de maio de 1916.

12. Cf. *Journal d'une année*, "sublimation", p. 377-379.

13. *Ibid.*, p. 334.

14. *Ibid.*, p. 351.

15. Freud, *Trois essais sur la théorie sexuelle*, Paris, Gallimard, 1989. (Coleção Folio)

16. *Journal d'une année*, 14 de dezembro de 1912, p. 310.

17. Jung, *Analytical Psychology: Its theory and practice* (The Tavistok Lectures, 1935), Londres, 1968, p. 46. Citado segundo Livingstone, p. 189-190.

18. Corr. Freud, p. 89.

19. *Ibid.*, Carta de Freud a Karl Abraham de 22 de julho de 1916.

20. *Ibid.*, Carta de Freud a Fliess de 2 de abril de 1896.

21. Freud, *Psychopathologie de la vie quotidienne*, Paris, Payot, 1901, p. 298-299.

22. Corr. Freud, carta de 25 de maio de 1916, p. 59.

23. *Ibid.*, carta de 30 de julho de 1915, p. 43-44.

24. Sobre essa questão, ver a admirável obra de Paul-Laurent Assoun, *Freud et Nietzsche*, Paris, PUF, 1980.

25. Carta de Freud a Fliess de 1º de julho de 1900.

26. *Minha vida*, p. 118.

27. *Ibid.*, p. 115.

28. Citado in *Nietzsche à travers ses œuvres*, Grasset, p. 332.

29. Corr. Freud, p. 250-251.

30. *Ibid.*, p. 90 e seguintes.

31. *Le diable et sa grand-mère* (2005) e *L'heure sans Dieu* (2006), tradução e posfácio de Pascale Hummel, Éditions Rue d'Ulm.

32. *Jutta*, p. 83-84.

33. *Journal d'une année*, p. 336.

34. Corr. Anna, carta 1L, 6 de novembro de 1919.

35. Excertos do Diário citado por Ernst Pfeiffer, Corr. Freud, nota 143, p. 444-445.

36. Corr. Anna, carta 316L, 31 de outubro de 1928.

37. *Carnets intimes*, p. 85.

38. Corr. Freud, 4 de maio de 1935, p. 255.

39. Carta de Anna a Freud, 26 de julho de 1914.

40. Carta de Anna a Freud, citada por este numa carta a Lou, em 30 de julho de 1915.

41. Corr. Freud, carta de 13 de março de 1922, p. 143.

42. Carta censurada de Freud a Lou, em 3 de julho de 1922, citada *in* Corr. Anna, posfácio, p. 626.

43. Carta censurada de 3 de julho de 1922, citada *in* Corr. Anna, posfácio, 628.
44. Corr. Anna, carta 50A, 19 de outubro de 1922.
45. *Ibid.*, carta 65A, 14 de dezembro de 1922.
46. *Ibid.*, prefácio, p. XV.
47. *Ibid.*, carta 264A, 4 de dezembro de 1925.
48. *Ibid.*, carta 265L, 13 de dezembro de 1925.
49. *Ibid.*, carta A, 26 de dezembro de 1921.
50. *Ibid.*, carta 15A, 9 de abril de 1922.
51. *Ibid.*, carta 10L, 2 de março de 1922.
52. *Lettre ouverte à Freud*, p. 110.
53. Corr. Anna, carta 7A, 18 de janeiro de 1922.

A VELHICE E A ETERNIDADE (1926-1937)

1. Corr. Rilke, p. 439.
2. Carta d Rilke à condessa Sizzo, em 9 de maio de 1926, *in* Rilke, *Die Briefe an Gräfin Sizzo, 1921-1926*, Frankfurt/Main, 1985, p. 112. Tradução do autor.
3. Citado por Pfeiffer, "Rilke und die Psychoanalyse", in *Literaturwissenschaftliches Jahrbuch der Görres-Gesellschaft*, Neue Folge, Band 17, Berlin 1976. Tradução do autor.
4. Corr. Rilke, p. 440.
5. Corr. Freud, p. 208.
6. Rilke, *Elegias de Duíno*, I, in *Os sonetos a Orfeu e Elegias de Duíno*, tradução e seleção de Karlos Rischbieter e Paulo Garfunkel, Rio de Janeiro, Record, 2002.
7. *Minha vida*, p. 97, e *Carnets intimes*, p. 84-85.
8. Corr. Freud, 3 de maio de 1930, p. 231.
9. O texto do bloco de notas é citado por Pfeiffer em nota à edição dos *Carnets intimes*, p. 1859; a carta a Freud tem data posterior a 10 de outubro de 1930, *in* Corr. L/F, p. 233.
10. *Minha vida*, p. 151.
11. Corr. Freud, 4 de maio de 1927, p. 205.
12. *Ibid.*, pouco depois de 3 de abril de 1931, p. 236-237.
13. *Ibid.*, por volta de 10 de julho de 1931, p. 241.
14. *Lettre ouverte à Freud*, p. 74.
15. Corr. Rilke, p. 242.
16. *Journal d'une année*, novembro de 1912, p. 287-288.
17. *Minha vida*, p. 9.
18. E. Förster-Nietzsche, *Friedrich Nietzsche et les femmes de son temps*, tradução francesa, notas e posfácio de Pascale Hummel, Paris, Éditions Michel de Maule, 2007.

19. E.F. Podach, *L'effondrement de Nietzsche*, Paris, Gallimard, 1931.

20. E.F. Podach, *Friedrich Nietzsche und Lou Salomé: ihre Begegnung, 1882*, Zurique e Leipzig, Max Niehans Verlag, 1937.

21. Corr. Freud, carta de 8 de maio de 1932, p. 245.

22. *Jutta*, "Frères et sœur", p. 75.

23. *Ibid.*, "Retour au foyer", p. 193.

24. *Carnets intimes*, p. 133.

25. Corr. Freud, p. 247.

26. *Ibid.*, p. 256.

27. Corr. Anna, 20 de março de 1934, p. 561.

28. É Stéphane Michaud quem menciona a existência desse texto (Michaud, p. 343), que ele comprova por duas cartas de Lou conservadas nos Arquivos Literários Alemães, fundo Diederichs.

29. *Carnets intimes*, abril de 1934, p. 96-97.

30. Para um brilhante estudo da ideologia *völkisch*, cf. George L. Mosse, *Les racines intellectuelles du Troisième Reich. La crise de l'idéologie allemande* (1964), Paris, Seuil, coleção "Point Seuil", 2008, para a última edição francesa.

31. *Carnets intimes*, janeiro de 1934, p. 68.

32. *Ibid.*, janeiro de 1934, p. 67.

33. Corr. Freud, 3 de maio de 1934, p. 249.

34. Peters, p. 15.

35. Archives littéraires allemandes de Marbach, fonds Hardt. Carta citada por Michaud, p. 315-316.

36. Corr. Freud, 4 de maio de 1927, p. 205.

37. *Ibid.*, 11 de maio de 1927, p. 206.

38. *Ibid.*, 20 de maio de 1927, p. 207.

39. "Alter und Ewigkeit", in *Die Zukunft*, 1901, n° 4, p. 147.

40. Corr. Freud, 3 de maio de 1934, p. 249.

41. Nietzsche, *Généalogie de la morale*, II, 8, *op. cit.*

42. *Carnets intimes*, p. 166.

43. *Ibid.*, p. 176.

44. *Ibid.*, p. 184.

45. *Ibid.*, p. 185.

46. Corr. Freud, notas relativas à correspondência, p. 458.

47. Carta de Eitingon a Freud, 24 de fevereiro de 1937. Coblença, arquivos federais, citada por Michaud, p. 346.

Sobre o autor

Formado pela Escola Normal Superior de Paris e professor titular de alemão, Dorian Astor ministrou aulas na Sorbonne Nouvelle – Paris III e no Instituto Cultural Francês, em Amsterdã. Já publicou diversas edições críticas de obras de Goethe, Hoffmann, Rilke, Kafka e Nietzsche, além de ser o autor de *Nietzsche* (L&PM POCKET BIOGRAFIAS, 2013). Tradutor de livros de arte, publicou também novas traduções para *O mal-estar na cultura* e *O futuro de uma ilusão*, de Freud (Flammarion, 2010 e 2011). É também dramaturgo e conselheiro artístico de diversas instituições musicais.

IMPRESSÃO:

Santa Maria - RS - Fone/Fax: (55) 3220.4500
www.pallotti.com.br